Einheitliches UN-Kaufrecht
und europäische Verbrauchsgüterkauf-Richtlinie

Beiträge zum UN-Kaufrecht

Herausgegeben von Ulrich Magnus

Band 1

PETER LANG

Frankfurt am Main · Berlin · Bern · Bruxelles · New York · Oxford · Wien

Alexander Mittmann

Einheitliches UN-Kaufrecht und europäische Verbrauchsgüterkauf-Richtlinie

Konkurrenz- und Auslegungsprobleme

PETER LANG
Europäischer Verlag der Wissenschaften

Bibliografische Information Der Deutschen Bibliothek
Die Deutsche Bibliothek verzeichnet diese Publikation in der Deutschen Nationalbibliografie; detaillierte bibliografische Daten sind im Internet über <http://dnb.ddb.de> abrufbar.

Zugl.: Hamburg, Univ., Diss., 2004

D 18
ISSN 0947-0395
ISBN 3-631-52855-8

www.peterlang.de

Für Alexandra

Vorwort

Die vorliegende Arbeit wurde im Sommer 2004 vom Fachbereich Rechtswissenschaft der Universität Hamburg als Dissertation angenommen. Sie ist auf dem Stand von Januar 2003, hat jedoch nichts von ihrer Aktualität eingebüßt. Vielmehr werden die behandelten Fragen seit der am 1. Mai 2004 wirksam gewordenen Erweiterung der Europäischen Union nunmehr auch für jene acht neuen Mitgliedstaaten aktuell, die zugleich Vertragsstaaten des UN-Kaufrechts sind. Dies sind Estland, Lettand, Litauen, Polen, die Slowakei, Slowenien, die Tschechische Republik und Ungarn.

Zu dem Gelingen dieser Arbeit hat eine Reihe von Personen beigetragen, denen ich hiermit herzlich danken möchte. Namentlich erwähnt sei zunächst *Agnès Allart*, Bibliothekarin im Institut de droit comparé de Paris, an dem ich von 2000 bis 2002 als wissenschaftlicher Mitarbeiter tätig war. Sie hat mich vor allem beim Auffinden einiger schwer zugänglicher Texte unterstützt. Ferner möchte ich *Mara Chromik* und *Andrea Schlotfeldt* danken, die mein Manuskript korrigiert haben. Mein besonderer Dank gilt freilich meinem Doktorvater Herrn *Professor Dr. Ulrich Magnus*, der meinen wissenschaftlichen Werdegang fördernd begleitet hat, mir stets für ein wissenschaftliches Gespräch zur Verfügung stand und meine Dissertation nun als ersten Band in seine neue Reihe von „Beiträgen zum UN-Kaufrecht“ aufgenommen hat.

Paris, im Mai 2004 *Alexander Mittmann*

Inhaltsverzeichnis

Abkürzungsverzeichnis

a.A.	anderer Ansicht
a.a.O.	am angegebenen Ort
ABGB	Allgemeines Bürgerliches Gesetzbuch
Abs.	Absatz
ABl. EG	Amtsblatt der Europäischen Gemeinschaft
AcP	Archiv für die civilistische Praxis
a.E.	am Ende
Alt.	Alternative
Anh.	Anhang
Anm.	Anmerkung
AnwaltKomm	Anwaltkommentar
Art.	Artikel
BGB	Bürgerliches Gesetzbuch
BGBl.	Bundesgesetzblatt
BGHZ	Entscheidungen des Bundesgerichtshofes in Zivilsachen
BR-Drucks.	Bundesrats-Drucksache
BT-Drucks.	Drucksache des Deutschen Bundestages
BVerfGE	Entscheidungssammlung des Bundesverfassungsgerichts
bzw.	beziehungsweise
Chron.	Chroniques
CISG	United Nations Convention on Contracts for the International Sale of Goods (Übereinkommen der Vereinten Nationen über Verträge über den internationalen Warenkauf vom 11. April 1980)
CONF.	Conference
D.	Dalloz
ders.	derselbe
dies.	dieselbe
DZWir	Deutsche Zeitschrift für Wirtschafts- und Insolvenzrecht
EAG	Einheitliches Gesetz über den Abschluß von Kaufverträgen über bewegliche Sachen vom 1. Juli 1964
EGBGB	Einführungsgesetz zum Bürgerlichen Gesetzbuche

EGV	Vertrag zur Gründung der Europäischen Gemeinschaft vom 25. März 1957, in der Fassung des Vertrags über die Europäische Union vom 7. Februar 1992, zuletzt geändert durch den Amsterdamer Vertrag vom 2. Oktober 1997
Einf.	Einführung
Einl.	Einleitung
EKG	Einheitliches Gesetz über den internationalen Kauf beweglicher Sachen vom 1. Juli 1964
endg.	endgültig
ERPL	European Review of Private Law
EU	Europäische Union
EuGH	Europäischer Gerichtshof
EuGVÜ	Europäisches Übereinkommen über die gerichtliche Zuständigkeit und die Vollstreckung gerichtlicher Entscheidungen in Zivil- und Handelssachen vom 27. September 1968
EuZW	Europäische Zeitschrift für Wirtschaftsrecht
EVÜ	Römisches EWG-Übereinkommen über das auf vertragliche Schuldverhältnisse anzuwendende Recht vom 19. Juni 1980
EWS	Europäisches Wirtschafts- und Steuerrecht – Betriebsberater für Europarecht
f., ff.	folgende
Fn.	Fußnote
FS	Festschrift
GG	Grundgesetz für die Bundesrepublik Deutschland
GS	Gedenkschrift
HGB	Handelsgesetzbuch
h.M.	herrschende Meinung
Hrsg.	Herausgeber
Hs.	Halbsatz
i.E.	im Ergebnis
insb.	insbesondere
IPR	Internationales Privatrecht
i.V.m.	in Verbindung mit
J. Cons. Pol.	Journal of Consumer Policy
J. Contr. L.	Journal of Contract Law
JZ	Juristenzeitung
KOM	Kommissionsdokument

LugÜ	Lugano-Übereinkommen über die gerichtliche Zuständigkeit und die Vollstreckung gerichtlicher Entscheidungen in Zivil- und Handelssachen vom 16. September 1988
MDR	Monatsschrift für Deutsches Recht
m.E.	meines Erachtens
m.w.N.	mit weiteren Nachweisen
n.F.	neue Fassung
NJW	Neue Juristische Wochenschrift
Nr.	Nummer
ÖJZ	Österreichische Juristen-Zeitung
O.R.	Official Records
RabelsZ	Rabels Zeitschrift für ausländisches und internationales Privatrecht
Rec.	Académie de droit international, Recueil des Cours
REDC	Revue européenne de droit de la consommation
Regierungsentwurf	Begründung zum Regierungsentwurf eines Gesetzes zur Modernisierung des Schuldrechts
Riv. dir. int. priv. proc.	Rivista di diritto internazionale privato e processuale
RIW	Recht der Internationalen Wirtschaft – Betriebs-Berater International
RL	Richtlinie (Richtlinie 1999/44/EG des Europäischen Parlaments und des Rates vom 25. Mai 1999 zu bestimmten Aspekten des Verbrauchsgüterkaufs und der Garantien für Verbrauchsgüter)
Rn.	Randnummer
Rs.	Rechtssache
RTD civ.	Revue trimestrielle de droit civil
S.	Satz, Seite
Slg.	Sammlung der Rechtsprechung des Gerichtshofs und des Gerichts erster Instanz
SMG	Schuldrechtsmodernisierungsgesetz vom 26. November 2001
str.	streitig
Überbl.	Überblick
UN	United Nations (Vereinte Nationen)
UNCITRAL	United Nations Commission on International Trade Law

UNIDROIT	Institut International pour l´Unification du Droit Privé/International Institute for the Unification of Private Law
Unterabs.	Unterabsatz
v.	von; vor
Var.	Variante
VertragsG	Vertragsgesetz (Gesetz zu dem Übereinkommen der Vereinten Nationen vom 11. April 1980 über Verträge über den internationalen Warenkauf sowie zur Änderung des Gesetzes zu dem Übereinkommen vom 19. Mai 1956 über den Beförderungsvertrag im internationalen Straßengüterverkehr (CMR) vom 5. Juli 1989
vgl.	vergleiche
Vorb.	Vorbemerkungen
VuR	Verbraucher und Recht
WVK	Wiener Konvention über das Recht der Verträge vom 23. Mai 1969
YB	Yearbook
ZEuP	Zeitschrift für Europäisches Privatrecht
ZfRV	Zeitschrift für Rechtsvergleichung, Internationales Privatrecht und Europarecht
ZIP	Zeitschrift für Wirtschaftsrecht

Einleitung

Am 25. Mai 1999 haben das Europäische Parlament und der Rat der Europäischen Union die Richtlinie 1999/44/EG „zu bestimmten Aspekten des Verbrauchsgüterkaufs und der Garantien für Verbrauchsgüter“[1] erlassen[2]. Die Richtlinie regelt im wesentlichen den Verbrauchsgüterkauf. Ihren Bestimmungen kann entnommen werden, daß es sich dabei um einen Kaufvertrag handelt, der ein Verbrauchsgut zum Gegenstand hat[3] und zwischen einem professionellen Verkäufer und einem Käufer geschlossen wird, der als Verbraucher zu qualifizieren ist[4]. Im Vordergrund steht die Regelung der Vertragsmäßigkeit der Verbrauchsgüter in Art. 2 RL sowie der „Rechte des Verbrauchers“ bei Lieferung „vertragswidriger“ Ware in Art. 3; letztere Bestimmung ist jedoch nicht abschließend, denn insbesondere die Schadensersatzansprüche richten sich weiterhin nach nationalem Recht[5]. In Art. 5 befaßt sich die Richtlinie mit den unterschiedlichen Wirkungen bestimmter Fristen, und in Art. 7 ordnet sie die (eingeschränkte) Unabdingbarkeit der den Verbraucher begünstigenden Richtlinienbestimmungen an. Den Garantien für Verbrauchsgüter, die in Art. 1 Abs. 2 e) RL definiert werden, widmet die Richtlinie nur eine ganz rudimentäre Regelung in Art. 6 RL. Ebenfalls nur eine „Rumpfregelung“[6] ist Art. 4 RL, der sich mit den Rückgriffsrechten des durch einen Verbraucher in Anspruch genommenen Letztverkäufers gegen seine Vorleute befaßt. Nicht unmittelbar privatrechtliche Beziehungen regeln schließlich die Art. 9 bis 14 RL. Gemäß Art. 13 RL ist die Richtlinie am Tag ihrer Veröffentlichung im Amtsblatt, also am 7. Juli 1999[7], in Kraft getreten. Sie war gemäß Art. 11 Abs. 1 Unterabs. 1 RL bis zum 1. Januar 2002 durch die Mitgliedstaaten umzusetzen. Der deutsche Gesetzge-

---

1 Richtlinie 1999/44/EG des Europäischen Parlaments und des Rates vom 25. Mai 1999 zu bestimmten Aspekten des Verbrauchsgüterkaufs und der Garantien für Verbrauchsgüter, ABl. EG 1999 Nr. L 171, S. 12; die Richtlinie, die im Anhang ab S. 175 wiedergegeben ist, wird im folgenden auch als Verbrauchsgüterkauf-Richtlinie, Richtlinie bzw., im Zusammenhang mit den einzelnen Artikeln, mit RL bezeichnet.

2 Zur Entstehungsgeschichte der Richtlinie eingehend *Welser/Jud*, Reform des Gewährleistungsrechts, S. 8 ff.

3 Die Verbrauchsgüter werden aber in Art. 1 Abs. 2 b) RL neutral als „bewegliche körperliche Gegenstände“ definiert. Näher hierzu unten S. 58.

4 Zum Anwendungsbereich der Richtlinie ausführlich unten S. 56 ff.

5 Gemäß Art. 8 Abs. 1 RL werden „[a]ndere Ansprüche, die der Verbraucher aufgrund innerstaatlicher Rechtsvorschriften über die vertragliche oder außervertragliche Haftung geltend machen kann, [...] durch die aufgrund dieser Richtlinie gewährten Rechte nicht berührt“.

6 Grundmann/Bianca (-*Grundmann*), Einl. Rn. 26.

7 Siehe oben Fn. 1.

ber ist dieser Verpflichtung durch das Gesetz zur Modernisierung des Schuldrechts vom 26. November 2001 (SMG)[8] nachgekommen, das in den hier interessierenden Teilen am 1. Januar 2002 in Kraft getreten ist[9]. Dieses Gesetz hat auf der Richtlinie beruhende Bestimmungen in das Bürgerliche Gesetzbuch eingeführt, die zum Teil einen eigenen Untertitel über den „Verbrauchsgüterkauf" bilden (§§ 474 – 479 BGB). Im wesentlichen erfolgte die Umsetzung der Richtlinie jedoch durch eine Neufassung der §§ 433 ff. BGB, die für alle Kaufverträge gelten, die dem deutschen Recht unterliegen und auch auf Verbrauchsgüterkäufe zur Anwendung kommen, weil die Bestimmungen im dritten Untertitel gemäß § 474 Abs. 1 S. 1 BGB nur „ergänzend" zu ihnen gelten[10].

Die vorliegende Arbeit widmet sich dem Verhältnis der Verbrauchsgüterkauf-Richtlinie zum UN-Kaufrecht[11]. Letzteres ist nunmehr in einundsechzig Staaten in Kraft und gilt auch in zwölf der gegenwärtig fünfzehn Mitgliedstaaten der EU, und zwar in Belgien, Deutschland, Dänemark, Finnland, Frankreich, Griechenland, Italien, Luxemburg, den Niederlanden, Österreich, Schweden und Spanien[12]. In diesen Staaten sind Konflikte zwischen Richtlinie und Übereinkommen programmiert, weil das UN-Kaufrecht, wie auch die Richtlinie, gemäß Art. 1 Abs. 1 Hs. 1 CISG auf Kaufverträge anwendbar ist und in den Art. 35 und 41 CISG die Anforderungen an die Vertragsmäßigkeit der Ware sowie in den Art. 45 ff. CISG die Rechtsbehelfe des Käufers regelt. Zwar kollidieren die Regelungen bei der Lösung einer Rechtsfrage grundsätzlich nicht, weil die Richtlinie auf Kaufverträge nur dann zur Anwendung kommt, wenn der Käufer als Verbraucher zu qualifizieren ist, während das Übereinkommen solche Kaufverträge gemäß Art. 2 a) CISG in der Regel gerade nicht erfaßt. Aus-

---

8 BGBl. 2001 I, S. 3138.

9 Art. 9 Abs. 1 SMG.

10 Zur Umsetzung der Richtlinie in das deutsche Recht näher im Zweiten Teil.

11 Übereinkommen der Vereinten Nationen über Verträge über den internationalen Warenkauf vom 11. April 1980, BGBl. 1989 II, S. 588, berichtigt durch BGBl. 1990 II, S. 1699. Im folgenden wird dieses Übereinkommen als UN-Kaufrecht, Übereinkommen oder (in Anlehnung an seinen englischen Titel „Convention on Contracts for the International Sale of Goods") als CISG – letzteres insbesondere bei der Bezugnahme auf die einzelnen Artikel – bezeichnet. Von einer Wiedergabe dieses Übereinkommens im Anhang wurde abgesehen, weil der Text ohne weiteres zugänglich ist, so etwa in deutscher Sprache in Schönfelder, Deutsche Gesetze, Ergänzungsband unter Nr. 50 c, in allen verbindlichen Sprachen (der deutsche Text ist nicht verbindlich, siehe unten S. 19) bei Bianca/Bonell, S. 681 ff. Zur Entstehungsgeschichte des Übereinkommens unten S. 20.

12 Von den Mitgliedstaaten der EU sind nur Großbritannien, Irland und Portugal nicht zugleich Vertragsstaaten des UN-Kaufrechts. Der Zeitpunkt des Unterzeichnens, Ratifizierens und Inkrafttretens des UN-Kaufrechts in den verschiedenen Vertragsstaaten sowie der Stand der erklärten Vorbehalte kann im Internet unter http://www.uncitral.org/en-index.htm abgefragt werden.

nahmsweise kommt es jedoch gleichwohl zu Überschneidungen. Das UN-Kaufrecht ist auf den Kauf von Ware für den persönlichen Gebrauch oder den Gebrauch in der Familie oder im Haushalt nämlich gemäß Art. 2 a) CISG nicht stets unanwendbar, sondern erfaßt diese Verträge, wenn der Verkäufer vor oder bei Vertragsabschluß weder wußte noch wissen mußte, daß die Ware für einen solchen Gebrauch gekauft wurde. Sind die Parteien in verschiedenen Staaten niedergelassen, so kann auf den Vertrag sowohl das Übereinkommen als auch die Richtlinie zur Anwendung kommen[13]. Umgekehrt beschränkt sich die Richtlinie auch nicht auf die Regelung des Verbrauchsgüterkaufs und der Garantien für Verbrauchsgüter, sondern regelt in Art. 4 RL die Rückgriffsrechte des Letztverkäufers. Soweit dieser die Verbrauchsgüter, für deren Vertragswidrigkeit er dem Verbraucher haftet, selbst im Rahmen eines Kaufvertrags von einer in einem anderen Staat niedergelassenen Partei erworben hat, kann es wiederum zu Überschneidungen mit dem UN-Kaufrecht kommen.

Damit stellt sich die Frage, wie die Normenkonkurrenzen zwischen der Richtlinie bzw. dem sie umsetzenden nationalen Recht und dem Übereinkommen aufzulösen sind. Eine gleichzeitige Anwendung beider Regelungen wird zumeist nicht in Betracht kommen. So ist etwa Art. 2 RL mit Art. 35 CISG inhaltlich weitgehend identisch, weicht zum Teil von dieser Vorschrift aber auch geringfügig ab. Soweit die Regelungen übereinstimmen, ist ihre gleichzeitige Anwendung überflüssig, weil bereits einer der beiden Normen die Antwort auf die behandelte Rechtsfrage zu entnehmen ist. Soweit sie voneinander abweichen, ist ihre gleichzeitige Anwendung widersinnig. Es kann nämlich nicht angehen, daß eine Ware vertragsgemäß und zugleich nicht vertragsgemäß ist. Es ist deshalb im Rahmen der vorliegenden Arbeit zu klären, welcher der beiden Texte im Falle ihrer Unvereinbarkeit vorrangig ist und inwieweit er den anderen verdrängt.

Sind Normen innerhalb einer Rechtsordnung miteinander unvereinbar, so ist bei der Auflösung der zwischen ihnen bestehenden Konkurrenz der Wille nur einer Autorität zu berücksichtigen, weil alle konkurrierenden Normen von einem einzigen Normgeber herrühren. Dem Normgeber kann, auch wenn er die Konkurrenz nicht gesehen hat, unterstellt werden, daß die (teilweise) Unanwendbarkeit einer der konkurrierenden Normen seinem Willen entspricht. Es ist nämlich nicht anzunehmen, daß er zwei (oder mehr) einander widersprechende Normbefehle erteilen wollte. Anders ist es bei der Konkurrenz zwischen der Verbrauchsgüterkauf-Richtlinie und dem UN-Kaufrecht. Zwar gelten beide in

---

[13] Das UN-Kaufrecht ist nur auf „internationale" Verträge anwendbar, die Richtlinie kommt auf diese Verträge ebenfalls zur Anwendung, erfaßt aber auch rein nationale Sachverhalte. Hierzu näher unten S. 62 f. und S. 71 f.

der Bundesrepublik Deutschland aufgrund eines Anwendungsbefehls des deutschen Gesetzgebers[14]. Inhaltlich stammen sie aber von anderen Autoritäten: Im Falle der Richtlinie von den Organen der Europäischen Gemeinschaft, im Falle des Übereinkommens von der Staatenkonferenz, die das UN-Kaufrecht beschlossen hat. Einem Normgeber kann nicht unterstellt werden, daß er die Unanwendbarkeit der von ihm gesetzten Normen bei Überschneidungen mit den Normen einer anderen Autorität hinnehmen wollte. Hat der Normgeber die Konkurrenz nicht gesehen bzw. die Nachrangigkeit der von ihm gesetzten Normen nicht hingenommen, so entspricht die Unanwendbarkeit dieser Normen auf Rechtsfragen, die sie an sich regeln, nicht seinem Willen. Die Verdrängung ist freilich unproblematisch, wenn die vorrangige Regelung inhaltlich mit der Verdrängten übereinstimmt. Denn dann wird die Funktion letzterer vollständig durch erstere wahrgenommen. Anders ist die Situation, wenn die Regelungen inhaltlich voneinander abweichen. Die von der verdrängten Norm in einem bestimmten Sinne beantwortete Rechtsfrage wird dann von der vorrangigen Norm in einem anderen Sinne beantwortet. Um den Willen der Verfasser der verdrängten Normen möglichst weitgehend zu respektieren ist deshalb zu prüfen, ob dem Regelungsgehalt der verdrängten Normen bei der Auslegung der vorrangigen Normen Rechnung getragen werden kann[15].

Im Rahmen der vorliegenden Arbeit ist also nicht nur die Rangfrage zu beantworten, sondern auch zu untersuchen, ob eine Auslegung des vorrangigen Normenkomplexes „im Lichte" des Nachrangigen möglich ist. Der erste Teil der Arbeit befaßt sich mit dem grundsätzlichen Verhältnis der konkurrierenden Rechtsquellen zueinander. Zu klären ist zum einen, welcher der kollidierenden Texte vorrangig ist. Zum anderen ist zu untersuchen, wie die Normenkomplexe auszulegen sind und insbesondere, ob bei ihrer Auslegung Raum für die Berücksichtigung des Regelungsgehalts des jeweils anderen Normenkomplexes ist. Im zweiten Teil sind dann die Überschneidungen zwischen den beiden Normenkomplexen im einzelnen zu ermitteln, um feststellen zu können, inwieweit der nachrangige Normenkomplex verdrängt wird. Sodann ist, wo möglich, eine Auslegung des vorrangigen Normenkomplexes vorzunehmen, die den Regelungsgehalt des nachrangigen Normenkomplexes berücksichtigt.

Das Verhältnis zwischen Verbrauchsgüterkauf-Richtlinie und UN-Kaufrecht wird aus der Perspektive der deutschen Rechtsordnung untersucht. Da im Vordergrund der Betrachtungen aber die Richtlinie und das Übereinkommen stehen, und nicht etwa die Rechtsakte, die diese Normenkomplexe in das deutsche

---

[14] Hierzu näher unten S. 8 f., bzw. S. 14 f.

[15] Vgl. in bezug auf UN-Kaufrecht und Verbrauchsgüterkauf-Richtlinie *Magnus*, in: Grundmann/Medicus/Rolland, S. 79, 83 f.

Recht integrieren, gelten die Ausführungen ganz weitgehend für die anderen Mitgliedstaaten der EU entsprechend, die zugleich Vertragsstaaten des UN-Kaufrechts sind.

Erster Teil
Die konkurrierenden Rechtsquellen und ihr Verhältnis zueinander

Das Rangverhältnis zwischen Normen wird, ebenso wie die Auslegung von Normen, durch die Natur der Rechtsquelle, aus der sie fließen, beeinflußt. So gehen etwa die allgemeinen Regeln des Völkerrechts gemäß Art. 25 GG den Gesetzen vor und ist bei der Auslegung internationaler Übereinkommen, anders als bei nationalen Gesetzen, zu berücksichtigen, daß das Übereinkommen auch in anderen Staaten gilt und nach Möglichkeit in den Vertragsstaaten einheitlich ausgelegt werden sollte[16]. Es ist deshalb zunächst zu klären, aus welcher formellen Rechtsquelle die konkurrierenden Normen fließen und welche Auswirkungen die Natur der Rechtsquelle auf die Interpretation der Rechtssätze hat. Auf der Grundlage der gewonnenen Erkenntnisse ist dann das Verhältnis zwischen CISG und Verbrauchsgüterkaufrecht[17] zu bestimmen.

A. Die konkurrierenden Rechtsquellen

I. Das Verbrauchsgüterkaufrecht

Die Verbrauchsgüterkauf-Richtlinie gilt in der Bundesrepublik Deutschland in Form der Bestimmungen des BGB, die die Richtlinie in deutsches Gesetzesrecht umsetzen. Bei der Auslegung der die Richtlinie umsetzenden Bestimmungen ist zu berücksichtigen, daß das deutsche Verbrauchsgüterkaufrecht des BGB auf einer europäischen Richtlinie fußt.

---

16 Zu den Besonderheiten der Auslegung internationalen Einheitsrechts eingehend *Kropholler*, Einheitsrecht, S. 258 ff.

17 Der Begriff „Verbrauchsgüterkaufrecht" wird im folgenden verwendet, wenn die Rede von der Richtlinie und von den deutschen Bestimmungen ist, die diese umsetzen.

1. Innerstaatliche Geltung

Die Verbrauchsgüterkauf-Richtlinie ist eine Richtlinie des Europäischen Parlaments und des Rats der Europäischen Union. Gemäß Art. 249 Abs. 3 EGV ist die Richtlinie für jeden Mitgliedstaat, an den sie gerichtet wird, hinsichtlich des zu erreichenden Ziels verbindlich, überläßt jedoch den innerstaatlichen Stellen die Wahl der Form und der Mittel der Umsetzung. Sie wendet sich also an einen oder mehrere, in der Regel an alle Mitgliedstaaten der EU. Die Mitgliedstaaten werden dazu verpflichtet, ihr nationales Recht den inhaltlichen Vorgaben der Richtlinie anzupassen[18]. In erster Linie verpflichtet die Richtlinie also den (nationalen) Gesetzgeber, ein Gesetz zu erlassen, das die Vorgaben der Richtlinie in nationales Recht umsetzt[19]. Entsprechend bestimmt die Verbrauchsgüterkauf-Richtlinie in Art. 11 Abs. 1 RL, daß die Mitgliedstaaten der Europäischen Union verpflichtet sind, die Rechts- und Verwaltungsvorschriften in Kraft zu setzen, die erforderlich sind, um der Richtlinie spätestens ab dem 1. Januar 2002 nachzukommen. Adressat einer Richtlinie ist neben dem Gesetzgeber aber auch die rechtsprechende Gewalt. Die Gerichte der Mitgliedstaaten sind insbesondere dazu verpflichtet, die Vorschriften anzuwenden, die der Gesetzgeber zur Umsetzung der Richtlinie erlassen hat. Ferner müssen sie das auf einer Richtlinie beruhende Recht „richtlinienkonform" interpretieren[20]. Diese Pflichten ergeben sich aus Art. 10 EGV, wonach die Mitgliedstaaten alle geeigneten Maßnahmen allgemeiner oder besonderer Art zur Erfüllung der Verpflichtungen zu treffen haben, die sich aus Handlungen der Organe der Gemeinschaft ergeben[21]. An den einzelnen wenden sich Richtlinien dagegen nicht unmittelbar. Der EuGH hat zwar anerkannt, daß sich Privatpersonen im Falle nicht fristgemäßer Umsetzung einer Richtlinie gegenüber dem Staat unter bestimmten Voraussetzungen auf die Richtlinie berufen können[22]. Im Verhältnis zwischen (natürlichen oder juristischen) Privatpersonen entfalten Richtlinien indes keine unmittelbare Wirkung[23]. Rechte und Pflichten können sich in diesem Verhältnis nur aus dem die Richtlinie umsetzenden nationalen Recht ergeben.

---

[18] Beutler/Bieber/Pipkorn/Streil (-*Haag*), Die Europäische Union, Rn. 392.

[19] Beutler/Bieber/Pipkorn/Streil (-*Haag*), a.a.O.

[20] Zur richtlinienkonformen Auslegung sogleich unten S. 10 ff.

[21] Beutler/Bieber/Pipkorn/Streil (-*Haag*), Die Europäische Union, Rn. 397.

[22] Vgl. etwa EuGH, Rs. 8/81 (Becker), Slg. 1982, S. 52, 70 f. (Rn. 17 ff.).

[23] Ständige Rechtsprechung seit EuGH, Rs. 152/84 (Marshall I), Slg. 1986, S. 723. „Mittelbar" können Richtlinien allerdings auch in diesem Verhältnis Wirkung entfalten, da die Gerichte das nationale Recht nach Ablauf der Umsetzungsfrist richtlinienkonform auslegen müssen, vgl. Beutler/Bieber/Pipkorn/Streil (-*Haag*), Die Europäische Union, Rn. 429.

Der bundesdeutsche Gesetzgeber hat seine Verpflichtung aus Art. 11 Abs. 1 RL rechtzeitig erfüllt, indem er das SMG zum 1. Januar 2002 in Kraft gesetzt hat, durch welches das BGB im Sinne der Verbrauchsgüterkauf-Richtlinie neu gefaßt worden ist. Das SMG ist ein Bundesgesetz; es ist, nachdem der Bundesrat seine Stellungnahme am 13. Juli 2001 abgegeben hatte[24], vom Deutschen Bundestag am 11. Oktober 2001[25] verabschiedet[26], vom Bundespräsidenten nach Gegenzeichnung durch den Bundeskanzler und die Bundesministerin der Justiz am 26. November 2001 ausgefertigt[27] und am 29. November 2001 im Bundesgesetzblatt verkündet worden. Gemäß Art. 20 Abs. 3 GG sind die vollziehende Gewalt und die Rechtsprechung an Gesetz und Recht gebunden. Die genannten Gewalten sind also zur Anwendung der Bestimmungen des BGB, die die Verbrauchsgüterkauf-Richtlinie in deutsches Recht umsetzen, verpflichtet. Da Exekutive und Judikative die Gesetze gegenüber dem Bürger durchsetzen, folgt aus dieser Bestimmung im übrigen mittelbar auch die Verbindlichkeit der Gesetze für jeden einzelnen Rechtsunterworfenen.

Die Verbrauchsgüterkauf-Richtlinie gilt in Deutschland also nur in Form der die Richtlinie umsetzenden Bestimmungen des BGB. Die Richtlinie ist dagegen selbst nicht unmittelbar anwendbar. Dies bedeutet, daß Konkurrenzen auch nur zwischen dem UN-Kaufrecht und den Bestimmungen des BGB möglich sind. Die Richtlinie wirkt sich aber auf die Auslegung des deutschen Verbrauchsgüterkaufrechts aus.

2. Auslegung

Über das Ziel der Auslegung von Gesetzen besteht Uneinigkeit[28]. Nach der sogenannten subjektiven Theorie ist im Wege der Gesetzesinterpretation der Wille des Gesetzgebers zu bestimmen. Herrschend ist heute allerdings die objektive Theorie[29], nach der es auf den „Willen des Gesetzes“ ankommt, der sich objektiv aus dem Inhalt des Gesetzes ergeben soll. Grundsätzliche Einigkeit besteht freilich über die bei der Auslegung zu berücksichtigenden Kriterien[30], wenn auch ihr Verhältnis zueinander für den Fall, daß sie zu widersprüchlichen

---

24 BR-Drucks. 338/01.

25 *Canaris*, Schuldrechtsreform 2002, S. XI.

26 BGBl. 2001 I, S. 3138.

27 BGBl. 2001 I, S. 3138, 3188.

28 Eine knappe Darstellung der vertretenen Theorien und ihrer Implikationen findet sich bei *Engisch*, Einführung, S. 109 ff.

29 Vgl. *Engisch*, Einführung, S. 111 m.w.N.

30 Vgl. *Engisch*, Einführung, S. 90.

Auslegungsergebnissen führen, nicht abschließend geklärt ist[31]: Die Gesetzesauslegung hat stets bei dem Wortlaut der Norm anzusetzen und dessen Sinn zu ermitteln (grammatische Auslegung)[32]. Der Wortlaut einer Norm bildet zugleich die Grenze einer möglichen Auslegung; eine Lesart der zu interpretierenden Vorschrift, die nicht vom Wortlaut derselben gedeckt ist, ist nicht mehr Auslegung, sondern bereits Rechtsfortbildung[33]. Zu berücksichtigen ist ferner der Regelungszusammenhang, in dem die auszulegende Vorschrift steht (systematische Auslegung). Insbesondere sind Vorschriften so auszulegen, daß sie nicht im Widerspruch zu anderen Vorschriften stehen[34]. Bedeutsam für die Auslegung einer Norm kann weiter ihre Entstehungsgeschichte sein (historische Auslegung). Hierbei sind vor allem Entwürfe und Entwurfs- oder Gesetzesbegründungen zu berücksichtigen[35]. Schließlich ist auch der Zweck einer Norm bei ihrer Auslegung relevant (teleologische Auslegung)[36]. Unklar ist, welche Rolle neben den „klassischen Auslegungsmethoden" eine rechtsvergleichende Auslegung spielt[37]. In der deutschen höchstrichterlichen Rechtsprechung finden sich, wenn auch eher vereinzelt, Beispiele für vergleichende Argumentationen selbst bei der Auslegung von Normen rein nationalen Ursprungs[38]. Zweifelhaft ist allerdings, ob die vergleichende Auslegung eine selbständige Auslegungsmethode ist[39], oder ob sie einer der anderen Auslegungsmethoden, etwa der teleologischen oder historischen, zuzuordnen ist[40].

Bei den auf der Verbrauchsgüterkauf-Richtlinie beruhenden Bestimmungen des BGB handelt es sich um bundesgesetzliche Vorschriften. Zu ihrer Auslegung sind deshalb die soeben dargestellten Kriterien heranzuziehen[41]. Nach der Rechtsprechung des EuGH haben aber nationale Gerichte Vorschriften eines speziell zur Durchführung einer Richtlinie erlassenen Gesetzes im Lichte der Richtlinie auszulegen. Streitig ist, ob bzw. gegebenenfalls in welchem Umfang

---

31 *Engisch*, Einführung, S. 98 ff.

32 *Larenz*, Methodenlehre, S. 320.

33 *Larenz*, Methodenlehre, S. 322.

34 *Larenz*, Methodenlehre, S. 324 ff.

35 *Larenz*, Methodenlehre, S. 328 ff.

36 *Larenz*, Methodenlehre, S. 333 ff.

37 Grundlegend hierzu *Zweigert*, RabelsZ 15 (1949/50), S. 5-21; vgl. ferner *Schulze*, ZfRV 1997, S. 183-197.

38 Vgl. etwa die Nachweise bei *Schulze*, ZfRV 1997, S. 183, 185.

39 So offenbar *Zweigert*, RabelsZ 15 (1949/50), S. 5, 17.

40 So wohl *Schulze*, ZfRV 1997, S. 183, 194.

41 Zur Entstehungsgeschichte des SMG eingehend AnwaltKomm (*-Dauner-Lieb*), Einf., S. 21 ff. Die Materialien sind zusammengestellt in *Canaris*, Schuldrechtsreform 2002. Besondere Bedeutung für die Auslegung kommt der ausführlichen Begründung zum Regierungsentwurf eines Gesetzes zur Modernisierung des Schuldrechts (im folgenden Regierungsbegründung), BT-Drucks. 14/6040, zu.

die richtlinienkonforme Auslegung Vorrang vor den nationalen Auslegungsmethoden genießt, oder nicht[42]. Jedenfalls müssen aber die nationalen Gerichte nach der Rechtsprechung des EuGH den Spielraum ausschöpfen, den ihnen das nationale Recht eröffnet[43] und ihre Auslegung „soweit wie möglich am Wortlaut und Zweck der Richtlinie ausrichten"[44].

Die richtlinienkonforme Auslegung des nationalen Rechts setzt also voraus, daß zunächst durch Auslegung der Regelungsgehalt der Richtlinie ermittelt wird. Bei der Interpretation der Normen des Gemeinschaftsrechts sind grundsätzlich dieselben Auslegungskriterien zu berücksichtigen wie bei der Auslegung des deutschen Rechts[45]. Ausgangspunkt ist der Wortlaut der Vorschrift[46]. Dabei ist allerdings „dem Umstand Rechnung zu tragen, daß die Vorschriften des Gemeinschaftsrechts in mehreren Sprachen abgefaßt sind und daß die verschiedenen sprachlichen Fassungen gleichermaßen verbindlich sind; die Auslegung einer gemeinschaftsrechtlichen Vorschrift erfordert somit einen Vergleich ihrer sprachlichen Fassungen. Sodann ist auch bei genauer Übereinstimmung der sprachlichen Fassungen zu beachten, daß das Gemeinschaftsrecht eine eigene, besondere Terminologie verwendet. Im übrigen ist hervorzuheben, daß Rechtsbegriffe im Gemeinschaftsrecht und in den verschiedenen nationalen Rechten nicht unbedingt gleichen Gehalt haben müssen"[47]. Die Auslegung hat ferner die Stellung der Norm im Gesamtsystem des Gemeinschaftsrechts zu berücksichtigen[48]. Die zu interpretierende Vorschrift ist „in ihrem Zusammenhang zu sehen und im Lichte des gesamten Gemeinschaftsrechts, seiner Ziele und seines Entwicklungsstands zur Zeit der Anwendung der betreffenden Vorschrift auszulegen"[49]. Weiter hat die Auslegung „nach dem wirklichen Willen ihres Urhebers und dem von diesem verfolgten Zweck"[50] zu erfolgen, wobei auch der objektive Normzweck zu berücksichtigen ist[51]. Auch die Gesetzgebungs-

---

42 Vgl. etwa *Grundmann*, ZEuP 1996, S. 399, 402 ff. m.w.N., er selbst grundsätzlich bejahend, S. 413 ff.

43 EuGH, Rs. 14/83 (von Colson und Kamann), Slg. 1984, S. 1891, 1909.

44 EuGH, Rs. C-106/89 (Marleasing), Slg. 1990, S. I-4135, 4159.

45 Beutler/Bieber/Pipkorn/Streil (*-Epiney*), Die Europäische Union, Rn. 527 ff.; speziell zur Auslegung von Richtlinien *Schulze*, ZfRV 1997, S. 183, 189.

46 Beutler/Bieber/Pipkorn/Streil (*-Epiney*), Die Europäische Union, Rn. 530.

47 EuGH, Rs. 283/81 (CILFIT), Slg. 1982, S. 3415, 3430 (Rn. 18, 19).

48 Beutler/Bieber/Pipkorn/Streil (*-Epiney*), Die Europäische Union, Rn. 534.

49 EuGH, Rs. 283/81 (CILFIT), Slg. 1982, S. 3415, 3430 (Rn. 20).

50 EuGH, Rs. 29/69 (Stauder), Slg. 1969, S. 419, 425 (Rn. 3).

51 Beutler/Bieber/Pipkorn/Streil (*-Epiney*), Die Europäische Union, Rn. 536.

materialien sind heranzuziehen[52]. Schließlich spielen in der Rechtsprechung des EuGH auch rechtsvergleichende Elemente eine Rolle[53].

Für die Auslegung der Verbrauchsgüterkauf-Richtlinie bedeutet dies, daß zunächst von ihrem Wortlaut in allen authentischen Fassungen auszugehen ist. Im Rahmen einer systematischen Auslegung sind ferner unter Umständen andere Richtlinien aus dem Bereich des Verbraucherrechts zu berücksichtigen[54]. Auch die rechtsvergleichend zu ermittelnden Grundsätze der Rechtsordnungen der Mitgliedstaaten sind in die Betrachtung einzubeziehen[55]. Für die Ermittlung des Zwecks der Bestimmungen der Richtlinie kommt den sechsundzwanzig Erwägungsgründen, die als Bestandteil der Richtlinie den Bestimmungen vorangestellt sind, eine besondere Bedeutung zu[56]. Aufschlußreich sind schließlich die umfangreichen Gesetzgebungsmaterialien[57] und insbesondere das Grünbuch der Kommission über Verbrauchsgütergarantien und Kundendienst vom 15. November 1993[58], der Vorschlag der Kommission für eine Richtlinie des Europäischen Parlaments und des Rates über den Verbrauchsgüterkauf und -garantien vom 18. Juni 1996[59] sowie die Stellungnahme der Kommission zu der Abänderung des Europäischen Parlaments des gemeinsamen Standpunktes des Rates betreffend den Vorschlag für eine Richtlinie des Europäischen Parlaments und des Rates zu bestimmten Aspekten des Verbrauchsgüterkaufs und der Garantien für Verbrauchsgüter vom 19. Januar 1999[60]. In diesem Zusammenhang ist darauf hinzuweisen, daß das UN-Kaufrecht für die Richtlinie „Modell gestanden" hat[61]: Soweit die Richtlinie dem Übereinkommen nachgebildet ist, sollte sie deshalb auch in Anlehnung an dieses ausgelegt werden[62].

---

52 Beutler/Bieber/Pipkorn/Streil (*-Epiney*), Die Europäische Union, Rn. 533.

53 *Schulze*, ZfRV 1997, S. 183, 188 ff.

54 AnwaltKomm (*-Pfeiffer*), Präambel Rn. 7. Eine Übersicht über die gegebenenfalls zu berücksichtigenden Richtlinien findet sich bei AnwaltKomm (*-Pfeiffer*), Präambel Rn. 3.

55 AnwaltKomm (*-Pfeiffer*), Präambel Rn. 7.

56 AnwaltKomm (*-Pfeiffer*), Präambel Rn. 5.

57 Vgl. AnwaltKomm (*-Pfeiffer*), Präambel Rn. 4. Zur Entstehungsgeschichte der Richtlinie *Welser/Jud*, Reform des Gewährleistungsrechts, S. 8 ff.

58 KOM (93) 509 endg. Zum Grünbuch der Kommission eingehend *Schnyder/Straub*, ZEuP 1996, S. 8.

59 KOM (95) 520 endg. Sehr kritisch (und polemisch) zum Entwurf *Junker*, DZWir 1997, S. 271. Vielfach wird als Datum für den Entwurf der 23. August 1996 angegeben. Es handelt sich um den Zeitpunkt, zu dem der Vorschlag von der Kommission vorgelegt worden ist, vgl. ABl. EG 1996 Nr. C 307, S. 8.

60 KOM (1999) 16 endg.

61 Vgl. insb. KOM (95) 520 endg., S. 6.

62 *Ernst/Gsell*, ZIP 2000, 1410, 1413; AnwaltKomm (*-Pfeiffer*), Präambel Rn. 2. Zu der Frage, ob das UN-Kaufrecht im Lichte der Richtlinie ausgelegt werden kann, eingehend unten S. 51 ff.

Festzuhalten bleibt, daß das deutsche Verbrauchsgüterkaufrecht richtlinienkonform, also im Lichte der Verbrauchsgüterkauf-Richtlinie, auszulegen ist. Da die Richtlinie ihrerseits am Vorbild des UN-Kaufrechts ausgerichtet ist, sollte sich auch die Auslegung des deutschen Verbraucherkaufrechts an diesem Vorbild orientieren.

II. Das UN-Kaufrecht

Das UN-Kaufrecht ist ein internationales Übereinkommen. Für seine Auslegung gelten besondere Regeln.

1. Innerstaatliche Geltung

Das UN-Kaufrecht ist ein völkerrechtlicher Vertrag, durch den die Vertragsstaaten sich verpflichtet haben, das in ihm geregelte einheitliche Kaufrecht innerstaatlich in Kraft zu setzen[63]. Es lag gemäß Art. 91 Abs. 1 CISG am 11. April 1980 zunächst in Wien und dann bis zum 30. September 1981 am Sitz der Vereinten Nationen in New York für alle Staaten[64] zur Unterzeichnung auf[65]. Die Unterzeichnung entfaltet jedoch keine völkerrechtliche Wirkung[66]; erforderlich ist vielmehr gemäß Art. 91 Abs. 2 CISG die Ratifikation, Annahme oder Genehmigung durch die Unterzeichnerstaaten. Das UN-Kaufrecht ist gemäß Art. 99 Abs. 1 CISG am 1. Januar 1988 in Kraft getreten, nachdem am 11. Dezember 1986[67] die nach dieser Vorschrift erforderlichen zehn Ratifikations-, Annahme-, Genehmigungs- oder Beitrittsurkunden beim Generalsekretär der Vereinten Nationen hinterlegt worden waren.

Die Bundesrepublik Deutschland hatte das Übereinkommen am 26. Mai 1981 unterzeichnet[68]. Gemäß Art. 59 Abs. 2 S. 1 2. Alt. GG bedürfen Verträge, welche sich auf Gegenstände der Bundesgesetzgebung beziehen, der Zustim-

---

63 *Piltz*, Internationales Kaufrecht, § 2 Rn. 3, 6; *Schlechtriem*, Internationales UN-Kaufrecht, Rn. 345; zu einheitsrechtlichen Übereinkommen im allgemeinen ebenso *Kropholler*, Einheitsrecht, S. 94.

64 Also nicht nur für Mitgliedstaaten der Vereinten Nationen, vgl. Schlechtriem (-*Ferrari*), Art. 91 CISG, Rn. 2.

65 Staaten, die das Übereinkommen nicht unterzeichnet haben, können ihm gemäß Art. 91 Abs. 3 CISG gleichwohl beitreten.

66 Bianca/Bonell (-*Evans*), Art. 91 Anm. 2.1; Schlechtriem (-*Ferrari*), Art. 91 Rn. 2; Staudinger (-*Magnus*), Art. 91 Rn. 2.

67 Schlechtriem (-*Schlechtriem*), Einl., S. 29.

68 Vgl. die Fundstelle in Fn. 12 auf S. 2.

mung oder der Mitwirkung der jeweils für die Bundesgesetzgebung zuständigen Körperschaften in Form eines Bundesgesetzes. Das UN-Kaufrecht bezieht sich auf das Bürgerliche Recht sowie auf das Recht der Wirtschaft (Handel) und damit gemäß Art. 74 Abs. 1 Nr. 1 und 11 GG auf Gegenstände der (konkurrierenden) Bundesgesetzgebung. Mit dem sogenannten Vertragsgesetz vom 5. Juli 1989[69] haben Bundestag und Bundesrat dem UN-Kaufrecht zugestimmt; die Ratifikation erfolgte am 21. Dezember 1989[70]. Wenn ein Staat das Übereinkommen nach Hinterlegung der zehnten Ratifikations-, Annahme, Genehmigungs- oder Beitrittsurkunde ratifiziert, annimmt, genehmigt oder ihm beitritt, tritt das Übereinkommen gemäß Art. 99 Abs. 2 CISG für diesen Staat am ersten Tag des Monats in Kraft, der auf einen Zeitabschnitt von zwölf Monaten nach Hinterlegung seiner Ratifikations-, Annahme- Genehmigungs- oder Beitrittsurkunde folgt. Das UN-Kaufrecht ist demnach für Deutschland am 1. Januar 1991 völkerrechtlich verbindlich geworden[71].

Von der völkerrechtlichen Verbindlichkeit ist die innerstaatliche Geltung zu unterscheiden, die sich ausschließlich nach dem jeweiligen Verfassungsrecht der Vertragsstaaten richtet[72]. In der Bundesrepublik Deutschland bewirkt das Vertragsgesetz nach allgemeiner Ansicht neben der Zustimmung zur Ratifikation zugleich die Einbeziehung der vertraglichen Regelungen in das innerstaatliche Recht[73]. Wie diese Einbeziehung erfolgt ist umstritten. Nach der Transformationstheorie werden die völkervertraglichen Regelungen durch das Vertragsgesetz in innerstaatliche Rechtsquellen umgewandelt[74]. Die inzwischen wohl

---

69 BGBl. 1989 II, S. 586.

70 Vgl. die Fundstelle in Fn. 12 auf S. 2.

71 Die Deutsche Demokratische Republik hatte das UN-Kaufrecht am 13. August 1981 unterschrieben und am 23. Februar 1989 ratifiziert, so daß das Übereinkommen schon am 1. März 1990 im Gebiet der DDR in Kraft getreten ist, siehe hierzu die Fundstelle in Fn. 12 auf S. 2. Umstritten ist, ob das UN-Kaufrecht am 3. Oktober 1990 mit dem Wirksamwerden des Beitritts im Gebiet der DDR wieder außer Kraft getreten ist, oder ob es fortgalt, vgl. Staudinger (-*Magnus*), Einl., Rn. 15 m.w.N.

72 Vgl. *Kropholler*, Einheitsrecht, S. 104.

73 Vgl. etwa BVerfGE 99, S. 145, 158; ferner Maunz/Dürig (-*Maunz*), Art. 59 Rn. 25; Jarass/Pieroth (-*Jarass*), Art. 59 Rn. 17; v. Münch/Kunig (-*Rojahn*), Art. 59 GG Rn. 32. Das UN-Kaufrecht ist zwar ein sogenannter self-executing-Vertrag, vgl. *Teklote*, Die Einheitlichen Kaufgesetze, S. 43; *Volken*, in: Schlechtriem, S. 81, 84. So werden Übereinkommen bezeichnet, die so gefaßt sind, daß sie von den Rechtsunterworfenen unmittelbar zu befolgen sind, vgl. *Kropholler*, Einheitsrecht, S. 101. Auch solche Übereinkommen müssen jedoch - zumindest in Deutschland - innerstaatlich für anwendbar erklärt werden, vgl. *Teklote*, Die Einheitlichen Kaufgesetze, S. 44; a.A. wohl *Volken*, in: Schlechtriem, S. 81, 85 f.

74 So etwa *Hesse*, Grundzüge des Verfassungsrechts, Rn. 102; wohl auch *Herber/Czerwenka*, Vor Art. 1 Rn. 15.

herrschende Vollzugstheorie nimmt dagegen an, das Vertragsgesetz gebe lediglich die Anwendung völkerrechtlicher Normen innerstaatlich frei, ohne ihre Rechtsnatur zu ändern[75]. Einigkeit besteht freilich darüber, daß den völkerrechtlichen Normen innerstaatlich der Rang von Bundesgesetzen zukommt[76].

Das Vertragsgesetz ist gemäß seinem Art. 7 Abs. 1 S. 1 am Tag nach seiner Verkündung, also am 14. Juli 1989[77], in Kraft getreten. Da das UN-Kaufrecht für die Bundesrepublik Deutschland völkerrechtlich aber erst am 1. Januar 1991 verbindlich geworden ist, erlangte es auch erst zu diesem Zeitpunkt innerstaatliche Geltung[78].

2. Auslegung

Die Vorschriften des UN-Kaufrechts sollen das Recht des grenzüberschreitenden Warenkaufs international vereinheitlichen. Zur Erreichung dieses Ziels genügt es nicht, gleichlautende Vorschriften in den Vertragsstaaten in Kraft zu setzen. Vor der Anwendung einer Norm ist nämlich stets zunächst durch Auslegung ihr Sinn zu ermitteln[79]. Würden die Vorschriften des materiellen Einheitsrechts in den Vertragsstaaten unterschiedlich ausgelegt, so bestünde die Einheit nur in den Gesetzestexten, tatsächlich hätten die Normen in den Vertragsstaaten jedoch unterschiedliche Inhalte. Es ist deshalb eine möglichst einheitliche Auslegung des UN-Kaufrechts in den Vertragsstaaten anzustreben[80]. Am ehesten wäre sie wohl durch die Übertragung der Auslegungszuständigkeit auf einen internationalen Gerichtshof zu erreichen[81]. Dieser Weg ist im Falle des CISG

---

75 In diesem Sinne etwa Maunz/Dürig (-*Herdegen*), Art. 25 GG Rn. 36; Jarass/Pieroth (-*Jarass*), Art. 25 GG Rn. 1; v. Münch/Kunig (-*Rojahn*), Art. 59 Rn. 33; vgl. ferner *Kropholler*, Einheitsrecht, S. 105; so wohl jetzt auch das Bundesverfassungsgericht, vgl. BVerfGE 73, S. 339, 375.

76 Maunz/Dürig (-*Herdegen*), Art. 25 GG Rn. 8; Jarass/Pieroth (-*Jarass*), Art. 59 Rn. 19; v. Münch/Kunig (-*Rojahn*), Art. 59 GG Rn. 37; speziell zum UN-Kaufrecht ebenso v. Caemmerer/Schlechtriem (-*Herber*), Vor Art. 1-6 Rn. 36; *Herber/Czerwenka*, Vor Art. 1 Rn. 15; *Teklote*; Die Einheitlichen Kaufgesetze, S. 45; *Wartenberg*, Verbraucherschutzrecht, S. 14.

77 Staudinger (-*Magnus*), Art. 7 VertragsG Rn. 1.

78 Vgl. allgemein zum Zeitpunkt des Beginns der innerstaatlichen Geltung völkerrechtlicher Verträge v. Münch/Kunig (-*Rojahn*), Art. 59 Rn. 36.

79 *Larenz*, Methodenlehre, S. 204 f.

80 Das ist wohl allgemeine Ansicht, vgl. etwa *Diedrich*, Autonome Auslegung, S. 35.

81 Vgl. *Bayer*, RabelsZ 20 (1955), S. 603, 641 f.; *Kropholler*, Einheitsrecht, S.144 ff. Eingehend hierzu auch *Diedrich*, Autonome Auslegung, S. 44 ff.

jedoch nicht beschritten worden: Die Anwendung des Übereinkommens obliegt in erster Linie den nationalen staatlichen Gerichten sowie Schiedsgerichten.

Das UN-Kaufrecht stellt in Art. 7 Abs. 1 CISG Regeln für seine Auslegung auf, die von den Rechtsanwendern zu befolgen sind. Zweifelhaft ist, ob daneben die Auslegungsregeln in den Art. 31 – 33 der Wiener Vertragsrechtsrechtskonvention vom 23. Mai 1969[82] (WVK) zu berücksichtigen sind. Da die WVK in erster Linie die Verpflichtungen der an einem Vertrag beteiligten Völkerrechtssubjekte regelt[83], kommen die Art. 31 – 33 unmittelbar nur auf die völkerrechtlichen Schlußklauseln in den Art. 89 – 101 CISG zur Anwendung[84]. Soweit eine Auslegungsfrage mit Hilfe von Art. 7 Abs. 1 CISG nicht beantwortet werden kann, die Interpretationsregeln in den Art. 31 – 33 WVK dagegen eine sachgerechte Lösung ermöglichen, bestehen gegen ihre analoge Anwendung jedoch keine Bedenken[85].

Für die Auslegung des Übereinkommens nennt Art. 7 Abs. 1 CISG drei Auslegungsgrundsätze[86]: Zu berücksichtigen sind der internationale Charakter des UN-Kaufrechts sowie die Notwendigkeit, seine einheitliche Anwendung und die Wahrung des guten Glaubens im internationalen Handel zu fördern. Dem Gebot der Förderung der einheitlichen Anwendung wird entnommen, daß „internationalisierungsfähige" Auslegungsergebnisse anzustreben sind[87]. Außerdem ist die Rechtsprechung sowie die Lehre in allen Vertragsstaaten zu berücksichtigen[88], ohne daß ausländischen Urteilen jedoch eine formelle Bin-

---

82 Wiener Übereinkommen über das Recht der Verträge vom 23. Mai 1969, BGBl. 1985 II, S. 926.

83 Vgl. Staudinger (-*Magnus*), Art. 7 Rn. 16.

84 *Diedrich*, Autonome Auslegung, S. 133 f.; *ders.*, RIW 1995, 353, 357; v. Caemmerer/Schlechtriem (-*Herber*), Art. 7 Rn. 12; *Herber/Czerwenka*, Art. 7 Rn. 4; Staudinger (-*Magnus*), Art. 7 Rn. 16; *Piltz*, Internationales Kaufrecht, § 2 Rn. 167. A.A. (unmittelbare Anwendung auch auf die Art. 1 – 88 CISG) Schlechtriem (-*Ferrari*), Art. 7 Rn. 33; *Happ*, RIW 1997, 376, 378.

85 v. Caemmerer/Schlechtriem (-*Herber*), Art. 7 Rn. 12; *Herber/Czerwenka*, Art. 7 Rn. 4; Staudinger (-*Magnus*), Art. 7 Rn. 16. Soweit ersichtlich besteht ein Bedürfnis für eine Heranziehung der WVK aber nur bei der Beantwortung der Frage, welcher authentischen Textfassung bei Widersprüchen der Vorrang zukommt, vgl. Staudinger (-*Magnus*), Art. 7 Rn. 16; Schlechtriem (-*Ferrari*), Art. 7 Rn. 35.

86 Schlechtriem (-*Ferrari*), Art. 7 Rn. 5; Honsell (-*Melis*), Art. 7 Rn. 3; ähnlich *Diedrich*, Autonome Auslegung, S. 141; Staudinger (-*Magnus*), Art. 7 Rn. 1, 11; *ders.*, RabelsZ 53 (1989), S. 116, 122 f.

87 Schlechtriem (-*Ferrari*), Art. 7 Rn. 16; Staudinger (-*Magnus*), Art. 7 Rn. 20.

88 Bianca/Bonell (-*Bonell*), Art. 7 Anm. 3.1.3; *Diedrich*, Autonome Auslegung, S. 141; Schlechtriem (-*Ferrari*), Art. 7 Rn. 17; Staudinger (-*Magnus*), Art. 7 Rn. 21; *ders.*,

dungswirkung zukommt[89]. Ferner sind die Bestimmungen des UN-Kaufrechts auch in Einklang mit dem Gutglaubensgrundsatz auszulegen, dessen Konturen im einzelnen allerdings unklar sind[90].

Art. 7 Abs. 1 CISG wird jedoch vor allem dahingehend verstanden, daß das UN-Kaufrecht autonom zu interpretieren ist. Es soll „aus sich selbst heraus" und vor allem ohne Rückgriff auf irgendein nationales Recht ausgelegt werden[91]. Von dem Grundsatz der autonomen Auslegung bestehen jedoch Ausnahmen. Einigkeit besteht wohl darüber, daß einige der von dem Übereinkommen verwendeten Begriffe, etwa der Begriff „internationales Privatrecht" in den Art. 1 Abs. 1 b) und 7 Abs. 2 Alt. 2 CISG, nicht autonom, sondern aus der Sicht des mit der Sache befaßten Rechtsanwenders auszulegen sind[92].

Fraglich ist, ob und inwieweit die Berücksichtigung anderer einheitsprivatrechtlicher Texte bzw. eventuell zu ihnen ergangener Entscheidungen bei der Auslegung des CISG mit den in Art. 7 Abs. 1 CISG niedergelegten Grundsätzen vereinbar ist. Die Frage stellt sich hier insbesondere im Hinblick darauf, ob eine Auslegung des UN-Kaufrechts im Licht der Verbrauchsgüterkauf-Richtlinie möglich ist[93]. Die Lehre hat sich bislang vor allem mit der Frage befaßt, ob bei der Auslegung des UN-Kaufrechts auf die UNIDROIT Principles[94]

RabelsZ 53 (1989), 116, 123; *Piltz*, Internationales Kaufrecht, § 2 Rn. 169; zum internationalen Einheitsrecht im allgemeinen ebenso *Bayer*, RabelsZ 20 (1955), S. 603, 625 f.

89 *Diedrich*, Autonome Auslegung, S. 141; Schlechtriem (*-Ferrari*), Art. 7 Rn. 23; Staudinger (*-Magnus*), Art. 7 Rn. 21; a.A. aber Bianca/Bonell (*-Bonell*), Art. 7 Anm. 3.1.3.

90 Vgl. Staudinger (*-Magnus*), Art. 7 Rn. 25 ff.

91 Staudinger (*-Magnus*), Art. 7 Rn. 12; *ders.*, RabelsZ 53 (1989), S. 116, 123, vgl. auch *Audit*, Vente internationale, Nr. 52; *Diedrich*, Autonome Auslegung, S. 141; *Heuzé*, Vente internationale, Nr. 91; *Piltz*, Internationales Kaufrecht, § 2 Rn. 169; *Schlechtriem*, Internationales UN-Kaufrecht, Rn. 43. Nach Ansicht mancher Autoren ergibt sich das Gebot autonomer Auslegung jedoch nur aus dem Erfordernis, den internationalen Charakter des UN-Kaufrechts zu berücksichtigen, vgl. Bianca/Bonell (*-Bonell*), Art. 7 Anm. 2.2.2; Schlechtriem (*-Ferrari*), Art. 7 Rn. 9; v. Caemmerer/Schlechtriem (*-Herber*), Art. 7 Rn. 11; *Herber/Czerwenka*, Art. 7 Rn. 4; Honsell (*-Melis*), Art. 7 Rn. 5; allgemein zum Gebot einer autonomen Auslegung *Bayer*, RabelsZ 20 (1955), S. 603, 623 f.

92 Schlechtriem (*-Ferrari*), Art. 7 Rn. 11 ff.; Staudinger (*-Magnus*), Art. 7 Rn. 13.

93 Die Richtlinie wird hier dem Einheitsrecht zugerechnet. Dagegen spricht, daß sie das Recht in den Mitgliedstaaten nur annähert, nicht vollständig vereinheitlicht. Solches Recht ist nach *Kropholler*, Einheitsrecht, S. 1, als Einheitsrahmenrecht zu bezeichnen. Die Richtlinie selbst ist jedoch gleichlautend für alle Mitgliedstaaten verbindlich. Dies rechtfertigt es meines Erachtens, sie als Einheitsrecht zu bezeichnen. Auch *Kropholler*, a.a.O., betrachtet Einheitsrahmenrecht übrigens als Einheitsrecht im weiteren Sinne.

94 Principles of International Commercial Contracts (official texts of the black letter rules in English, French, German, Italian and Spanish, UNIDROIT, Rom 1994. Die Principles sind (in englischer Sprache) abgedruckt bei Schlechtriem (*-Schlechtriem*), Anh. V.

zurückgegriffen werden darf. Ausweislich ihrer Präambel „[t]hey may be used to interpret or supplement international uniform law instruments", entspricht ihre Heranziehung zur Beseitigung von Auslegungszweifeln also gerade einer ihrer Funktionen. Gleichwohl ist die Zulässigkeit ihrer Berücksichtigung umstritten[95]. Umstritten ist auch, ob andere internationale Übereinkommen bei der Interpretation des CISG Berücksichtigung finden dürfen[96]. Für eine ausschließlich autonome Auslegung des UN-Kaufrechts spricht, daß sie die Verwendung derselben Elemente durch alle Rechtsanwender bei der Auslegung sicherstellt und dadurch die einheitliche Anwendung des Übereinkommens fördert. Die Berücksichtigung von Elementen außerhalb des Übereinkommens birgt dagegen die Gefahr einer uneinheitlichen Auslegung, zumindest dann, wenn keine Klarheit darüber besteht, welche Quellen herangezogen werden dürfen. Allerdings ist eine streng autonome Auslegung auch mit Nachteilen verbunden. Vielfach befassen sich mehrere einheitsrechtliche Normenkomplexe mit denselben Rechtsfragen. Werden diese Rechtsfragen unterschiedlich beantwortet, ohne daß dies sachlich gerechtfertigt ist, führt dies zu Widersprüchen innerhalb des immer dichter werdenden Netzes materiellen Einheitsrechts. Einer unerwünschten „Fragmentarisierung der Privatrechtsvereinheitlichung"[97] wird so Vorschub geleistet. Dem könnte entgegengewirkt werden, indem die Vorschriften einheitlich ausgelegt werden, soweit dies mit ihrem Wortlaut vereinbar ist[98]. Ein weiterer Nachteil einer streng autonomen Auslegung ist die Gefahr der „Versteinerung" des materiellen Einheitsrechts. Wird ein Übereinkommen immer nur „aus sich selbst heraus" ausgelegt, so fehlt es an neuen Einflüssen; die Normen können kaum an gewandelte Umstände angepaßt werden. Dies ist bei internationalen Übereinkommen ein besonders schwerer Nachteil, weil die Änderung eines Übereinkommens in aller Regel nur im Rahmen eines umständlichen und langwierigen Verfahrens, nämlich durch Abschluß eines neuen Übereinkommens, möglich ist. Eine Auslegung „im Lichte" modernerer Normen könnte auch diesem Nachteil der autonomen Auslegung entgegenwirken. Meines Erachtens ist eine heteronome Auslegung materiellen Einheitsrechts mit den Grundsätzen in Art. 7 Abs. 1 CISG vereinbar und deshalb zur Vermeidung der

---

95 Dafür etwa *Burkart*, Interpretatives Zusammenwirken, S. 209 ff.; ebenso Staudinger (-*Magnus*), Art. 7 Rn. 14; *ders.*, ZEuP 1999, 642, 648; *ders.*, in: FS Herber, S. 27, 35; *ders.*, in: Aufbruch nach Europa, S. 571, 582; dagegen wohl, *Michaels*, RabelsZ 62 (1998), S. 580, 606.

96 Grundsätzlich dafür Schlechtriem (-*Ferrari*), Art. 7 Rn. 38; *ders.*, Riv. dir. int. priv. proc. 2000, S. 669, 681 ff., Staudinger (-*Magnus*), Art. 7 Rn. 14; *ders.*, in: FS Herber, S. 27, 35; *ders.*, in: Aufbruch nach Europa, S. 571, 579 ff.; zurückhaltend *Kropholler*, Einheitsrecht, S. 273 f.; ablehnend dagegen *Diedrich*, Autonome Auslegung, S. 69 f.

97 *Magnus*, in: Aufbruch nach Europa, S. 571, 582.

98 Vgl. *Magnus*, in: Aufbruch nach Europa, S. 571, 582; ferner Schlechtriem (-*Ferrari*), Art. 7 Rn. 38; *ders.*, Riv. dir. int. priv. proc. 2000, S. 669, 681.

genannten Nachteile geboten. Denn die Anzahl der bei einer solchen Auslegung zu berücksichtigenden Texte ist in aller Regel überschaubar, so daß die Gefahr unterschiedlicher Auslegungen kaum größer sein dürfte als bei einer autonomen Auslegung. In Betracht kommen schließlich nur Texte, die dieselben Gegenstände betreffen und somit als „verwandt“ bezeichnet werden können. Es kann deshalb davon ausgegangen werden, daß den Rechtsanwendern ohne weiteres ersichtlich ist, welche Regelungen bei der Auslegung in Betracht zu ziehen sind[99].

Art. 7 Abs. 1 CISG legt nicht die Auslegungskriterien fest[100]. Einigkeit besteht aber wohl darüber, daß zur Ermittlung der Bedeutung einer Vorschrift des UN-Kaufrechts die „klassischen“ Auslegungskriterien (grammatische, systematische, historische und teleologische Auslegung) heranzuziehen sind[101]. Dem Wortsinn der Bestimmungen (grammatische Auslegung) kommt für die Auslegung des UN-Kaufrechts eine herausragende Bedeutung zu[102]. Da die Interpreten von einem einheitlichen Wortlaut ausgehen, ist nämlich die grammatische Auslegung am ehesten dazu geeignet, die einheitliche Anwendung der Vorschriften zu fördern[103]. Bei der Ermittlung des Wortsinns ist freilich zu berücksichtigen, daß nach der Unterzeichnungsklausel die Urschrift des Übereinkommens in arabischer, chinesischer, englischer, französischer, russischer und spanischer Sprache abgefaßt und jeder Wortlaut gleichermaßen verbindlich ist. Das Übereinkommen räumt keiner der Fassungen den Vorrang ein. Der englischen Fassung kommt jedoch nach allgemeiner Ansicht ein besonderes Gewicht zu, da das Übereinkommen im wesentlichen in englischer Sprache ausgearbeitet worden ist[104]. Die deutsche Übersetzung des Übereinkommens ist dagegen nicht verbindlich und kann deshalb nur als Auslegungshilfe herangezogen werden[105].

---

99 Etwas skeptischer *Magnus*, in: Aufbruch nach Europa, S. 571, 581 f.

100 *Audit*, Vente internationale, Nr. 52; *Diedrich*, Autonome Auslegung, S. 141; Schlechtriem (-*Ferrari*), Art. 7 Rn. 8; Staudinger (-*Magnus*), Art. 7 Rn. 11; Honsell (-*Melis*), Art. 7 Rn. 3.

101 Staudinger (-*Magnus*), Art. 7 Rn 31; allgemein zum materiellen Einheitsrecht *Kropholler*, Einheitsrecht, S. 260.

102 *Diedrich*, Autonome Auslegung, S. 143; Schlechtriem (-*Ferrari*), Art. 7 Rn 30; *Herber/Czerwenka*, Art. 7 Rn. 7; Staudinger (-*Magnus*) Art. 7 Rn. 32; *ders.*, RabelsZ 53 (1989), S. 116 123; *Piltz*, Internationales Kaufrecht, § 2 Rn. 169; allgemein zum internationalen Einheitsrecht *Kropholler*, Einheitsrecht, S. 264.

103 Vgl. *Kropholler*, a.a.O.

104 *Diedrich*, Autonome Auslegung, S. 143; Schlechtriem (-*Ferrari*), Art. 7 CISG, Rn. 35; v. Caemmerer/Schlechtriem (-*Herber*), Art. 7 Rn. 22; *Herber/Czerwenka*, Art. 7 Rn. 7; Staudinger (-*Magnus*), Art. 7 Rn. 17; Honsell (-*Melis*), Art. 7 Rn. 10; *Piltz*, Internationales Kaufrecht, § 2 Rn. 167.

105 *Diedrich*, Autonome Auslegung, S. 143; Schlechtriem (-*Ferrari*), Art. 7 CISG, Rn. 31; Staudinger (-*Magnus*), Art. 7 Rn. 15; *Piltz*, Internationales Kaufrecht, § 2 Rn. 167.

Im übrigen ist gemäß Art. 33 Abs. 4 WVK der Interpretation der Vorzug zu geben, die am ehesten dem Zweck der Vorschrift entspricht[106].

Bleibt der Wortlaut unter Berücksichtigung der verschiedenen Textfassungen mehrdeutig, so sind die Auslegungszweifel mit Hilfe anderer Kriterien zu beseitigen[107]. Für das Verständnis des CISG ist namentlich seine Entstehungsgeschichte bedeutsam[108]. Das Übereinkommen ist im Rahmen der United Nations Commission on International Trade and Law (UNCITRAL), deren Tätigkeit in den Yearbooks dokumentiert ist, ab 1969 nach dem Vorbild des Einheitlichen Gesetzes über den internationalen Kauf beweglicher Sachen (EKG) sowie des Einheitlichen Gesetzes über den Abschluß von Kaufverträgen über bewegliche Sachen (EAG), beide vom 1. Juli 1964[109], ausgearbeitet worden[110]. Die Gesprächsgrundlage der Delegierten auf der Wiener Konferenz, die vom 10. März bis zum 11. April 1980 stattfand und zur Unterzeichnung des UN-Kaufrechts führte, bildete der sogenannte New Yorker Entwurf von 1978[111]. Zentrale Bedeutung für die Auslegung des CISG kommt deshalb neben dem in den Official Records der Kommission[112] festgehaltenen Konferenzverlauf[113] auch dem zum New Yorker Entwurf verfaßten Kommentar des UNCITRAL-Sekretariates[114] zu, zumal sich der Entwurf vielfach mit dem letztlich angenommenen Text deckt.

---

106 Staudinger (-*Magnus*), Art. 7 Rn. 16. Zur analogen Anwendbarkeit der WVK oben S. 16.

107 Vgl. Staudinger (-*Magnus*), Art. 7 Rn. 16; *ders.*, RabelsZ 53 (1989), S. 116, 124.

108 *Diedrich*, Autonome Auslegung, S. 144; Schlechtriem (-*Ferrari*), Art. 7 Rn. 36; *Herber/Czerwenka*, Art. 7 Rn. 8; Staudinger (-*Magnus*), Art. 7 Rn. 35; *ders.*, RabelsZ 53 (1989), S. 116, 124; zum Einheitsrecht im allgemeinen *Kropholler*, Einheitsrecht, S. 274 ff. Einen kurzen Überblick über die Entstehungsgeschichte des UN-Kaufrechts gibt Staudinger (-*Magnus*), Einl. Rn. 19 ff.

109 BGBl. 1973 I, S. 856 und S. 868.

110 Staudinger (-*Magnus*), Einl. Rn. 24. Die Wurzeln des UN-Kaufrechts reichen indes bis in das Jahr 1928 zurück, als *Ernst Rabel* bei dem Präsidenten des kurz zuvor gegründeten Internationalen Instituts für die Vereinheitlichung des Privatrechts (UNIDROIT) die Vereinheitlichung des Rechts des internationalen Warenkaufs anregte, vgl. Schlechtriem (-*Schlechtriem*), Einl. S. 27.

111 UNCITRAL YB IX (1978), S. 14 ff.

112 United Nations Conference on Contracts for the International Sale of Goods, Vienna, 10 March – 11 April 1980, Official Records, Documents of the Conference and Summary Records of the Plenary Meetings and of the Meetings of the Main Committees, United Nations, A/CONF.97/19, New York 1981. Im folgenden O.R.

113 Hierzu insbesondere O.R., S. 82 ff., 195 ff.

114 Commentary on the draft Convention on Contracts for the International Sale of Goods, prepared by the Secretariat, A/CONF.97/5. Im folgenden als Sekretariatskommentar bezeichnet, O.R., S. 14 ff.

Über die Bedeutung einer Vorschrift kann ferner ihre Stellung im Gesamtzusammenhang des UN-Kaufrechts (systematische Auslegung)[115] sowie ihr Sinn und Zweck bzw. der Zweck des Übereinkommens im Ganzen Aufschluß geben (teleologische Auslegung)[116].

Neben den klassischen Auslegungsmethoden spielt schließlich auch die rechtsvergleichende Interpretation der Bestimmungen des Übereinkommens eine Rolle[117]. Aus dem in Art. 7 Abs. 1 CISG formulierten Gebot der Förderung einer einheitlichen Anwendung des Übereinkommens ergibt sich zunächst, daß Rechtsprechung und Lehre in anderen Vertragsstaaten zu berücksichtigen sind[118]. Welche Rolle daneben eine Vergleichung der autonomen Privatrechte der Vertragsstaaten für die Auslegung des UN-Kaufrechts spielt, ist umstritten. Nach Ansicht von *Herber* und *Czerwenka* kommt sie nur bei der Ausfüllung von Generalklauseln in Betracht. Im übrigen sei sie unzulässig, weil das Übereinkommen sich von nationalen Begriffen gerade habe lösen wollen[119]. Die Vergleichung ermöglicht es jedoch, den Hintergrund der Bestimmungen des UN-Kaufrechts in den Vertragsstaaten zu ermitteln und trägt so im Gegenteil zu einer einheitlichen Anwendung des Übereinkommens bei. Auch eine Privatrechtsvergleichung ist deshalb zur Auslegung des CISG zulässig[120].

Fraglich ist, im Rahmen welcher der genannten Auslegungsmethoden eine Berücksichtigung verwandten Einheitsrechts in Betracht kommt.

Die grammatische Auslegung erlaubt wohl keine Berücksichtigung anderer einheitsrechtlicher Texte[121]. Sie dient nämlich nur der Ermittlung des allgemeinen bzw. gegebenenfalls eines speziellen juristischen Wortsinns[122]. Die Berück-

---

115 Schlechtriem (*-Ferrari*), Art. 7 Rn. 37; Staudinger (*-Magnus*), Art. 7 Rn. 34; *ders.*, RabelsZ 53 (1989), S. 116, 124; zum materiellen Einheitsrecht ebenso *Kropholler*, Einheitsrecht, S. 271.

116 Staudinger (*-Magnus*), Art. 7 Rn. 36; *ders.*, RabelsZ 53 (1989), S. 116, 125; allgemein zum materiellen Einheitsrecht auch *Kropholler*, Einheitsrecht, S. 276 ff.

117 Zur Bedeutung der rechtsvergleichenden Auslegung im nationalen Recht bereits oben S. 10.

118 Siehe oben S. 16 f.

119 *Herber/Czerwenka*, Art. 7 Rn. 9; ähnlich v. Caemmerer/Schlechtriem (*-Herber*), Art. 7 Rn. 26; Schlechtriem (*-Ferrari*), Art. 7 Rn. 40.

120 *Audit*, Vente internationale, Nr. 53; *Diedrich*, Autonome Auslegung, S. 144 f.; *Heuzé*, Vente internationale, Nr. 91; Staudinger (*-Magnus*), Art. 7 Rn. 37; *ders.*, RabelsZ 53 (1989), 116, 125; zum Einheitsrecht im allgemeinen ebenso *Bayer*, RabelsZ 20 (1955), S. 603, 626 ff.; *Kropholler*, Einheitsrecht, S. 278 ff.

121 A.A. *Magnus*, in: Aufbruch nach Europa, S. 571, 579 f., in bezug auf die grammatische Auslegung von Einheitsrecht.

122 *Larenz*, Methodenlehre, S. 320.

sichtigung des Wortlautes anderer Bestimmungen ist dagegen bereits systematische oder rechtsvergleichende Auslegung.

In begrenztem Umfang kann Einheitsrecht im Rahmen einer historischen Auslegung berücksichtigt werden, wenn die auszulegenden Normen auf Bestimmungen eines älteren Normenkomplexes zurückgehen. Für das UN-Kaufrecht bedeutet dies, daß zu seiner Auslegung seine Vorläufer, das EKG und das EAG, sowie Rechtsprechung und Schrifttum zu diesen Regelungen berücksichtigt werden können[123]. Freilich können die Lösungen von EKG und EAG nicht ohne weiteres auf das UN-Kaufrecht übertragen werden, namentlich dann nicht, wenn bewußt von den Bestimmungen der Vorläuferübereinkommen abgewichen worden ist[124].

Eine begrenzte Berücksichtigung verwandten Einheitsrechts ist auch im Rahmen einer systematischen Auslegung möglich. Diese Interpretation beruht auf dem Grundgedanken, daß die Normen innerhalb einer Rechtsordnung einander nicht widersprechen dürfen[125]. Da unterschiedliche einheitsrechtliche Texte zumeist jedoch nicht von denselben Organisationen oder Staatengruppen ausgearbeitet werden, jeder Text also regelmäßig „ein kleines Rechtssystem für sich“[126] darstellt und ein systematischer Zusammenhang zwischen ihnen auch nur ausnahmsweise gewollt sein wird, kann verwandtes Einheitsrecht bei einer systematischen Auslegung in der Regel nicht berücksichtigt werden[127]. Nach Ansicht von *Ferrari* können dagegen bei einer systematischen Auslegung von Übereinkommen des materiellen Vertragsrechts alle Übereinkommen berücksichtigt werden, die das materielle Vertragsrecht vereinheitlichen[128]. Dies ergebe sich aus dem diesen Übereinkommen gemeinsamen Zweck, den internationalen Handel durch die Schaffung von Einheitsrecht zu fördern[129], sowie aus dem Umstand, daß diese Übereinkommen identische Auslegungsregeln enthalten[130]. Allein der gemeinsame, zudem sehr allgemein formulierte Zweck, „den

123 Schlechtriem (-*Ferrari*), Art. 7 Rn. 36; *Herber/Czerwenka*, Art. 7 Rn. 8; Staudinger (-*Magnus*), Art. 7 Rn. 35; *ders.*, RabelsZ 53 (1989) 116, 124; zurückhaltend dagegen *Diedrich*, Autonome Auslegung, S. 144, 152 f.

124 Vgl. *Magnus*, RabelsZ 53 (1989), S. 116, 124.

125 Vgl. *Larenz*, Methodenlehre, S. 325.

126 *Kropholler*, Einheitsrecht, S. 273.

127 *Diedrich*, Autonome Auslegung, S. 69 f.; *Kropholler*, Einheitsrecht, S. 273 f.; *Magnus*, in: Aufbruch nach Europa, S. 571, 580, der als Ausnahme das EuGVÜ und das LugÜ nennt.

128 Schlechtriem (-*Ferrari*), Art. 7 Rn. 38; *ders.*, Riv. dir. int. priv. proc. 2000, S. 669, 681 ff.

129 *Ferrari*, Riv. dir. int. priv. proc. 2000, S. 669, 681 f.; ähnlich Schlechtriem (-*Ferrari*), Art. 7 Rn. 38.

130 *Ferrari*, Riv. dir. int. priv. proc. 2000, S. 669, 681.

internationalen Handel zu fördern", stellt jedoch noch keinen systematischen Zusammenhang zwischen den Bestimmungen unterschiedlicher Übereinkommen her. Diese können einander vielmehr auch dann widersprechen, wenn ihnen ein gemeinsamer Zweck zugrunde liegt. Und auch aus der Ähnlichkeit der Auslegungsregeln einiger Übereinkommen - *Ferrari*[131] nennt Art. 7 CISG sowie Art. 4 des UNIDROIT-Übereinkommens von Ottawa über das internationale Factoring[132] und Art. 6 des UNIDROIT-Übereinkommens von Ottawa über das internationale Finanzierungsleasing[133], beide vom 28. Mai 1988 - kann nicht auf die Zulässigkeit der Berücksichtigung verwandten Einheitsrechts bei einer systematischen Auslegung geschlossen werden. Art. 7 Abs. 1 steht zwar grundsätzlich einer heteronomen Auslegung nicht entgegen, der Vorschrift kann aber gerade nichts über die Auslegungsmethoden entnommen werden[134]. Das gleiche dürfte auch für Art. 4 des Factoring-Übereinkommens und Art. 6 des Finanzierungsleasing-Übereinkommens gelten, die Art. 7 CISG nachgebildet sind. Der Auffassung von *Ferrari* kann deshalb nicht gefolgt werden. Eine Berücksichtigung verwandten Einheitsrechts im Rahmen einer systematischen Auslegung wird deshalb nur ausnahmsweise möglich sein.

In größerem Umfang ist eine Berücksichtigung verwandten Einheitsrechts nur im Rahmen einer rechtsvergleichend-teleologischen Auslegung möglich[135]. Verwenden unterschiedliche einheitsrechtliche Normenkomplexe dieselben Begriffe, wie etwa einige materiellrechtliche Übereinkommen den Begriff des Schadens[136], so kann grundsätzlich, wenn die Verfasser des jüngeren Textes den älteren Text kannten[137] und bewußt denselben Begriff gewählt haben, davon ausgegangen werden, daß sie dem Begriff auch denselben Inhalt geben wollten[138]. Dies gilt um so mehr, wenn ganze Normen oder Normengruppen gleich oder sehr ähnlich formuliert sind; die Entsprechungen können dann kein Zufall sein. Rechtsprechung und Schrifttum zu einem Begriff oder einer Vorschrift können dann auch bei der Auslegung desselben Begriffes, bzw. der Parallelvor-

---

131 *Ferrari*, Riv. dir. int. priv. proc. 2000, S. 669, 682, Fn. 85.

132 BGBl. 1998 II, S. 172, 1998 II, S. 2375.

133 RabelsZ 51 (1987), S. 736-752.

134 Siehe oben S. 19.

135 Ähnlich *Magnus*, in: Aufbruch nach Europa, S. 571, 581; vgl. ferner Staudinger (-*Magnus*), Art. 7 Rn. 14; *ders.*, in: FS Herber, S. 27, 35; sowie *Kropholler*, Einheitsrecht, S. 273, 278.

136 Hierzu eingehend *Magnus*, in: FS Herber, S. 27 ff.

137 Man wird wohl in der Regel davon ausgehen können, daß die Verfasser eines einheitsrechtlichen Textes alle anderen einheitsrechtlichen Texte zur Kenntnis genommen haben, die sich mit denselben Fragen befassen.

138 Vgl. *Kropholler*, S. 274.

schrift in dem anderen Regelwerk berücksichtigt werden[139]. Etwas anderes würde nur dann gelten, wenn sich etwa aus dem Zusammenhang oder der Entstehungsgeschichte der neueren Regelung ein Hinweis darauf ergäbe, daß diese anders als ihr Vorbild zu verstehen ist. Bestehen sprachliche Abweichungen zwischen den Parallelvorschriften, so ist fraglich, ob der Wortlaut der einen Vorschrift bei der Auslegung der anderen berücksichtigt werden kann. Die Berücksichtigung einer Norm bei der Auslegung der anderen scheidet aus, wenn die Vorschriften durch den unterschiedlichen Wortlaut in ihrem Regelungsgehalt unvereinbar werden, indem sie etwa Gegensätzliches anordnen. Es ist jedoch auch möglich, daß die eine der Vorschriften lediglich präziser als die andere ist oder einen Aspekt berücksichtigt, den die andere Vorschrift vernachlässigt oder ganz außer Betracht läßt. Die Auslegung der Vorschriften im Gegenseitigen Licht ist dann möglich[140]. Denn ein einheitsrechtlicher Text wie das UN-Kaufrecht ist, um mit *Magnus*[141] zu sprechen, „zu Normen geronnene Rechtsvergleichung“. Es entspricht deshalb dem Geist der Verfasser des UN-Kaufrechts, wenn zu dessen heteronomer Auslegung[142] Normen herangezogen werden, die ebenfalls das Ergebnis einer fundierten Rechtsvergleichung sind, wovon bei Normen des internationalen Einheitsrechts in der Regel ausgegangen werden kann.

Zusammenfassend ist festzuhalten, daß eine heteronome Auslegung des UN-Kaufrechts geboten ist und vor allem im Rahmen einer rechtsvergleichend-teleologischen Auslegung des Übereinkommens in Betracht kommt.

B. Das Verhältnis der Rechtsquellen zueinander

Nachdem herausgearbeitet wurde, aus welchen Rechtsquellen die konkurrierenden Rechtsnormen fließen und unter Heranziehung welcher Kriterien sie auszulegen sind, ist im folgenden das Verhältnis der beiden Normenkomplexe zueinander zu klären. Zunächst ist zu untersuchen, welchem der beiden Nor-

---

139 Ähnlich *Kropholler*, Einheitsrecht, S. 274; *Magnus*, in: Aufbruch nach Europa, S. 571, 581.

140 Ob sie tatsächlich zu erfolgen hat, hängt davon ab, ob die präzise Regelung im Einzelfall einschlägig ist oder ob der zusätzliche Aspekt, zum Beispiel die Berücksichtigung der besonderen Schutzbedürftigkeit eines Verbrauchers, im konkreten Fall Beachtung verdient.

141 Staudinger (-*Magnus*), Art. 7 Rn. 37.

142 Zur grundsätzlichen Zulässigkeit einer heteronomen Auslegung des UN-Kaufrechts oben S. 17 ff.

menkomplexe im Kollisionsfall der Vorrang zukommt. Im Anschluß daran wird geprüft, ob bei der Auslegung des vorrangigen Normenkomplexes der Nachrangige berücksichtigt werden kann.

I. Rangverhältnis

Bevor die Regeln zur Auflösung der zwischen UN-Kaufrecht und deutschem Verbrauchsgüterkaufrecht bestehenden Konkurrenz ermittelt werden können sind einige methodische Vorüberlegungen zur Konkurrenz zwischen den beiden Normenkomplexen anzustellen.

1. Methodische Vorüberlegungen zur Konkurrenz zwischen UN-Kaufrecht und Verbrauchsgüterkaufrecht

Erfassen mehrere Rechtssätze in ihrem Tatbestand ein und dieselbe Situation, so besteht zwischen ihnen ein Konkurrenzverhältnis, das als Normenkonkurrenz bezeichnet wird[143]. Eine solche Konkurrenz kann zwischen ganzen Normenkomplexen bestehen, wenn diese (zumindest teilweise) denselben Anwendungsbereich haben[144]. Der Umgang mit Normenkonkurrenzen ist abhängig von den Rechtsfolgen der konkurrierenden Normen. Sind diese miteinander vereinbar, so können durchaus alle Normen nebeneinander anwendbar sein. Anders ist die Situation dagegen, wenn die Rechtsfolgen sich ausschließen. Es muß dann geklärt werden, welche Norm (bzw. welcher Normenkomplex) Vorrang hat, die anderen Normen also verdrängt[145].

Zwischen UN-Kaufrecht und deutschem Verbrauchsgüterkaufrecht besteht ein Konkurrenzverhältnis, denn die Anwendungs- und Regelungsbereiche[146] der beiden Normenkomplexe überschneiden sich zum Teil[147]. Ohne an dieser Stelle bereits im einzelnen auf den Inhalt der Regelungen eingehen zu können, ist erkennbar, daß die beiden Regelungskomplexe nicht nebeneinander angewendet

---

143 Vgl. *Larenz*, Methodenlehre, S. 266; *Zippelius*, Methodenlehre, S. 37.

144 *Larenz*, Methodenlehre, S. 269.

145 *Larenz*, Methodenlehre, a.a.O.

146 Ein Normenkomplex regelt innerhalb seines Anwendungsbereichs nicht unbedingt alle Rechtsfragen. Die Gesamtheit der von einem Normenkomplex tatsächlich geregelten Fragen wird als Regelungsbereich bezeichnet, vgl. zur Abgrenzung der Begriffe Anwendungs- und Regelungsbereich insbesondere *Czerwenka*, Rechtsanwendungsprobleme, S. 188; ferner Schlechtriem (*-Ferrari*), Art. 4 Rn. 3; *Wartenberg*, Verbraucherschutzrecht, S. 40, Fn. 164.

147 Siehe bereits oben S. 2 f. Ausführlich hierzu im Zweiten Teil.

werden können[148]: Die Richtlinie regelt „bestimmte Aspekte des Verbrauchsgüterkaufs und der Garantien für Verbrauchsgüter" (Art. 1 Abs. 1 RL), indem sie sich an die Bestimmungen des UN-Kaufrechts anlehnt, von diesen zum Teil aber auch abweicht. Die Regelungen sollen auf unterschiedliche Situationen zur Anwendung kommen: das UN-Kaufrecht auf internationale Handelskäufe, die Richtlinie auf Verbrauchsgüterkäufe. Kumulativ angewendet ergeben die Regelungen keinen Sinn, da sie sich entweder inhaltlich decken, oder ein und dieselbe Frage unterschiedlich regeln. Die Konkurrenz kann deshalb nur in der Weise aufgelöst werden, daß einer der Normenkomplexe den anderen verdrängt. Welcher der Regelungen Vorrang zukommt ist freilich umstritten[149].

Die Auflösung der Konkurrenzen kann das Internationale Privatrecht nicht unberücksichtigt lassen[150], denn das UN-Kaufrecht regelt nur Kaufverträge zwischen Parteien, die in verschiedenen Staaten niedergelassen sind[151] und das deutsche Verbrauchsgüterkaufrecht ist zumindest auf internationale Sachverhalte[152] nur dann anwendbar, wenn die Regeln des Internationalen Privatrechts auf das deutsche Recht verweisen. Das Internationale Privatrecht trifft für die Beurteilung einer Rechtsfrage eine Auswahl zwischen verschiedenen Rechtsordnungen, vgl. Art. 3 Abs. 1 S. 1 EGBGB. Da das UN-Kaufrecht die Unterschiede zwischen den Rechtsordnungen der Vertragsstaaten beseitigt[153], macht es das Internationale Privatrecht scheinbar überflüssig: „Ohne Rechtskollision kein Kollisionsrecht"[154]. Diese Annahme ist jedoch unzutreffend. Auch das CISG kann nur aufgrund einer kollisionsrechtlichen Entscheidung zur Anwendung kommen. Fraglich ist, welche Bedeutung das Internationale Privatrecht für das Konkurrenzverhältnis zwischen UN-Kaufrecht und Verbrauchsgüterkaufrecht hat.

---

148 Vgl. *Ernst/Gsell*, ZIP 2000, S. 1410, 1412; *Janssen* VuR 1999, S. 324, 325; *Magnus*, in: Grundmann/Medicus/Rolland, S. 79, 85; AnwaltKomm (*-Pfeiffer*), Art. 1 Rn. 29.

149 Eingehend hierzu unten S. 35 ff.

150 Vgl. in bezug auf das Verhältnis zwischen deutschem Verbraucherrecht und UN-Kaufrecht *Wartenberg*, Verbraucherschutzrecht, S. 24.

151 Zum Anwendungsbereich des UN-Kaufrechts näher unten S. 64 ff.

152 Ob auch bei sogenannten reinen Inlandssachverhalten das Internationale Privatrecht über die Anwendbarkeit nationalen Rechts entscheidet, oder ob das nationale Recht in diesen Fällen „aus eigener Kraft" gilt, ist umstritten, vgl. *Kegel/Schurig*, IPR, S. 6 f. m.w.N.

153 Vorausgesetzt es wird in den Vertragsstaaten einheitlich ausgelegt.

154 *Zweigert/Drobnig*, RabelsZ 29 (1965), S. 146, 147.

a) Die Regelungsmethode des UN-Kaufrechts

Gemäß Art. 3 Abs. 1 S. 1 EGBGB bestimmt das Internationale Privatrecht bei Sachverhalten mit einer Verbindung zum Recht eines ausländischen Staates, welche Rechtsordnungen anzuwenden sind. Die Regeln des Internationalen Privatrechts (im folgenden auch IPR-Normen oder Kollisionsnormen[155] genannt) verknüpfen also eine Rechtsfrage mit einer Rechtsordnung[156]. Dies wäre nicht erforderlich, wenn zur Beantwortung einer Rechtsfrage nur eine Rechtsordnung zur Verfügung stünde: „Das IPR *verschwindet* [...], wenn die Verschiedenheit der Privatrechte endet, weil ein überall geltendes *Weltprivatrecht* eingeführt wird“[157]. Entbehrlich wären Kollisionsnormen aus der Sicht eines Gesetzgebers ferner dann, wenn er die Existenz anderer Rechtsordnungen nicht anerkennen würde[158]. Stehen für die Beantwortung ein und derselben Rechtsfrage jedoch verschiedene staatliche Rechtsordnungen bereit, dann muß die Rechtsfrage zwingend zunächst einer dieser Rechtsordnung zugewiesen werden, bevor sie beantwortet werden kann. Aus der Feststellung, daß es mehrere (unterschiedliche) Rechtssätze für die Regelung einer Rechtsfrage gibt, folgt notwendig die Frage, welchem der Rechtssätze die Antwort auf die Rechtsfrage letztlich zu entnehmen ist[159]. Neben Sachnormen, die eine Rechtsfrage abschließend regeln, muß es deshalb, soweit die Existenz verschiedener Rechtsordnungen anerkannt wird, auch Kollisionsnormen geben, mit deren Hilfe zunächst die anwendbare Sachnorm bestimmt werden kann[160]. Kollisionsnormen unterscheiden sich also in ihrer Funktion von Sachnormen: Während Sachnormen in der Sache selbst entscheiden, treffen Kollisionsnormen eine Entscheidung nur über die Frage, welcher Rechtsordnung die Sachnormen zu entnehmen sind[161]. Für die Beantwortung einer Privatrechtsfrage müssen stets Kollisionsrecht und Sachrecht zusammenwirken[162].

Das UN-Kaufrecht hat weite Teile des Rechts des internationalen Warenkaufs in den Vertragsstaaten vereinheitlicht: In den Art. 14 - 24 CISG regelt es mit dem Abschluß des Vertrages den sogenannten äußeren Konsens, betrifft

---

155 Genauer müßte an sich von internationalprivatrechtlichen Kollisionsnormen gesprochen werden, weil das internationalprivatrechtliche Kollisionsrecht nur eines neben anderen Kollisionsrechten ist, vgl. eingehend hierzu *Kegel/Schurig*, IPR, S. 24 ff.

156 Vgl. *Schurig*, Kollisionsnorm und Sachrecht, S. 58.

157 *Kegel/Schurig*, IPR, S. 5, Hervorhebungen im Originaltext.

158 *v. Bar*, IPR I, Rn. 214; *Schurig*, Kollisionsnorm und Sachrecht, S. 51 f.

159 *v. Bar*, IPR I, Rn. 215; *Schurig*, Kollisionsnorm und Sachrecht, S. 54; *Vallindas*, Rec. 1960 III, S. 327, 374.

160 *Schurig*, Kollisionsnorm und Sachrecht, S. 54 f.

161 *Schurig*, Kollisionsnorm und Sachrecht, S. 58.

162 *v. Bar*, IPR I, Rn. 214.

also nicht die materielle Gültigkeit des Vertragsschlusses, vgl. Art. 4 a) CISG[163]. Die Art. 25 – 88 CISG befassen sich mit den Rechten und Pflichten der Parteien. Die Wirkungen, die der Vertrag auf das Eigentum an der verkauften Ware haben kann, regelt das Übereinkommen dagegen nicht, vgl. Art. 4 b) CISG. Die genannten Vorschriften sind Sachnormen, weil ihnen abschließend entnommen werden kann, ob ein Kaufvertrag durch Angebot und Annahme zustande gekommen ist, und welche Wirkungen er gegenüber den Parteien entfaltet. Ihre Anwendbarkeit ist allerdings an bestimmte Voraussetzungen geknüpft, die im wesentlichen in den Art. 1 bis 6 CISG geregelt sind.

Das UN-Kaufrecht käme ohne das Internationale Privatrecht aus, wenn es die Bedingungen entfallen ließe, die IPR-Normen erforderlich machen. Der deutsche Gesetzgeber hat mit der Formulierung von Kollisionsnormen, insbesondere in den Art. 3 ff. EGBGB, seine Bereitschaft zum Ausdruck gebracht, die Existenz anderer Rechtsordnungen anzuerkennen[164]. Das CISG würde das IPR deshalb nur dann überflüssig machen, wenn es – in dem beschränkten von ihm geregelten Bereich – die Vielfalt der Rechtsordnungen beseitigen würde. Dies ist jedoch nicht der Fall: Das Übereinkommen hat das Recht des internationalen Warenkaufs zwar in nunmehr einundsechzig Staaten vereinheitlicht[165]. Eine Wahl zwischen den Rechtsordnungen dieser Staaten ist für die vom UN-Kaufrecht erfaßten Rechtsfragen darum nicht mehr notwendig. Nach wie vor gibt es aber eine große Anzahl von Staaten, die das UN-Kaufrecht nicht ratifiziert haben. Es muß deshalb für jede einzelne der von dem Übereinkommen erfaßten Rechtsfragen geklärt werden, ob diese nach dem Übereinkommen oder nach dem autonomen Recht eines Nichtvertragsstaates zu beurteilen ist. Daran wird sich nichts ändern, solange es mindestens einen Staat gibt, der das UN-Kaufrecht nicht in Kraft gesetzt hat[166].

Fraglich ist aber, ob das UN-Kaufrecht auf Sachverhalte, die ausschließlich Bezüge zu Vertragsstaaten des Übereinkommens haben, ohne Vorschaltung des Internationalen Privatrechts, also sozusagen „aus eigener Kraft" zur Anwendung kommt[167]. Dafür spricht, daß die Anwendung des Rechts eines Staates, zu dem der Sachverhalt keinerlei Bezug aufweist, nicht in Betracht kommt und eine Wahl zwischen den Rechten verschiedener Vertragsstaaten nicht erforder-

---

163 Vgl. Staudinger (*-Magnus*), Vor Art. 14 ff. Rn. 2 f.

164 *v. Bar*, IPR I, Rn. 214; *Schurig*, Kollisionsnorm und Sachrecht, S. 51 f.

165 Vgl. die in Fn. 12 auf S. 2 angegebene Fundstelle.

166 Vgl. *Volken*, in: Schlechtriem, S. 81, 96; allgemein zum materiellen Einheitsrecht ebenso *v. Bar*, IPR I, Rn. 83 und 91.

167 Die hier untersuchte Situation ist derjenigen der sogenannten reinen Inlandssachverhalte vergleichbar. Zwar weist der Sachverhalt Bezüge zu mehreren Rechtsordnungen auf, diese Rechtsordnungen sind aber hinsichtlich der zu beurteilenden Rechtsfrage identisch.

lich ist, weil diese Rechte inhaltsgleiche Normen enthalten. Gleichwohl kommt das UN-Kaufrecht meines Erachtens auch auf solche Sachverhalte stets aufgrund einer kollisionsrechtlichen Verweisung zur Anwendung. Denn auch bei einem ausschließlich mit Vertragsstaaten verbundenen Sachverhalt erfolgt die Entscheidung für die Anwendbarkeit des UN-Kaufrechts vor dem Hintergrund der Existenz anderer zur Beantwortung der Rechtsfrage bereitstehender Rechtsordnungen und beinhaltet damit immer auch eine Entscheidung gegen die Anwendung eines anderen Rechts; es wird also notwendig eine Auswahl zwischen Rechtsordnungen getroffen[168].

Damit stellt sich die Frage, aufgrund welcher Kollisionsnorm(en) das UN-Kaufrecht zur Anwendung kommt. Das CISG regelt mit dem internationalen Warenkauf einen besonderen Schuldvertragstyp. Über die Anwendbarkeit des Übereinkommens könnten deshalb die Art. 27 ff. EGBGB entscheiden, die das auf Verträge anwendbare Recht bestimmen. Möglicherweise werden diese Bestimmungen jedoch durch eine spezielle Kollisionsnorm verdrängt. In Betracht kommt Art. 1 Abs. 1 CISG. Nach dieser Vorschrift ist das UN-Kaufrecht auf Kaufverträge über Waren zwischen Parteien anzuwenden, die ihre Niederlassung in verschiedenen Staaten haben, a) wenn diese Staaten Vertragsstaaten sind oder b) wenn die Regeln des internationalen Privatrechts zur Anwendung des Rechts eines Vertragsstaats führen. Ob es sich bei Art. 1 Abs. 1 CISG um eine Kollisionsnorm handelt ist umstritten. Zum Teil wird dies generell bejaht[169]. Nach wohl h.M. ist allerdings Art. 1 Abs. 1 b) CISG nicht selbst IPR-Norm sondern verweist nur auf die Regeln des Internationalen Privatrechts, denen er die Entscheidung über die Anwendbarkeit des UN-Kaufrechts überläßt[170]. Vielfach wird auch Art. 1 Abs. 1 a) CISG als Sachnorm und nicht als Kollisionsnorm betrachtet[171].

---

168 Ähnlich *v. Bar*, IPR I, Rn. 91; *Kegel/Schurig*, IPR, S. 7; *Schurig*, Kollisionsnorm und Sachrecht, S. 57, die darauf hinweisen, daß die in Betracht kommenden Rechtsordnungen nur mit Hilfe einer IPR-Norm bestimmt werden können.

169 v. Caemmerer/Schlechtriem (*-Herber*), Vor Art. 1–6 Rn. 4; Bianca/Bonell (*-Jayme*), Art. 1 Anm. 1.2; *Teklote*, Die Einheitlichen Kaufgesetze, S. 46; *Wartenberg*, Verbraucherschutzrecht, S. 27; in bezug auf Anwendungsnormen des internationalen Einheitsrechts im allgemeinen ebenso *v. Bar*, IPR I, Rn. 83 ff.; *Kropholler*, Einheitsrecht, S. 189 f.; *Schurig*, Kollisionsnorm und Sachrecht, S. 232 ff.

170 Vgl. insb. *Drobnig*, in: FS v. Overbeck, S. 15, 24 f. (Fn. 30); Schlechtriem (*-Schlechtriem*), Einl., S. 30; *ders.*, Internationales UN-Kaufrecht, Rn. 17; *Teklote*, Die Einheitlichen Kaufgesetze, S. 49 ff.; wohl auch *Kropholler*, IPR, S. 94.

171 *Volken*, in: Schlechtriem, S. 81, 89; wohl auch *Czerwenka*, Rechtsanwendungsprobleme, S. 30 f. Offenbar ist das auch die Auffassung der Autoren, die behaupten, die Zwischenschaltung des Kollisionsrechts werde durch Art. 1 Abs. 1 a) CISG „gänzlich ausgeschlossen“, vgl. etwa Schlechtriem (*-Ferrari*), Vor Art. 1–6 Rn. 5; ähnlich Staudinger (*-Magnus*), Vor Art. 1 Rn. 1. Wie oben auf S. 28 gezeigt, wird das IPR jedoch durch das CISG

Um die Rechtsnatur von Art. 1 Abs. 1 CISG bestimmen zu können, ist es zweckmäßig, zwischen den beiden in der Vorschrift genannten Alternativen zu unterscheiden. Gemäß Art. 1 Abs. 1 a) CISG ist das UN-Kaufrecht auf einen Warenkaufvertrag anwendbar (Rechtsfolge), wenn 1. eine Situation als Kaufvertrag über Waren zu qualifizieren ist, 2. dieser Vertrag zwischen Parteien geschlossen wurde, die in verschiedenen Staaten niedergelassen sind und 3. beide Niederlassungsstaaten Vertragsstaaten des Übereinkommens sind (Tatbestand). Wie eine IPR-Norm verknüpft Art. 1 Abs. 1 a) CISG eine Rechtsfrage mit einer bestimmten Normengruppe. Zwar kann der Vorschrift nicht entnommen werden, welches Recht anwendbar ist, wenn die in ihrem Tatbestand genannten Voraussetzungen nicht vorliegen. Jedoch entscheiden auch IPR-Normen mitunter nur über die Anwendbarkeit einer Rechtsordnung; man spricht dann von einseitigen Kollisionsnormen[172]. Solche Normen lassen lediglich die Frage unbeantwortet, welche Regelung eingreift, wenn ihre Voraussetzungen nicht erfüllt sind und bedürfen insoweit einer Ergänzung.

Allein aus der Struktur von Art. 1 Abs. 1 a) CISG kann freilich nicht geschlossen werden, daß die Vorschrift eine internationalprivatrechtliche Kollisionsnorm ist. Auch Normen des Interlokalen, Interpersonalen, Intertemporalen, des sachlichen und des Rangkollisionsrechts treffen eine Auswahl zwischen Rechtssätzen und weisen darum eine den IPR-Normen zumindest ähnliche Struktur auf[173]. Es muß deshalb der Inhalt von Art. 1 Abs. 1 a) CISG untersucht werden. IPR-Normen haben den Zweck, die auf eine Rechtsfrage anwendbare staatliche Rechtsordnung zu bestimmen[174]. Verweist eine Vorschrift – wie Art.

---

selbst dann nicht „gänzlich ausgeschlossen", wenn der Vertrag nur Bezüge zu Vertragsstaaten hat.

172 Vgl. statt aller *Kegel/Schurig*, IPR, S. 254 f. Daß strukturell kein Unterschied zwischen allseitigen und einseitigen Kollisionsnormen besteht, wird deutlich, wenn man beide Arten von Kollisionsnormen mit *Schurig*, Kollisionsnorm und Sachrecht, S. 89 ff. in „Element-Kollisionsnormen" zerlegt, die jeweils einen Sachverhalt einer Sachnorm zuweisen, und die in einseitigen und allseitigen Kollisionsnormen lediglich unterschiedlich „gebündelt" sind: Allseitige Kollisionsnormen bündeln die Element-Kollisionsnormen nach den von ihnen erfaßten Gegenständen (sogenannte „vertikale Bündelung", S. 102 f.) sowie nach den von ihnen gewählten Anknüpfungen (sogenannte „horizontale Bündelung", S. 105). Einseitige Kollisionsnormen verweisen dagegen bestimmte Rechtsfragen stets nur an eine Rechtsordnung, bündeln die Element-Kollisionsnormen also nur vertikal, nicht auch horizontal (S. 105). Vgl. auch *Kegel/Schurig*, IPR, S. 265 ff.

173 Eingehend hierzu *Kegel*, in: FS v. Overbeck, S. 47 ff.

174 Siehe bereits oben S. 27. Vgl. ferner *Schurig*, Kollisionsnorm und Sachrecht, S. 60 f. Ähnlich *Kegel*, in: GS Ehrenzweig, S. 77, der auf die Interessen abstellt, denen eine Norm dient: Die IPR-Norm entscheidet über die Interessen, die für die Anwendbarkeit der einen oder anderen Rechtsordnungen sprechen. Siehe auch *Kegel/Schurig*, IPR, S. 54. *Schurig* weist jedoch zurecht darauf hin, daß das IPR zum Teil auch Sachinteressen berücksichtigt,

1 Abs. 1 a) CISG - nur auf eine Norm oder Normengruppe innerhalb einer einzelnen Rechtsordnung, dann kann allein ihrem Wortlaut nicht entnommen werden, ob es sich um eine internationalprivatrechtliche Kollisionsnorm handelt. Denn für ihre Rechtsnatur kommt es entscheidend darauf an, vor welchem Hintergrund sie die Norm oder Normengruppe für anwendbar erklärt: Sollen damit zugleich Normen mit demselben Gegenstand in anderen staatlichen Rechtsordnungen von der Anwendung ausgeschlossen werden, so handelt es sich um eine IPR-Norm, anderenfalls um eine Sachnorm oder um eine andere Art von Kollisionsnorm[175]. Um die Rechtsnatur von Art. 1 Abs. 1 a) CISG bestimmen zu können, muß deshalb durch Auslegung der Zweck der von der Norm ausgesprochenen Verweisung ermittelt werden[176]. Art. 1 Abs. 1 a) CISG macht die Anwendbarkeit des UN-Kaufrechts unter anderem davon abhängig, daß die Vertragsparteien in (verschiedenen) Vertragsstaaten niedergelassen sind[177]. Damit soll sichergestellt werden, daß das UN-Kaufrecht nur auf Verträge zur Anwendung kommt, die einen Bezug zum Recht der Vertragsstaaten haben[178]. Zugleich soll damit das Recht der Vertragsstaaten gegenüber dem Recht der Nichtvertragsstaaten abgegrenzt werden[179]. Die Vorschrift ist deshalb (zumindest auch[180]) eine internationalprivatrechtliche Kollisionsnorm[181].

---

vgl. *Schurig*, Kollisionsnorm und Sachrecht, S. 60. Zu sehr am Wortlaut der Vorschriften orientiert sich *v. Bar*, IPR I, Rn. 216, wenn er die IPR-Norm als eine Norm beschreibt, die „die Frage, 'wer Recht hat', offen läßt", im Gegensatz zur Sachnorm, mit der man „die Sache selbst durchentscheiden" kann. Seine Definition der IPR-Norm paßt nämlich auf alle Kollisionsnormen.

175 Vgl. *Kegel/Schurig*, IPR, S. 54; *Schurig*, Kollisionsnorm und Sachrecht, S. 60. Anders als im Internationalen, Interlokalen und Intertemporalen Kollisionsrecht wird im sachlichen und im Rang-Kollisionsrecht nicht zwischen ganzen Rechtsordnungen, sondern nur zwischen Rechtssätzen innerhalb einer einzigen Rechtsordnung gewählt. Sachliche und Rang-Kollisionsnormen legen nur den Anwendungsbereich der Sachnormen einer Rechtsordnung fest und stehen deshalb den Sachnormen nahe, vgl. hierzu *Kegel/Schurig*, IPR, S. 45 ff.

176 *Kegel*, in: GS Ehrenzweig, S. 69; *Schurig*, Kollisionsnorm und Sachrecht, S. 62.

177 Zu der Voraussetzung, daß die Parteien in verschiedenen Staaten niedergelassen sein müssen, näher unten S. 71 f.

178 Schlechtriem (-*Ferrari*), Art. 1 Rn. 61; Staudinger (-*Magnus*), Art. 1 Rn. 83.

179 Vgl. v. Caemmerer/Schlechtriem (-*Herber*), Vor Art. 1-6 Rn. 4; *Wartenberg*, Verbraucherschutzrecht, S. 29.

180 Zu der Frage, ob die Vorschrift auch der Abgrenzung des UN-Kaufrechts gegenüber dem unvereinheitlichten Recht der Vertragsstaaten dient, näher unten S. 42 ff.

181 Wie sich aus dem oben auf S. 28 f. Gesagten ergibt, steht dem auch nicht der Umstand entgegen, dass Art. 1 Abs. 1 a) CISG nur die Fälle erfasst, in denen die Parteien in Vertragsstaaten des CISG niedergelassen sind. Es kann dahinstehen, ob diese Fälle stets Bezüge nur zu Vertragsstaaten aufweisen. Denn selbst wenn dies der Fall wäre, wäre das IPR nicht ausgeschlossen.

Art. 1 Abs. 1 b) CISG stimmt in seinem Normaufbau nahezu vollständig mit Art. 1 Abs. 1 a) CISG überein, verlangt aber nicht, daß die Staaten, in denen die Parteien niedergelassen sind, Vertragsstaaten sind. Die Vorschrift läßt es genügen, „wenn die Regeln des internationalen Privatrechts zur Anwendung des Rechts eines Vertragsstaates führen". Zum Teil wird die Auffassung vertreten, im Falle von Art. 1 Abs. 1 b) CISG komme das UN-Kaufrecht aufgrund der Verweisung durch das allgemeine Kollisionsrecht zur Anwendung[182]. Art. 1 Abs. 1 b) CISG habe lediglich die Funktion, innerhalb der Rechtsordnung des Vertragsstaates, auf den das allgemeine Kollisionsrecht verwiesen hat, die Kollision zwischen UN-Kaufrecht und autonomem Kaufrecht aufzulösen[183]. Diese Lesart der Vorschrift gewährleiste den internationalen Einklang, weil Art. 1 Abs. 1 b) CISG als Bestimmung des vom allgemeinen Kollisionsrecht bezeichneten Vertragsstaates nur angewendet werde, wenn dieser Vertragsstaat keinen Vorbehalt nach Art. 95 CISG erklärt habe[184]. Nur dies sei auch mit der ratio von Art. 95 CISG vereinbar, der es dem Vertragsstaat, der ihn erklärt, erlauben solle, die Verdrängung seines nationalen Rechts auszuschließen, wenn nicht beide Parteien in Vertragsstaaten niedergelassen sind. Dies sei jedoch nur dann gewährleistet, wenn andere Vertragsstaaten den erklärten Vorbehalt respektieren[185]. Diese Auffassung ist aber mit dem Wortlaut von Art. 1 Abs. 1 b) CISG nicht in Einklang zu bringen. Die Vorschrift ordnet selbst die Anwendbarkeit des UN-Kaufrechts an („Dieses Übereinkommen *ist ... anzuwenden* ..."). Auf die Regeln des internationalen Privatrechts wird nur im Tatbestand Bezug genommen („... *wenn* die Regeln des internationalen Privatrechts zur Anwendung des Rechts eines Vertragsstaats führen")[186]. Art. 1 Abs. 1 b) CISG kommt deshalb auch stets als lex fori zur Anwendung und nicht als lex causae[187]. Zweck der Verweisung auf die Regeln des internationalen Privatrechts ist es, das UN-Kaufrecht nur auf Sachverhalte zur Anwendung kommen zu lassen, die einen Bezug zum Recht eines Vertragsstaates haben[188]. Da auf diese Weise eine Abgrenzung gegenüber dem Recht der Nichtvertragsstaaten erfolgen soll, ist Art. 1 Abs. 1 b) CISG, ebenso wie Art. 1 Abs. 1 a) CISG, eine einseitige internationalprivatrechtliche Kollisionsnorm.

---

182 Vgl. die oben auf S. 29 in Fn. 170 genannten Autoren. Eine eingehende Begründung findet sich nur bei *Teklote*, Die Einheitlichen Kaufgesetze, S. 49 ff.

183 *Teklote*, Die Einheitlichen Kaufgesetze, S. 50 f.; ebenso *Schlechtriem*, Internationales UN-Kaufrecht, Rn. 17.

184 *Teklote*, Die Einheitlichen Kaufgesetze, S. 51 ff.

185 *Teklote*, Die Einheitlichen Kaufgesetze, S. 54.

186 Meine Hervorhebungen.

187 *Wartenberg*, Verbraucherschutzrecht, S. 30; ebenso *Czerwenka*, Rechtsanwendungsprobleme, S. 162, die allerdings Art. 1 Abs. 1 b) CISG gleichwohl nicht als IPR-Norm betrachtet.

188 *Wartenberg*, Verbraucherschutzrecht, S. 31.

Abschließend ist noch das Verhältnis zwischen Art. 1 Abs. 1 CISG und den Art. 27 ff. EGBGB zu bestimmen, die ebenfalls über die Anwendbarkeit des UN-Kaufrechts entscheiden könnten[189]. Gemäß Art. 3 Abs. 2 S. 1 EGBGB gehen Regelungen in völkerrechtlichen Vereinbarungen, soweit sie unmittelbar anwendbares innerstaatliches Recht geworden sind, den Bestimmungen des EGBGB vor. Da das UN-Kaufrecht ein völkerrechtlicher Vertrag ist, der durch das Zustimmungsgesetz innerstaatlich unmittelbar anwendbar geworden ist[190], geht Art. 1 Abs. 1 CISG den Art. 27 ff. EGBGB vor[191].

b) Bedeutung des Internationalen Privatrechts für das Konkurrenzverhältnis zwischen UN-Kaufrecht und Verbraucherkaufrecht

Die Untersuchung der Regelungsmethode des UN-Kaufrechts hat ergeben, daß das Übereinkommen aus Sachnormen besteht, über deren Anwendbarkeit Art. 1 Abs. 1 CISG entscheidet, eine Vorschrift, die als einseitige internationalprivatrechtliche Kollisionsnorm zu qualifizieren ist. Auch das deutsche Verbrauchsgüterkaufrecht ist nur dann anwendbar, wenn die Regeln des Internationalen Privatrechts, in Deutschland die Art. 27 ff. EGBGB, auf das deutsche Recht verweisen.

Die Feststellung, daß UN-Kaufrecht und deutsches Verbrauchsgüterkaufrecht gleichermaßen nur aufgrund einer kollisionsrechtlichen Verweisung zur Anwendung kommen können, wirkt sich auf das zwischen den Normenkomplexen bestehende Konkurrenzverhältnis aus: Kollisionsnormen und Sachnormen können nicht miteinander kollidieren, denn zur Beantwortung einer Rechtsfrage sind stets Kollisionsnormen und Sachnormen erforderlich. Es kann deshalb nur zwischen Kollisionsnormen einerseits und zwischen Sachnormen andererseits zu Konkurrenzen kommen. Zwischen UN-Kaufrecht und deutschem Verbrauchsgüterkaufrecht bestehen Konkurrenzen sowohl auf kollisionsrechtlicher als auch auf sachrechtlicher Ebene. Ist ein internationaler Warenkauf zu beurteilen, so muß zunächst geklärt werden, ob Art. 1 Abs. 1 CISG oder die

---

[189] Siehe oben S. 29.

[190] Siehe oben S. 13 ff.

[191] Zu den Anwendungsnormen des materiellen Einheitsrechts im allgemeinen ebenso v. *Bar*, IPR I, Rn. 90. Daß Art. 1 Abs. 1 CISG die Art. 27 ff. EGBGB nur im Rahmen von lit. b) berücksichtigt, im übrigen aber verdrängt, ist allgemeine Ansicht, vgl. nurSchlechtriem (-*Ferrari*), Vor Art. 1-6 Rn. 5; Staudinger (-*Magnus*), Vor Art. 1 Rn. 1, Art. 1 Rn. 84. Zum Teil wird jedoch angenommen, das IPR würde durch Art. 1 Abs. 1 a) CISG „gänzlich verdrängt". Hierzu oben S. 29 f. Fn. 171. Dies ist aus den oben S. 28 angegebenen Gründen unzutreffend.

Art. 27 ff. EGBGB anwendbar sind[192]. Verweisen Art. 1 Abs. 1 CISG oder die Art. 27 ff. EGBGB auf deutsches Recht, dann stellt sich weiter die Frage, ob der Sachverhalt dem UN-Kaufrecht oder dem deutschen Verbraucherkaufrecht unterliegt.

Nach Ansicht von *Wartenberg* besteht ein Konkurrenzverhältnis grundsätzlich nur zwischen Art. 1 Abs. 1 CISG und den Art. 27 ff. EGBGB, nicht dagegen zwischen den Sachnormen des UN-Kaufrechts und des deutschen Verbraucherrechts[193]. Das UN-Kaufrecht erfasse nur Verträge zwischen Parteien, die in verschiedenen Staaten niedergelassen sind. In diesen Fällen komme das autonome deutsche Sachrecht nur dann zur Anwendung, wenn es durch die Regeln des Internationalen Privatrechts berufen werde[194]. Die zwischen Art. 1 Abs. 1 CISG und dem allgemeinen IPR bestehende Konkurrenz führe zur Verdrängung einer der beiden Regelungen durch die andere[195]. Werde jedoch eine Kollisionsnorm verdrängt, könne sie auch keine Sachnormen mehr berufen. Konkurrenzen zwischen Sachnormen seien deshalb in der Regel nicht möglich[196]. Etwas anderes gelte nur für den Fall, daß das UN-Kaufrecht über das allgemeine Kollisionsrecht zur Anwendung kommt. Dies komme dann in Betracht, wenn der Sachverhalt aus der Sicht eines Vertragsstaates beurteilt wird, der einen Vorbehalt gemäß Art. 95 CISG erklärt hat, und die Voraussetzungen des Art. 1 Abs. 1 a) CISG nicht vorliegen, oder wenn der Sachverhalt aus der Sicht eines Nichtvertragsstaates beurteilt wird. Spreche das allgemeine IPR eines solchen Staates eine Sachnormverweisung auf das Recht eines Vertragsstaates aus, so stelle sich die Frage, ob das autonome Sachrecht oder die sachrechtlichen Bestimmungen des UN-Kaufrechts anzuwenden sind. Es komme dann (nur) zu einer Konkurrenz auf sachrechtlicher Ebene[197].

---

192 Oben S. 33 ist bereits festgestellt worden, daß die Art. 27 ff. EGBGB nicht über die Anwendbarkeit des UN-Kaufrechts entscheiden, weil sie hinter Art. 1 Abs. 1 CISG zurücktreten. Hier geht es um die Frage, ob die Art. 27 ff. EGBGB verdrängt werden, soweit sie über die Anwendbarkeit des deutschen Verbrauchsgüterkaufrechts entscheiden.

193 *Wartenberg*, Verbraucherschutzrecht, S. 42; ebenso *Teklote*, Die Einheitlichen Kaufgesetze, S. 43, 81 f., allerdings nur in bezug auf Art. 1 Abs. 1 a) CISG, da Art. 1 Abs. 1 b) CISG nach seiner Auffassung keine internationalprivatrechtliche Kollisionsnorm ist, siehe oben S. 29 Fn. 170; wohl auch *Piltz*, Internationales Kaufrecht, § 2 Rn. 67; ähnlich *Otto*, MDR 1993, S. 306, der aber Art. 1 Abs. 1 a) CISG offenbar nicht für eine Kollisionsnorm hält.

194 *Wartenberg*, Verbraucherschutzrecht, S. 38.

195 Nach Ansicht von *Wartenberg*, Verbraucherschutzrecht, S. 39 ff. verdrängt Art. 1 Abs. 1 CISG das allgemeine IPR.

196 *Wartenberg*, Verbraucherschutzrecht, S. 42.

197 *Wartenberg*, Verbraucherschutzrecht, S. 42 f.

Diese Auffassung beruht jedoch auf einem Denkfehler. Sie übersieht, daß IPR-Normen nur die Funktion haben, das anwendbare nationale Recht zu bestimmen[198]. Welche Sachnormen innerhalb einer Rechtsordnung anwendbar sind, ist eine Frage, die durch sachliche Konkurrenzregeln beantwortet werden muß. Unabhängig davon, ob man diese Regeln den Sachnormen zurechnet oder sie als eine besondere Kategorie von Kollisionsnormen betrachtet, kann einer IPR-Norm keine Antwort auf die Frage entnommen werden, welche Sachnorm innerhalb einer Rechtsordnung anwendbar ist. Die Auflösung einer Konkurrenz auf kollisionsrechtlicher Ebene ist darum ohne jede Auswirkung auf die Auflösung von sachrechtlichen Konkurrenzen. Es müssen stets beide Konkurrenzverhältnisse aufgelöst werden.

2. Regeln zur Auflösung der Konkurrenzen zwischen UN-Kaufrecht und deutschem Verbrauchsgüterkaufrecht

Für die Auflösung der Konkurrenzen zwischen UN-Kaufrecht und deutschem Verbrauchsgüterkaufrecht müssen sowohl auf kollisionsrechtlicher wie auf sachrechtlicher Ebene Regeln gefunden werden. Diese Regeln können vom Gesetzgeber ausdrücklich formuliert worden sein. Ist dies nicht der Fall, so ist nach ungeschriebenen Regeln zu suchen, bzw. durch Auslegung zu ermitteln, welchem Normenkomplex der Vorrang gebührt.

Fraglich ist, ob sich das Rangverhältnis einheitlich für das Kollisionsrecht und das Sachrecht bereits aus der Natur der Rechtsquellen ergibt, aus denen die konkurrierenden Normen fließen. Das UN-Kaufrecht ist ein völkerrechtlicher Vertrag. Dem gemäß Art. 59 Abs. 2 S. 1 GG in Kraft gesetzten Völkervertragsrecht kommt, unabhängig davon, ob man der Transformations- oder der Vollzugslehre den Vorzug gibt, der Rang eines Bundesgesetzes zu[199]. Das Verbrauchsgüterkaufrecht gilt in Deutschland ebenfalls in Form eines Bundesgesetzes. Da beide Regelungskomplexe mithin gleichrangig sind, folgt ihr Verhältnis zueinander nicht bereits aus der verfassungsrechtlichen Normenhierarchie.

Das Verbrauchsgüterkaufrecht beruht freilich auf einer europäischen Richtlinie. Die aus dem Gemeinschaftsrecht folgende Verpflichtung zur richtlinienkonformen Auslegung bezieht sich nicht nur auf das die Richtlinie umsetzende nationale Recht[200], sondern auch auf anderes nationales Recht, das die volle

---

[198] Siehe hierzu bereits oben S. 27.
[199] Siehe oben S. 15.
[200] Dazu bereits oben S. 10 f.

Wirkung der Richtlinie beeinträchtigen könnte[201]. Da das UN-Kaufrecht in Deutschland als nationales Recht gilt, könnte es deshalb durch das deutsche Verbrauchsgüterkaufrecht verdrängt sein, soweit es diesem entgegensteht. Dagegen spricht jedoch, daß die Bundesrepublik Deutschland völkerrechtlich verpflichtet ist, das UN-Kaufrecht anzuwenden[202]. Soweit also die beiden Normenkomplexe die Regelung derselben Sachverhalte beanspruchen, hätte die Anwendung nur eines Regelungskomplexes die Verletzung der Pflicht zur Anwendung des anderen zur Folge. Allein aus der Natur der konkurrierenden Rechtsquellen kann also nichts über ihr Rangverhältnis geschlossen werden.

a) Konkurrenzen auf kollisionsrechtlicher Ebene

Das deutsche Verbrauchsgüterkaufrecht kommt aus Sicht eines deutschen Rechtsanwenders aufgrund der Art. 27 ff. EGBGB zur Anwendung. Gemäß Art. 3 Abs. 2 S. 1 EGBGB gehen Regelungen in völkerrechtlichen Vereinbarungen, soweit sie unmittelbar anwendbares innerstaatliches Recht geworden sind, den Art. 3 ff. EGBGB vor. Da das UN-Kaufrecht ein unmittelbar anwendbarer völkerrechtlicher Vertrag ist[203], hat die IPR-Norm des Art. 1 Abs. 1 CISG grundsätzlich Vorrang vor den Art. 27 ff. EGBGB[204]. Das UN-Kaufrecht bestimmt zwar gemäß Art. 90 CISG, daß es bereits geschlossenen oder in Zukunft zu schließenden völkerrechtlichen Übereinkünften, die Bestimmungen über die in dem Übereinkommen geregelte Gegenstände enthalten, nicht vorgeht, sofern die Parteien ihre Niederlassung in Vertragsstaaten einer solchen Übereinkunft haben und die Art. 27 ff. EGBGB beruhen auf dem Europäischen Schuldvertragsübereinkommen vom 19. Juni 1980 (EVÜ)[205]. Gemäß Art. 1 Abs. 2 des Zustimmungsgesetzes[206] ist das Übereinkommen in der Bundesrepublik jedoch

---

201 Vgl. EuGH, Rs. 14/83 (von Colson und Kamann), Slg. 1984, S. 1891, 1907 ff. (Rn. 21 ff.).

202 Vgl. *Czerwenka*, Rechtsanwendungsprobleme, S. 151; *Piltz*, Internationales Kaufrecht, § 2 Rn. 65.

203 Siehe oben S. 13 ff.

204 *v. Bar*, IPR II, Rn. 405; *Teklote*, Die Einheitlichen Kaufgesetze, S. 46 (nur in bezug auf Art. 1 Abs. 1 a) CISG); *Wartenberg*, Verbraucherschutzrecht, S. 39. Allgemein zu den Anwendungsnormen des materiellen Einheitsrechts *Kropholler*, IPR, S. 94. Der Vorrang des UN-Kaufrechts gegenüber den Art. 27 ff. EGBGB als lex specialis ist allerdings zweifelhaft.

205 Römisches EWG-Übereinkommen über das auf vertragliche Schuldverhältnisse anzuwendende Recht, BGBl. 1986 II, S. 810, in der Fassung des 3. Beitrittsübereinkommens vom 29. November 1996, BGBl. 1999 II, S. 7.

206 BGBl. 1986 II, S. 809.

nicht unmittelbar anwendbar. Art. 90 CISG steht deshalb dem Vorrang des Art. 1 Abs. 1 CISG vor den Art. 27 ff. EGBGB nicht entgegen.

Fraglich ist allerdings, ob der Vorrang des Art. 1 Abs. 1 CISG auch im Verhältnis zu Art. 29 a EGBGB gilt. Die Vorschrift dient nämlich der Umsetzung der in den europäischen Verbraucherschutzrichtlinien enthaltenen internationalprivatrechtlichen Regelungen, also auch des Art. 7 Abs. 2 RL[207]. Art. 3 Abs. 2 S. 2 EGBGB bestimmt, daß Regelungen in Rechtsakten der Europäischen Gemeinschaften unberührt bleiben, den Art. 3 ff. EGBGB also vorgehen[208]. Nach allgemeiner Ansicht fällt jedoch aufgrund von Richtlinien angeglichenes nationales Recht nicht unter Art. 3 Abs. 2 S. 2 EGBGB[209].

b) Konkurrenzen auf sachrechtlicher Ebene

Problematisch ist die Beurteilung des Rangverhältnisses zwischen UN-Kaufrecht und Verbrauchsgüterkaufrecht auf sachrechtlicher Ebene. Zu untersuchen ist, ob sich die Rangfrage mit Hilfe gesetzlicher Konkurrenzregeln beantworten läßt, oder ob das Verhältnis der beiden Regelungskomplexe zueinander mit Hilfe ungeschriebener Konkurrenzregeln oder durch Auslegung geklärt werden kann.

aa) Gesetzliche Konkurrenzregeln

(1) Art. 90, 94 CISG

Daß nicht schon aus der Natur der konkurrierenden Rechtsquellen geschlossen werden kann, welcher der beiden Normenkomplexe vorrangig ist, ist oben[210] bereits gezeigt worden. Umstritten ist jedoch, ob Art. 90 CISG zu entnehmen ist, daß das UN-Kaufrecht dem auf einer europäischen Richtlinie beruhenden nationalen Recht unter den in der Vorschrift genannten Voraussetzungen den Vorrang läßt[211]. Nach dieser Vorschrift geht das CISG bereits geschlossenen

---

207 Vgl. Art. 29 a Abs. 4 Nr. 4 EGBGB.

208 Vgl. Palandt (*-Heldrich*), Art. 3 EGBGB Rn. 10.

209 Vgl. Palandt (*-Heldrich*), Art. 3 EGBGB Rn. 11.

210 Siehe oben S. 35 f.

211 Dafür v. Caemmerer/Schlechtriem (*-Herber*), Art. 2 Rn. 18, Art. 5 Rn. 14, Art. 90 Rn. 12; *ders.*, MDR 1993, S. 105 f.; *Herber/Czerwenka*, Art. 90 Rn. 4; *Ryffel*, Schadensersatzhaftung, S. 137; Honsell (*-Siehr*), Art. 90 Rn. 7; dagegen *Ernst/Gsell*, ZIP 2000, S. 1410, 1412; Schlechtriem (*-Ferrari*), Art. 5 Rn. 14 f., Art. 90 Rn. 3; *Heuzé*, Vente internatio-

oder in Zukunft zu schließenden völkerrechtlichen Übereinkünften, die Bestimmungen über in diesem Übereinkommen geregelte Gegenstände enthalten, nicht vor, sofern die Parteien ihre Niederlassung in Vertragsstaaten einer solchen Übereinkunft haben. Da Art. 90 CISG sich nur auf „völkerrechtliche Übereinkünfte" („international agreement", „accord international") bezieht, also nur das Verhältnis des UN-Kaufrechts zu anderen internationalen Übereinkommen regelt[212], erfaßt die Vorschrift ihrem Wortlaut nach europäische Richtlinien nicht[213]. Diese sind vielmehr autonome Rechtsakte der Europäischen Gemeinschaft, einer Rechtsordnung sui generis[214], die von den Organen der Gemeinschaft im Rahmen eines besonderen Verfahrens (vgl. die Art. 251 ff. EGV) gesetzt werden, das nur sehr begrenzt mit dem Abschluß eines völkerrechtlichen Vertrags verglichen werden kann[215].

Auch die Entstehungsgeschichte der Vorschrift[216] deutet eher darauf hin, daß sie sich nicht auch auf Richtlinien bezieht[217]. In dem vom Generalsekretariat der Vereinten Nationen für die Wiener Konferenz vorbereiteten Übereinkommensentwurf regelte Art. D, der Vorläufer von Art. 90 CISG, noch das Verhältnis des UN-Kaufrechts zu anderen „Conventions"[218]. Dies spricht, insbesondere im Hinblick auf eine Anmerkung zu Art. D, nach der das Verhältnis zu „other legal rules" von Art. C, dem Vorläufer von Art. 94 CISG, geregelt sein sollte[219], eher dafür, daß Art. D nur völkerrechtliche Verträge erfassen sollte[220]. Die Ersetzung des Begriffs „Convention" durch „any international agreement" erfolgte auf der Wiener Konferenz auf Antrag der UdSSR im Hinblick darauf,

---

nale, Nr. 90; *Janssen*, VuR 1999, S. 324, 326 f.; Soergel (-*Lüderitz/Dettmeier*), Art. 90 Rn. 5; Staudinger (-*Magnus*), Art. 90 Rn. 4; *ders.*, ZEuP 1999, S. 642, 646 f.; *ders.*, in: Grundmann/Medicus/Rolland, S. 79, 85 f.; *Otto*, MDR 1993, S. 306; AnwaltKomm (-*Pfeiffer*), Art. 1 Rn. 29; *Wartenberg*, Verbraucherschutzrecht, S. 44 ff.

212 Nach ganz h.M. gilt Art. 90 CISG für multilaterale und bilaterale Übereinkommen, vgl. Staudinger (-*Magnus*), Art. 90 Rn. 3 m.w.N.

213 Dies wird auch von den Befürwortern einer Anwendung von Art. 90 CISG auf europäische Richtlinien ganz überwiegend nicht bestritten, vgl. v. Caemmerer/Schlechtriem (-*Herber*), Art. 90 Rn. 12; *Herber/Czerwenka*, Art. 90 Rn. 4; mißverständlich *ders.*, MDR 1993, S. 105, 106; *Ryffel*, Schadensersatzhaftung, S. 137; anders wohl Honsell (-*Siehr*), Art. 90 Rn. 7.

214 Vgl. EuGH, Rs. 26/62 (van Gend und Loos), Slg. 1963, S. 1, 24 f.

215 Vgl. Beutler/Bieber/Pipkorn/Streil (-*Haag*), Die Europäische Union, Rn. 365.

216 Zur Entstehungsgeschichte von Art. 90 CISG ausführlich *Wartenberg*, Verbraucherschutzrecht, S. 45 f.

217 *Wartenberg*, Verbraucherschutzrecht, S. 46.

218 O.R., S. 68.

219 O.R., a.a.O.

220 Vgl. *Wartenberg*, Verbraucherschutzrecht, S. 45 f.

daß nicht alle zwischenstaatlichen Übereinkünfte im Titel als „Convention“ bezeichnet werden. Eine inhaltliche Änderung war somit nicht beabsichtigt[221].

Zum Teil wird jedoch argumentiert, der Zweck von Art. 90 CISG rechtfertige seine Anwendung auf europäische Richtlinien[222]. Diese seien zwar selbst keine völkerrechtlichen Übereinkünfte, der EGV, ein internationales Übereinkommen, verpflichte jedoch die Gesetzgeber der Mitgliedstaaten, Richtlinien in nationales Recht umzusetzen. Die Richtlinien seien deshalb als Bestandteil einer völkerrechtlichen Übereinkunft zu betrachten, so daß Art. 90 CISG auch für sie gelten müsse[223]. Für diese Auffassung spricht, daß der Konflikt zwischen der völkerrechtlichen Pflicht zur Anwendung des UN-Kaufrechts und der gemeinschaftsrechtlichen Pflicht zur Richtlinienumsetzung durchaus mit dem von Art. 90 CISG gelösten Konflikt zwischen einander widersprechenden völkerrechtlichen Verpflichtungen vergleichbar ist[224].

Für eine sich über den Wortlaut von Art. 90 CISG hinwegsetzende Auslegung besteht jedoch kein Bedürfnis. Denn gemäß Art. 94 CISG können zwei oder mehr Vertragsstaaten, welche gleiche oder einander sehr nahekommende Rechtsvorschriften für in dem Übereinkommen geregelte Gegenstände haben, jederzeit erklären, daß das Übereinkommen auf Kaufverträge und ihren Abschluß keine Anwendung findet, wenn die Parteien ihre Niederlassung in diesen Staaten haben. Richtlinien gelten in den Mitgliedstaaten der EU grundsätzlich nicht unmittelbar, sondern bedürfen der Umsetzung in nationales Recht. Weil sie nur hinsichtlich des zu erreichenden Zieles verbindlich sind, entstehen mit ihrer Umsetzung in den Mitgliedstaaten zumeist nicht gleiche, sondern nur „einander sehr nahekommende“ Regelungen. Zumindest seinem Wortlaut nach regelt Art. 94 CISG also das Konkurrenzverhältnis zwischen dem auf einer Richtlinie beruhenden nationalen Recht der Mitgliedstaaten der EU und dem UN-Kaufrecht[225]. Die Entstehungsgeschichte gibt allerdings keinen Hinweis darauf, ob die Vorschrift das hier erörterte Konkurrenzproblem erfassen soll[226]:

---

221 O.R., S. 142, 439 f.

222 So ausdrücklich *Herber/Czerwenka*, Art. 90 Rn. 4 (*Herber* vertritt jedoch in v. Caemmerer/Schlechtriem, Art. 90 Rn. 12 die Auffassung, Art. 90 CISG sei analog anzuwenden); *Ryffel*, Schadensersatzhaftung, S. 137.

223 v. Caemmerer/Schlechtriem (*-Herber*), Art. 90 Rn. 12; *ders.*, MDR 1993, S. 105 f.; *Herber/Czerwenka*, Art. 90 Rn. 4.

224 Vgl. *Wartenberg*, Verbraucherschutzrecht, S. 46.

225 Vgl. *Janssen*, VuR 1999, S. 324, 327; *Wartenberg*, Verbraucherschutzrecht, S. 47 f.; wohl auch Staudinger (*-Magnus*), Art. 90 Rn. 4.

226 A.A. Schlechtriem (*-Ferrari*), Art. 94 Rn. 5, der meint, daß sich aus der Entstehungsgeschichte der Vorschrift ergebe, daß diese nicht für Normen gelten solle, die auf einer europäischen Richtlinie beruhen. Allerdings bleibt er einen Nachweis schuldig.

Art. 94 CISG wurde auf Antrag der skandinavischen Staaten, die über ein einheitliches Kaufrecht verfügen, in das UN-Kaufrecht aufgenommen[227]. An europäisches Richtlinienrecht wurde offenbar nicht gedacht. Die Heranziehung der Vorschrift zur Regelung des Konfliktes zwischen den zur Umsetzung einer Richtlinie erlassenen nationalen Regelungen und dem UN-Kaufrecht entspricht jedoch dem Zweck der Norm[228]. Art. 94 CISG soll nämlich Vertragsstaaten des Übereinkommens mit gleichem oder sehr ähnlichem Recht die Möglichkeit einräumen, dieses Recht im Verhältnis zueinander anzuwenden, ohne gegen die völkerrechtliche Verpflichtung zur Anwendung des UN-Kaufrechts zu verstoßen[229].

Herber[230] ist der Auffassung, Art. 94 CISG erscheine zwar im Vergleich mit Art. 90 CISG auf den ersten Blick als das geeignetere Instrument zur Regelung des Verhältnisses zwischen UN-Kaufrecht und nationalem, auf einer Richtlinie beruhendem Recht. Denn durch die nur im Rahmen von Art. 94 CISG erforderliche Erklärung werde den Gerichten die häufig schwierige Bestimmung der Regelungen erleichtert, die auf europäischen Richtlinien fußen und deshalb dem UN-Kaufrecht vorgehen[231]. Es sei jedoch zweifelhaft, ob eine Erklärung nach Art. 94 CISG auch für einzelne Vorschriften oder zumindest kleinere Teilbereiche des UN-Kaufrecht abgegeben werden könne. Darum sei „im Interesse einer möglichst völkerrechtskonformen Anwendung beider Normenkomplexe" Art. 90 CISG dem Art. 94 CISG vorzuziehen.

Dem ist zuzugeben, daß Art. 94 CISG rechtspolitisch in mancher Hinsicht kritikwürdig sein mag[232]. *Ernst* und *Gsell* weisen insbesondere darauf hin, daß die Vorschrift nur dann eingreift, wenn beide Vertragsparteien in Vorbehaltsstaaten oder in Nichtvertragsstaaten niedergelassen sind, die das Richtlinienrecht umgesetzt haben. Sei eine Partei in einem Staat niedergelassen, der nicht Mitgliedstaat der EU ist, so komme trotz eines Vorbehalts das UN-Kaufrecht auch dann zur Anwendung, wenn die Regeln des Internationalen Privatrechts

---

227 O.R., S. 436.

228 Vgl. *Janssen*, VuR 1999, S. 324, 327; *Wartenberg*, Verbraucherschutzrecht, S. 48.

229 Schlechtriem (-*Ferrari*), Art. 90 Rn. 1; Staundinger (-*Magnus*), Art. 94 Rn. 1; *Wartenberg*, Verbraucherschutzrecht, S. 48.

230 v. Caemmerer/Schlechtriem (-*Herber*), Art. 90 Rn. 12.

231 So auch die Befürworter einer Anwendung von Art. 94, vgl. *Janssen*, VuR 1999, S. 324, 327; *Magnus*, ZEuP 1999, S. 642, 647; *Wartenberg*, Verbraucherschutzrecht, S. 48.

232 Ob allerdings die Kritik von *Herber* an Art. 94 CISG gerechtfertigt ist, ist zweifelhaft, weil nach wohl ganz herrschender Meinung (der sich im übrigen auch *Herber* anschließt) ein teilweiser Ausschluß des UN-Kaufrechts gemäß Art. 94 CISG möglich ist, vgl. v. Caemmerer/Schlechtriem (-*Herber*), Art. 94 Rn. 4; *Janssen*, VuR 1999, S. 324, 327; Staudinger (-*Magnus*), Art. 94 Rn. 4; *Wartenberg*, Verbraucherschutzrecht, S. 48 f.

auf das Recht eines Mitgliedstaates verweisen. Art. 94 CISG vermeide also nicht alle Überschneidungen der Anwendungsbereiche von UN-Kaufrecht und Richtlinienrecht[233].

Diese Erwägungen können das von *Herber* gewünschte Ergebnis – Heranziehung von Art. 90 CISG statt von Art. 94 CISG zur Regelung der Konkurrenz von UN-Kaufrecht und Verbrauchsgüterkaufrecht – jedoch nicht rechtfertigen. Denn auch Art. 90 CISG würde das hier erörterte Konkurrenzproblem nur unzulänglich regeln. Wie Art. 94 CISG greift diese Vorschrift nämlich nur dann ein, wenn beide Vertragsparteien im Gebiet der Übereinkunft niedergelassen sind[234]. *Magnus* weist ferner darauf hin, daß die Staaten des Europäischen Wirtschaftsraumes sowie solche Staaten, die Richtlinien freiwillig nachvollziehen, kaum als „Vertragsstaaten einer solchen Übereinkunft" im Sinne von Art. 90 CISG betrachtet werden können. Dies führe dazu, daß bei der Anwendung von Art. 90 CISG danach unterschieden werden müsse, ob die Richtlinie innerhalb oder außerhalb der Europäischen Union übernommen worden ist, obwohl für eine solche Unterscheidung keine sachliche Rechtfertigung ersichtlich sei[235].

Im Kern läuft jedoch die Argumentation von *Herber* darauf hinaus, statt der an sich einschlägigen Norm eine andere heranzuziehen, nur weil die Voraussetzungen oder Rechtsfolgen der anderen Norm als vorzugswürdig erscheinen. Dies läßt sich methodisch aber nicht rechtfertigen: Hat der Gesetzgeber eine Norm für einen bestimmten Zweck geschaffen, so muß der Rechtsanwender sie auch anwenden. Eine andere Norm, die eine andere Rechtsfrage betrifft (hier Art. 90 CISG, der das Verhältnis des UN-Kaufrechts zu anderen völkerrechtlichen Verträgen regelt), kann höchstens analog angewendet werden[236]. Voraussetzung für eine Analogie ist jedoch das Vorliegen einer planwidrigen Regelungslücke[237], an der es hier fehlt, weil das Verhältnis des CISG zu dem durch Richtlinie angeglichenen Recht bereits in Art. 94 CISG geregelt ist[238].

Das Verhältnis des UN-Kaufrechts zum deutschen Verbrauchsgüterkaufrecht wird also nicht von Art. 90 CISG geregelt. Vielmehr können die Vertragsstaaten gemäß Art. 94 CISG Vorbehalte zugunsten des innerhalb der EU ange-

233 *Ernst/Gsell*, ZIP 2000, S. 1410, 1412. Die Autoren schließen aus ihrer Kritik jedoch nicht auf die Unanwendbarkeit von Art. 94 CISG.

234 Vgl. *Ernst/Gsell*, ZIP 2000, S. 1410, 1412 (Fn. 18).

235 Vgl. *Magnus*, ZEuP 1999, S. 642, 647.

236 Davon geht offenbar auch *Herber* aus, vgl. v. Caemmerer/Schlechtriem (-*Herber*), Art. 90 Rn. 12.

237 Vgl. *Larenz*, Methodenlehre, S. 370 ff.

238 Gegen eine analoge Anwendung von Art. 94 CISG auch Schlechtriem (-*Ferrari*), Art. 5 Rn. 15.

glichenen Verbrauchsgüterkaufrechts erklären und so dessen Vorrang gegenüber dem CISG sicherstellen. Daß dies bislang nicht geschehen ist, bedeutet aber nicht, daß das UN-Kaufrecht dem deutschen Verbrauchsgüterkaufrecht vorgeht[239]. Vielmehr kann hieraus nur geschlossen werden, daß das CISG grundsätzlich auch dann die Regelung einer Rechtsfrage beansprucht, wenn das nationale Recht in den Vertragsstaaten (oder auch außerhalb) vereinheitlicht oder angeglichen ist, es sei denn, die Vertragsstaaten erklären einen Vorbehalt nach Art. 94 CISG. Der Umstand, daß die Mitgliedstaaten der Europäischen Union, die zugleich Vertragsstaaten des UN-Kaufrechts sind, keinen Vorbehalt nach Art. 94 CISG erklärt haben, ist aber ein Indiz dafür, daß die Richtliniengeber dem UN-Kaufrecht den Vorrang lassen wollten[240].

(2) Art. 1 Abs. 1 CISG

Oben[241] ist bereits gezeigt worden, daß Art. 1 Abs. 1 CISG eine einseitige, internationalprivatrechtliche Kollisionsnorm ist. Nach Ansicht mancher Autoren handelt es sich bei der Vorschrift jedoch zugleich um eine sachliche Kollisionsnorm, die innerhalb der Vertragsstaaten den Vorrang des UN-Kaufrechts vor dem autonomen Kaufrecht anordnet[242]. Der Wortlaut der Vorschrift scheint diese Auffassung zu bestätigen. Art. 1 Abs. 1 CISG beruft nicht „deutsches Recht“, sondern entscheidet unmittelbar über die Anwendbarkeit des UN-Kaufrechts („*Dieses Übereinkommen* ist ... anzuwenden ...“[243]), bezeichnet also innerhalb jedes Vertragsstaates den Normenkomplex, der zur Lösung einer von dem Übereinkommen geregelten Rechtsfrage heranzuziehen ist. Auch der Zweck der Norm legt diese Lesart nahe. Die Vorschrift dient der Bestimmung des Anwendungsbereichs des Übereinkommens[244]. Die Vorschrift soll das UN-

---

239 So aber *Janssen*, VuR 1999, S. 324, 327.

240 Vgl. *Magnus*, ZEuP 1999, S. 642, 647.

241 S. 30 ff.

242 *Wartenberg*, Verbraucherschutzrecht, S. 27 f. (Nach Auffassung von *Wartenberg* besteht jedoch auch eine Sachnormkollision zwischen Art. 1 Abs. 1 CISG als interner Kollisionsnorm und dem unvereinheitlichten Sachrecht, für deren Auflösung es wiederum einer Kollisionsnorm bedarf, vgl. *Wartenberg*, Verbraucherschutzrecht, S. 43.); *Teklote*; Die Einheitlichen Kaufgesetze, S. 50 (nur in bezug auf Art. 1 Abs. 1 b) CISG); v. Caemmerer/Schlechtriem (-*Herber*), Vor Art. 1-6 Rn. 4 (das Verhältnis des UN-Kaufrechts zum Verbraucherschutzrecht löst *Herber* jedoch mit dem lex posterior-Grundsatz, vgl. v. Caemmerer/Schlechtriem (-*Herber*), Art. 2 Rn. 18; näher hierzu unten S. 46); sachliche Kollisionsnormen sehen in den Anwendungsnormen des materiellen Einheitsrechts ferner auch *v. Bar*, IPR I, Rn. 88; *Drobnig*, in: FS v. Overbeck, S. 15, 27; *Kropholler*, Einheitsrecht, S. 190; *ders.*, IPR, S. 94; *Schurig*, Kollisionsnorm und Sachrecht, S. 233.

243 Meine Hervorhebung.

244 Schlechtriem (-*Ferrari*), Art. 1 Rn. 11; Staudinger (-*Magnus*), Art. 1 Rn. 1.

Kaufrecht nicht nur gegenüber dem Recht der Nichtvertragsstaaten[245], sondern auch gegenüber dem autonomen Kaufrecht der Vertragsstaaten abgrenzen[246].

Gleichwohl regelt Art. 1 Abs. 1 CISG nicht das Verhältnis zwischen UN-Kaufrecht und deutschem Verbrauchsgüterkaufrecht[247]. In der Vorschrift kommt lediglich der Anspruch des Übereinkommens zum Ausdruck, Warenkaufverträge zwischen Parteien zu regeln, die in verschiedenen Staaten niedergelassen sind. Diesen Anspruch erhebt aber auch die Verbrauchsgüterkaufrichtlinie und in ihrem Gefolge das deutsche Verbrauchsgüterkaufrecht. Zwar kann den Bestimmungen der Richtlinie nicht unmittelbar entnommen werden, ob sie (auch) auf internationale, oder nur auf rein nationale Sachverhalte anwendbar sind. Insbesondere ist die in Art. 7 Abs. 2 RL angesprochene Rechtswahl gemäß Art. 27 Abs. 3 EGBGB (= Art. 3 Abs. 3 EVÜ) auch bei Sachverhalten ohne Auslandsberührung möglich[248]. Aus den Erwägungsgründen (2), (4), (5), (13), (20) und (25) ergibt sich aber, daß die Richtlinie nach der Vorstellung ihrer Verfasser auch auf internationale Sachverhalte zur Anwendung kommen soll[249]. Dem entspricht die Regelung im deutschen Verbrauchsgüterkaufrecht. Gemäß § 474 Abs. 1 S. 1 BGB ist es anwendbar, wenn ein Verbraucher von einem Unternehmer eine bewegliche Sache kauft. Dem Wortlaut der Vorschrift kann keine Einschränkung des räumlichen Anwendungsbereichs entnommen werden. Auch aus der Regelung des Verbraucherkaufrechts im BGB kann nicht geschlossen werden, daß es nur reine Inlandssachverhalte erfaßt. Grundsätzlich kommen nämlich alle Vorschriften des BGB auch auf Sachverhalte mit Auslandsberührung zur Anwendung, wenn sie durch das Internationale Privatrecht berufen werden.

---

245 Hierzu bereits oben S. 30 ff.

246 Schlechtriem (*-Ferrari*), Vor Art. 1-6 Rn. 5; v. Caemmerer/Schlechtriem (*-Herber*), Vor Art. 1-6 Rn. 4.

247 Vgl. Staudinger (*-Magnus*), Art. 2 Rn. 30. Dies ist übrigens offenbar unausgesprochen ganz herrschende Meinung. Denn das Verhältnis zwischen CISG und nationalem Verbraucherschutzrecht wird überwiegend mit anderen Regeln – etwa der lex specialis Regel oder dem lex posterior-Grundsatz - zu klären versucht, vgl. etwa *Audit*, Vente internationale, Nr. 28; *Piltz*, Internationales Kaufrecht, § 2 Rn. 65; *Schlechtriem*, Einheitliches UN-Kaufrecht, S. 14. Dies wäre nicht nötig, wenn der Vorrang des UN-Kaufrechts bereits aus Art. 1 Abs. 1 CISG folgen würde. Ist Art. 1 Abs. 1 CISG keine interne Kollisionsnorm, so bedarf es auch keiner Kollisionsnorm zur Auflösung der Konkurrenz zwischen Art. 1 Abs. 1 CISG und einer anderen Kollisionsnorm zur Regelung des Verhältnisses zwischen UN-Kaufrecht und autonomem Sachrecht, wie *Wartenberg*, Verbraucherschutzrecht, S. 43 behauptet. Siehe hierzu bereits oben Fn. 242 auf S. 42.

248 Sie hat dann allerdings nur die Wirkung einer materiellrechtlichen Verweisung, vgl. *Kropholler*, IPR, S. 292.

249 Vgl. *Magnus*, in: Grundmann/Medicus/Rolland, S. 79, 84; *Staudenmayer*, NJW 1999, S. 2393. Zur besonderen Bedeutung der Erwägungsgründe bei der Auslegung der Richtlinie bereits oben S. 12.

Art. 1 Abs. 1 CISG bestätigt also nur das Bestehen eines Konfliktes zwischen UN-Kaufrecht und nationalem Verbrauchsgüterkaufrecht. Die Vorschrift ist allerdings ein Indiz dafür, daß das Übereinkommen Anwendung finden soll[250].

(3) Art. 3 Abs. 2 S. 1 EGBGB

Gemäß Art. 3 Abs. 2 S. 1 EGBGB gehen Regelungen in völkerrechtlichen Vereinbarungen, soweit sie unmittelbar anwendbares innerstaatliches Recht geworden sind, „den Vorschriften dieses Gesetzes", also den Regelungen des EGBGB, vor. Die Vorschrift regelt nur das Verhältnis zwischen den IPR-Normen des EGBGB und den in völkerrechtlichen Vereinbarungen enthaltenen Kollisionsnormen[251]. Zu klären ist hier jedoch das Verhältnis zwischen Sachnormen, so daß Art. 3 Abs. 2 S. 1 EGBGB unmittelbar keine Antwort auf die hier untersuchte Frage entnommen werden kann. *Magnus* ist jedoch der Auffassung, der in der Vorschrift zum Ausdruck kommende Gedanke des Vorranges staatsvertraglich vereinbarten Rechts vor autonomem Recht könne zur Klärung des Rangverhältnisses zwischen UN-Kaufrecht und nationalem Verbraucherrecht „als Auslegungshilfe analog" herangezogen werden[252]. Es kann dahinstehen, ob dieser Auffassung für autonomes Verbraucherrecht gefolgt werden kann. Über das Rangverhältnis zwischen UN-Kaufrecht und deutschem Verbrauchsgüterkaufrecht kann Art. 3 Abs. 2 S. 1 EGBGB jedenfalls keine Aussage entnommen werden, weil der völkerrechtlichen Verpflichtung zur Anwendung des UN-Kaufrechts die gemeinschaftsrechtliche Verpflichtung zur Anwendung des Verbrauchsgüterkaufrechts gegenübersteht.

(4) Art. 25 GG

Eine Antwort auf die Rangfrage kann schließlich auch nicht Art. 25 GG entnommen werden. Die Vorschrift befaßt sich mit dem Rangverhältnis zwischen dem Gesetzesrecht und den allgemeinen Regeln des Völkerrechts. Zu letzteren zählen nur solche Normen des Völkerrechts, die universell gelten[253]. Das UN-Kaufrecht gilt lediglich in einundsechzig Staaten, also keineswegs weltweit.

---

[250] So wohl auch Staudinger (*-Magnus*), Art. 2 Rn. 30.
[251] Vgl. Palandt (*-Heldrich*), Art. 3 EGBGB Rn. 6.
[252] Staudinger (*-Magnus*), Art. 2 Rn. 30.
[253] Maunz/Dürig (*-Herdegen*), Art. 25 GG Rn. 19.

bb) Ungeschriebene Konkurrenzregeln

Bestehen keine geschriebenen Regeln zur Auflösung der Rangfrage, so stellt sich die Frage, ob das Rangverhältnis mit Hilfe ungeschriebener Konkurrenzregeln geklärt werden kann.

(1) Lex specialis derogat legi generali

Einige Autoren wollen das Verhältnis zwischen UN-Kaufrecht und autonomem Verbraucherschutzrecht mit der Regel lex specialis derogat legi generali lösen[254]. Normen stehen in einem Verhältnis der Spezialität zueinander, wenn „der Anwendungsbereich der spezielleren Norm völlig in dem der allgemeineren Norm aufgeht“[255]. Ist dies der Fall, so verdrängt die speziellere Norm die allgemeinere, wenn die Rechtsfolgen beider Normen unvereinbar sind, da anderenfalls die speziellere Norm keinen Anwendungsbereich hätte[256].

Zwischen UN-Kaufrecht und deutschem Verbrauchsgüterkaufrecht besteht jedoch ersichtlich kein Verhältnis der Spezialität[257]. Das UN-Kaufrecht ist nicht spezieller als das Verbraucherkaufrecht, denn letzteres beschränkt sich auf die Regelung von Kaufverträgen zwischen einem Unternehmer und einem Verbraucher, während das CISG diese Verträge zwar ausnahmsweise ebenfalls erfaßt, in erster Linie aber für Handelskäufe gilt[258]. In den Anwendungsbereich des UN-Kaufrechts fallen deshalb auch Kaufverträge, die nicht vom Verbraucherkaufrecht geregelt werden. Umgekehrt kann aber auch das Verbraucherkaufrecht nicht als lex specialis im Verhältnis zum CISG angesehen werden, weil die von ersterem erfaßten Verbraucherkäufe überwiegend nicht in den Anwendungsbereich des UN-Kaufrechts fallen. Zwischen den Anwendungsbereichen der konkurrierenden Normenkomplexe bestehen also nur teilweise Überschneidungen. Die lex specialis-Regel vermag die Rangfrage daher nicht zu beantworten.

---

254 Für den Vorrang des UN-Kaufrechts als lex specialis *Audit*, Vente internationale, Nr. 28; v. Caemmerer/Schlechtriem (*-Herber*), Vor Art. 1-6 Rn. 36; *Schlechtriem*, Einheitliches UN-Kaufrecht, S. 14; für den Vorrang des Verbrauchsgüterkaufrechts als lex specialis *Schurr*, ZfRV 1999, S. 222, 225.

255 *Larenz*, Methodenlehre, S. 267.

256 Vgl. *Larenz*, Methodenlehre, S. 268.

257 Vgl. *Janssen*, VuR 1999, S. 324, 326; AnwaltKomm (*-Pfeiffer*), Art. 1 Rn. 29; zum Verhältnis zwischen UN-Kaufrecht und dem Verbraucherschutzrecht im allgemeinen ebenso *Wartenberg*, Verbraucherschutzrecht, S. 22. Kritisch ferner *Ernst/Gsell*, ZIP 2000, S. 1410, 1412; Staudinger (*-Magnus*), Art. 2 Rn. 30; *Westermann*, DZWir 1995, S. 1, 5.

258 Hierzu bereits oben S. 2 f. Zum sachlichen Anwendungsbereich von CISG und Verbrauchsgüterkaufrecht eingehend im Zweiten Teil.

(2) Lex posterior derogat legi priori

Nach Auffassung mancher Autoren geht das UN-Kaufrecht früherem Verbraucherrecht nach dem Grundsatz lex posterior derogat legi priori vor. Für zeitlich nach dem Inkrafttreten des Übereinkommens erlassenes Verbraucherrecht gelte der Grundsatz jedoch nicht, weil dem Gesetzgeber grundsätzlich zu unterstellen sei, daß er die völkerrechtliche Verpflichtung zur Anwendung des Übereinkommens respektieren wollte und deshalb von der Nachrangigkeit des jüngeren Rechts im Verhältnis zum CISG ausgeht. Das CISG habe deshalb auch Vorrang vor zeitlich nachfolgendem Recht[259].

Die Anwendung des lex posterior-Grundsatzes begründet an sich den Vorrang des Verbraucherkaufrechts vor dem UN-Kaufrecht, da letzteres in Deutschland bereits am 1. Januar 1991 in Kraft getreten ist, während ersteres erst seit dem 1. Januar 2002 gilt[260]. Der Grundsatz beruht auf dem vermuteten Willen des Gesetzgebers, mit dem Erlaß eines neuen Gesetz ein älteres Gesetz aufzuheben, soweit es dem neuen widerspricht[261]. Ob diese Vermutung zugunsten des deutschen Verbrauchsgüterkaufrechts Gültigkeit hat, ist indes fraglich. Denn der deutsche Rechtsanwender ist zur Anwendung des UN-Kaufrechts völkerrechtlich verpflichtet[262], und Gesetzesrecht ist nach der Rechtsprechung möglichst so auszulegen, daß keine bestehenden völkerrechtlichen Pflichten verletzt werden[263]. Freilich kann hieraus nicht auf den Vorrang des UN-Kaufrechts geschlossen werden, weil der völkerrechtlichen Pflicht eine gemeinschaftsrechtliche Pflicht zur Anwendung des auf der Richtlinie beruhenden Rechts gegenüber steht. Das Verhältnis zwischen UN-Kaufrecht und deutschem Verbrauchsgüterkaufrecht kann also auch nicht mit dem lex posterior-Grundsatz gelöst werden[264].

---

259 v. Caemmerer/Schlechtriem (*-Herber*), Vor Art. 1-6 Rn. 36, Art. 2 Rn. 18; *Piltz*, Internationales Kaufrecht, § 2 Rn. 67 f.

260 Vgl. *Janssen*, VuR 1999, S. 324, 326.

261 Vgl. *Larenz*, Methodenlehre, S. 266 f.

262 Siehe hierzu bereits oben S. 13 f.

263 Vgl. etwa BVerfGE 58, S. 1, 34; 59, S. 63, 89; hierzu näher *Geiger*, Grundgesetz und Völkerrecht, S. 190 f.

264 Vgl. *Janssen*, VuR 1999, S. 324, 326. Kritisch zur Lösung der Rangfrage zwischen UN-Kaufrecht und nationalem Verbraucherschutzrecht im allgemeinen mit dem lex posterior-Grundsatz auch Soergel (*-Lüderitz/Fenge*), Art. 2 Rn. 5; Staudinger (*-Magnus*), Art. 2 Rn. 30; *Wartenberg*, Verbraucherschutzrecht, S. 23; *Westermann*, DZWir 1995, S. 1, 5.

(3) Vorrang des „besseren" Rechts

Ferrari möchte aus „qualitativen" Gründen dem UN-Kaufrecht Vorrang vor dem europäischen Richtlinienrecht einräumen. Das CISG könne auf eine nahezu fünfzigjährige Entstehungsgeschichte zurückblicken und sei deshalb als „ausgereiftes Regelungswerk" anzusehen. Gleiches könne von europäischen Richtlinien nicht behauptet werden, „zumindest nicht immer"[265].

Das deutsche Recht kennt jedoch keinen Vorrang des „besseren" Rechts. Eine solche Regel wäre im übrigen auch schon deshalb äußerst kritikwürdig, weil die Beurteilung, welche Regelung „besser" ist, zumeist je nach Betrachter unterschiedlich ausfallen wird. Die Berufung auf qualitative Gründe taugt also nicht zur Beantwortung der Rangfrage[266].

(4) Anwendungswille der konkurrierenden Normenkomplexe

Läßt sich die Rangfrage mit den bestehenden (geschriebenen oder ungeschriebenen) Konkurrenzregeln nicht lösen, so verbleibt nur die Möglichkeit, durch Auslegung der konkurrierenden Rechtssätze zu ermitteln, welchem nach dem Willen des Gesetzgebers der Vorrang zukommen soll[267].

Nach Ansicht von *Teklote* tritt das UN-Kaufrecht hinter dem gesamten nationalen Verbraucherschutzrecht zurück[268]. Dies ergebe sich daraus, daß bei der Ausarbeitung des Übereinkommens nicht einmal der Versuch unternommen worden sei, das Recht der allgemeinen Geschäftsbedingungen (als Teil des Verbraucherschutzrechts) zu regeln. Art. 4 S. 2 a) CISG diene (auch) der Vermeidung von Konflikten des UN-Kaufrechts mit nationalem oder internationalem Verbraucherschutzrecht und sei zur Vermeidung von Überschneidungen weit auszulegen[269].

Für diese Auffassung spricht auf den ersten Blick auch Art. 2 a) CISG. Zweck dieser Vorschrift ist es nämlich, Konflikte des UN-Kaufrechts mit natio-

---

265 Schlechtriem (*-Ferrari*), Art. 90 Rn. 3.
266 Vgl. *Ernst/Gsell*, ZIP 2000, S. 1410, 1412.
267 So i.E. auch *Ernst/Gsell*, ZIP 2000, S. 1410, 1412 f.; Soergel (*-Lüderitz/Fenge*), Art. 2 Rn. 5; Staudinger (*-Magnus*), Art. 2 Rn. 30; *ders.*, in: Grundmann/Medicus/Rolland, S. 79, 85 f.; *ders.* ZEuP 1999, S. 642, 647; AnwaltKomm (*-Pfeiffer*), Art. 1 Rn. 29.
268 *Teklote*, Die Einheitlichen Kaufgesetze, S. 85 ff., zurückhaltender aber auf S. 156 („zumindest zum Teil"); ebenso wohl *Westermann*, DZWir 1995, S. 1, 5.
269 *Teklote*, Die Einheitlichen Kaufgesetze, S. 85.

nalem Verbraucherschutzrecht zu vermeiden[270]. Allerdings ist dieses Ziel nicht voll erreicht worden, weil nationale Verbraucherschutzbestimmungen häufig andere Definitionen des Verbrauchergeschäfts als das CISG verwenden, so daß ein Vertrag ein Verbrauchergeschäft im Sinne eines nationalen Gesetzes sein kann, zugleich aber vom CISG erfaßt wird[271]. Der Umstand, daß das UN-Kaufrecht gemäß Art. 2 a) CISG nur auf die von ihm autonom definierten Verbraucherverträge unanwendbar ist, ist deshalb vielmehr ein Hinweis darauf, daß das Übereinkommen die Regelung solcher (Verbraucher-) Verträge beansprucht, die nicht unter diese Definition fallen[272]. Ferner deuten auch andere Vorschriften des UN-Kaufrechts darauf hin, daß das Übereinkommen den Vorrang gegenüber nationalem Verbraucherrecht beansprucht, und zwar selbst dann, wenn dieses auf einer europäischen Richtlinie beruht: So legt Art. 1 Abs. 1 CISG die Annahme nahe, daß das UN-Kaufrecht dem autonomen Kaufrecht der Vertragsstaaten vorgehen will[273]. Und Art. 94 CISG kann entnommen werden, daß das UN-Kaufrecht auch dann anwendbar sein will, wenn die von ihm geregelten Rechtsfragen von international angeglichenem Recht geregelt werden, es sei denn, die betreffenden Staaten geben Erklärungen gemäß Art. 94 CISG ab[274].

Umgekehrt gibt es keinen Hinweis darauf, daß die Richtlinie den Vorrang gegenüber dem UN-Kaufrecht beansprucht. Die Richtliniengeber haben zwar umfangreiche Anleihen bei dem Übereinkommen gemacht, aber wohl nicht erkannt, daß es zu Überschneidungen zwischen den Regelungen kommt; jedenfalls kann weder der Richtlinie selbst, noch den Materialien über ihre Entstehung ein Hinweis darauf entnommen werden, daß die Rangfrage zugunsten der Richtlinie zu beantworten ist. Im Gegenteil kann der Umstand, daß den Mitgliedstaaten nicht nahegelegt wurde, eine Erklärung nach Art. 94 CISG abzugeben, als Indiz dafür gewertet werden, daß der Vorrang des UN-Kaufrechts anerkannt werden sollte[275]. Den Richtliniengebern kann ferner auch nicht unterstellt werden, daß sie, wenn ihnen das Konkurrenzproblem bewußt gewesen wäre, den Vorrang der Richtlinie angeordnet hätten. Denn bereits im Jahre 1993, als die Kommission das Grünbuch über Verbrauchsgütergarantien und Kundendienst vorlegte, waren sechs der damals zwölf Mitgliedstaaten der Europäischen Union Vertragsstaaten des UN-Kaufrechts[276]. Es muß davon

270 Sekretariatskommentar, Art. 2 Anm. 3.

271 Vgl. etwa Staudinger (-*Magnus*), Art. 2 Rn. 29.

272 So auch Staudinger (-*Magnus*), Art. 2 Rn. 30; ähnlich Soergel (-*Lüderitz/Fenge*), Art. 2 Rn. 5.

273 Siehe oben S. 44.

274 Siehe oben S. 41 f.

275 Ähnlich *Ernst/Gsell*, ZIP 2000, S. 1410, 1412 f.; *Magnus*, ZEuP 1999, S. 642, 647.

276 Es handelte sich um die Bundesrepublik Deutschland, Dänemark, Frankreich, Italien, die Niederlande und Spanien, vgl. die in Fn. 12 auf S. 2 angegebene Fundstelle.

ausgegangen werden, daß die Verfasser der Richtlinie die völkerrechtliche Verpflichtung dieser Mitgliedstaaten, das UN-Kaufrecht anzuwenden, respektiert hätten[277].

Die Auslegung der konkurrierenden Normenkomplexe ergibt also, daß einerseits das CISG die Regelung auch solcher Kaufverträge beansprucht, die zugleich in den Anwendungsbereich des deutschen Verbrauchsgüterkaufrechts fallen, während andererseits dem Verbraucherkaufrecht kein Hinweis darauf entnommen werden kann, daß es den Anwendungsbereich des CISG beschneiden will. Diese Erkenntnis läßt sich als Konkurrenzregel formulieren: Soweit sich die Anwendungsbereiche von UN-Kaufrecht und deutschem Verbrauchsgüterkaufrecht überschneiden, geht das Übereinkommen vor[278].

3. Reichweite des Vorrangs

Das UN-Kaufrecht geht dem deutschen Verbraucherkaufrecht vor, soweit die Anwendungsbereiche der beiden Normenkomplexe sich überschneiden und das UN-Kaufrecht die betreffende Rechtsfrage auch regelt[279]. Für die Beantwortung von Fragen, die in dem Übereinkommen geregelte Gegenstände betreffen, von diesem jedoch nicht ausdrücklich entschieden werden, verweist Art. 7 Abs. 2 Alt. 2 CISG jedoch auf das Recht, das nach den Regeln des internationalen Privatrechts anzuwenden ist (und damit unter Umständen auch auf das deutsche

---

277 Ähnlich *Ernst/Gsell*, ZIP 2000, S. 1410, 1412 f.; AnwaltKomm (*-Pfeiffer*), Art. 1 Rn. 29.

278 So aufgrund entsprechender Erwägungen auch *Ernst/Gsell*, ZIP 2000, S. 1410, 1413; *Magnus*, ZEuP 1999, S. 642, 647; AnwaltKomm (*-Pfeiffer*), Art. 1 Rn. 29; i.E. ebenso *Janssen*, VuR 1999, S. 324, 328; *Magnus*, in: Grundmann/Medicus/Rolland, S. 79, 85 f.; allgemein für einen Vorrang des UN-Kaufrechts gegenüber auf Richtlinien beruhendem Verbraucherrecht, soweit kein Vorbehalt nach Art. 94 CISG erklärt worden ist, Schlechtriem (*-Ferrari*), Art. 90 Rn. 3 (der allerdings Art. 94 CISG nicht für einschlägig hält, vgl. Schlechtriem (*-Ferrari*), Art. 94 Rn. 5); Soergel (*-Lüderitz/Dettmeier*), Art. 90 Rn. 5 (aber ohne auf Art. 94 CISG einzugehen); Staudinger (*-Magnus*), Art. 90 Rn. 4; *Otto*, MDR 1993, S. 306; *Wartenberg*, Verbraucherschutzrecht, S. 49. A.A. speziell zum Verhältnis CISG/Verbrauchsgüterkaufrecht *Schurr*, ZfRV 1999, S. 222, 225; zum Verhältnis CISG/nationales Verbraucherschutzrecht *Westermann*, DZWir 1995, S. 1, 5 (ohne jedoch auf die Frage einzugehen, ob dies auch gilt, wenn das Verbraucherschutzrecht auf einer europäischen Richtlinie beruht); allgemein zum Verhältnis CISG/Verbraucherschutzrichtlinien v. Caemmerer/Schlechtriem (*-Herber*), Art. 2 Rn. 18, Art. 5 Rn. 14, Art. 90 Rn. 12; *ders.*, MDR 1993, S. 105 f.; *Herber/Czerwenka*, Art. 90 Rn. 4; Honsell (*-Siehr*), Art. 90 Rn. 7.

279 Vgl. allgemein zum Verhältnis zwischen UN-Kaufrecht und deutschem Verbraucherschutzrecht *Wartenberg*, Verbraucherschutzrecht, S. 40. Zu den Überschneidungen der Anwendungs- und Regelungsbereiche eingehend im Zweiten Teil.

Recht, das die Beantwortung der Frage möglicherweise den Bestimmungen des deutschen Verbrauchsgüterkaufrechts überträgt), wenn diese Fragen sich nicht mit Hilfe der Grundsätze lösen lassen, die dem Übereinkommen zugrunde liegen.

Gemäß Art. 6 CISG können die Vertragsparteien die Anwendung des Übereinkommens ausschließen oder von seinen Bestimmungen abweichen oder deren Wirkung ändern. Auch eine Erweiterung des Anwendungsbereichs des UN-Kaufrechts ist nach allgemeiner Ansicht möglich[280]. Fraglich ist, ob das UN-Kaufrecht dem deutschen Verbrauchsgüterkaufrecht auch dann vorgeht, wenn die Vertragsparteien durch Vereinbarung den Anwendungsbereich des Übereinkommens ausdehnen oder von seinen Bestimmungen zulasten des Verbrauchers abweichen. Bedenklich ist dies im Hinblick darauf, daß sich der Unternehmer gemäß § 475 Abs. 1 und 2 BGB entsprechend den Vorgaben der Richtlinie in Art. 7 Abs. 1 RL auf eine vor Mitteilung eines Mangels an ihn getroffene Vereinbarung nicht berufen kann, die zulasten des Verbrauchers von den auf der Richtlinie beruhenden Bestimmungen des BGB abweicht[281]. Die Bestimmungen des Verbrauchsgüterkaufrechts sind also in einem gewissen Umfang zwingend. Wäre das UN-Kaufrecht auch dann vorrangig, wenn die Vertragsparteien durch Vereinbarung von seinen Bestimmungen abweichen, so könnte Art. 6 CISG bewußt zur Verkürzung der Rechte des Verbrauchers genutzt werden. Der Vorrang des UN-Kaufrechts ergibt sich jedoch im wesentlichen aus den Bestimmungen des Übereinkommens selbst, namentlich den Regelungen über seinen Anwendungsbereich. Weichen die Parteien von den Bestimmungen des UN-Kaufrechts ab, so haben die Normen den von den Parteien gewünschten Regelungsgehalt, drücken also nicht mehr den Anwendungswillen der Verfasser des Übereinkommens aus, sondern nur noch den Willen der Parteien. Das Übereinkommen beansprucht dann meines Erachtens nicht mehr den Vorrang. Vielmehr kommen dann die Bestimmungen des anwendbaren nationalen Rechts zur Anwendung, soweit sie zwingend sind, also bei Geltung des deutschen Rechts die Bestimmungen des deutschen Verbrauchsgüterkaufrechts. Diese Bestimmungen würden nämlich ihren Zweck verfehlen, wenn sie durch Parteivereinbarung verdrängt werden könnten. Machen die Vertragsparteien von der Parteiautonomie im Rahmen des CISG zulasten des Verbrauchers Gebrauch, so ist deshalb davon auszugehen, daß sie den Anwendungsbereich des Übereinkommens verlassen,

---

280 Bianca/Bonell (-*Bonell*), Art. 6 Anm. 3.5; Schlechtriem (-*Ferrari*), Art. 6 Rn. 41; *Herber/Czerwenka*, Art. 6 Rn. 19; Staudinger (-*Magnus*), Art. 6 Rn. 62.

281 Eine Ausnahme gilt gemäß Art. 7 Abs. 1 Unterabs. 1 RL bzw. gemäß § 475 Abs. 2 a.E. BGB für die Verjährung beim Kauf gebrauchter Sachen.

mit der Folge, daß das durch die Regeln des Internationalen Privatrechts berufene nationale Verbraucherschutzrecht gilt[282].

II. Harmonisierende Auslegung

Soweit sich Anwendungs- und Regelungsbereich[283] von UN-Kaufrecht und deutschem Verbrauchsgüterkaufrecht überschneiden, wird letzteres verdrängt. Dieses Ergebnis ist insofern unbefriedigend, als das deutsche Verbrauchsgüterkaufrecht damit auf manche Sachverhalte nicht angewendet wird, deren Regelung es an sich beansprucht. Es ist deshalb zu prüfen, ob der Regelungsgehalt der Richtlinie bei der Auslegung des CISG berücksichtigt werden kann[284]. Bezugspunkt für eine solche „harmonisierende" Auslegung muß dabei die Richtlinie sein, denn das deutsche Verbraucherkaufrecht dient nur der Umsetzung dieser Richtlinie und ist selbst „richtlinienkonform" auszulegen[285].

Wie bereits gesehen, kann bei der Auslegung des UN-Kaufrechts verwandtes Einheitsrecht berücksichtigt werden. Ihm kann bei einer historischen, systematischen oder rechtsvergleichend-teleologischen Auslegung des Übereinkommens Bedeutung zukommen[286]. Bei der Richtlinie handelt es sich um verwandtes Einheitsrecht, denn es regelt dieselben Gegenstände wie das CISG. Fraglich ist, im Rahmen welcher Auslegungsmethode eine Auslegung des UN-Kaufrechts im Lichte der Richtlinie in Betracht kommt. Das UN-Kaufrecht hat bei der Ausarbeitung der Richtlinie als Modell gedient[287]. Deshalb kann es bei einer historischen Auslegung der Richtlinie berücksichtigt werden, nicht aber letztere bei der Auslegung des CISG. Auch eine systematische Auslegung des UN-Kaufrechts im Lichte der Richtlinie kommt nicht in Betracht, weil die beiden Regelungen in den Rechtsordnungen nur einiger Mitgliedstaaten der Europäischen Union zusammentreffen. Wollte man in diesen Staaten, wie etwa in Deutschland, die Regelungen der Richtlinie im Rahmen einer systematischen Auslegung des Übereinkommens in Betracht ziehen, so könnte eine entsprechende Auslegung nicht auf die Übernahme in jenen Vertragsstaaten des UN-Kaufrechts hoffen, in denen keine auf der Richtlinie beruhenden Bestimmungen

---

[282] Ähnlich Staudinger (-*Magnus*), Art. 2 Rn. 31, Art. 6 Rn. 62; Soergel (-*Lüderitz/Fenge*), Art. 2 Rn. 5; in bezug auf die Erweiterung des Anwendungsbereichs ferner Bianca/Bonell (-*Bonell*), Art. 6 Anm. 3.5.1; *Herber/Czerwenka*, Art. 6 Rn. 19; Schlechtriem (-*Ferrari*), Art. 6 Rn. 41.

[283] Zu diesem Begriffspaar bereits oben Fn. 146 auf S. 25.

[284] So wohl auch *Magnus*, in: Grundmann/Medicus/Rolland, S. 79, 84.

[285] Siehe oben S. 9, 10 ff.

[286] Siehe oben S. 22 ff.

[287] Siehe oben S. 12.

gelten. Eine solche systematische Auslegung würde also die einheitliche Anwendung des Übereinkommens beeinträchtigen und ist somit abzulehnen.

Die Richtlinie kann jedoch meines Erachtens bei einer rechtsvergleichend-teleologischen Auslegung des UN-Kaufrechts berücksichtigt werden[288]. Beide Regelungskomplexe befassen sich grundsätzlich mit denselben Rechtsfragen, namentlich insbesondere mit dem Maßstab der Vertragsmäßigkeit der Ware und den Rechtsbehelfen des Käufers bei Lieferung vertragswidriger Ware. Ohne an dieser Stelle im einzelnen auf den Inhalt der Regelungen von UN-Kaufrecht und Verbrauchsgüterkauf-Richtlinie einzugehen, kann bereits jetzt festgestellt werden, daß die Bestimmungen beider Regelungskomplexe vielfach weitgehend übereinstimmen[289]. So wird etwa die Vertragsmäßigkeit in den Art. 2 RL und 35 CISG nahezu identisch geregelt. Soweit die Wortlaute der Regelungen von Richtlinie und Übereinkommen identisch sind, wäre der Blick auf die Bestimmungen der Richtlinie allerdings unergiebig. Denn wenn die Richtliniengeber Regelungen wörtlich aus dem Übereinkommen übernommen haben, wird man ihnen unterstellen können, daß sie eine Norm gleichen Inhalts schaffen wollten[290]. Soweit die Regelungen voneinander abweichen, kommt eine Berücksichtigung des Regelungsgehalts der Richtlinie bei der Auslegung des UN-Kaufrechts in Betracht. Allerdings können die Regelungen der Richtlinie nicht ohne weiteres im Rahmen des Übereinkommens übernommen werden. Zu prüfen ist vor allem, ob eine Auslegung im Lichte der Richtlinie mit dem durch grammatische, systematische, historische und teleologische Auslegung ermittelten Regelungsgehalt der Bestimmungen des UN-Kaufrechts vereinbar ist. Im Hinblick auf den Zweck der Übereinkommensbestimmungen ist zu berücksichtigen, daß sich das Übereinkommen grundsätzlich nur mit dem Handelskauf befaßt. Da die Richtlinie im wesentlichen nur auf den Verbraucherkauf zur Anwendung kommt, spricht eine starke Vermutung dafür, daß die Richtlinienbestimmungen „verbraucherfreundlicher" sind, als die Bestimmungen des Übereinkommens. Eine Berücksichtigung der Richtlinienbestimmungen bei der Auslegung des UN-Kaufrechst liegt deshalb dann besonders nahe, wenn das Übereinkommen ausnahmsweise auf Verbraucherverträge zur Anwendung kommt. Die Richtlinienbestimmungen sind aber nicht unbedingt nur „verbraucherfreundlicher", als die Bestimmungen des UN-Kaufrechts. Die Richtlinie ist nahezu zwanzig Jahre nach der Unterzeichnung des Übereinkommens in Kraft

288 Ähnlich Grundmann/Bianca (*-Grundmann*), Einl. Rn. 23.

289 Eingehend hierzu unten Zweiter Teil.

290 Das UN-Kaufrecht bzw. vor allem die Literatur und Rechtsprechung zu diesem können dann aber für die Auslegung der Richtlinie herangezogen werden, wobei allerdings stets zu berücksichtigen ist, daß der Käufer im Rahmen der Richtlinie Verbraucher und nicht Kaufmann ist.

getreten[291]. Es ist deshalb zu vermuten, daß sie auch wesentlich moderner ist, als das UN-Kaufrecht. Sollte sich diese Vermutung bestätigen, so kommt eine Berücksichtigung der Richtlinie bei der Auslegung des Übereinkommens allgemein, also nicht nur dann in Betracht, wenn das Übereinkommen auf Verbraucherverträge zur Anwendung kommt.

Die Berücksichtigung der Verbrauchsgüterkauf-Richtlinie bei der Auslegung des UN-Kaufrechts hat also nicht nur den Vorzug, Unterschiede zwischen den beiden Regelungen einzuebnen und so dem Willen der Richtliniengeber weitgehend Rechnung zu tragen. Sie liefert auch Anregungen für eine „verbraucherfreundliche" und „moderne" Auslegung des Übereinkommens. Bedenken begegnet die Berücksichtigung der Richtlinie bei der Auslegung des UN-Kaufrechts freilich im Hinblick darauf, daß die Richtlinie nur für jene Vertragsstaaten des CISG verbindlich ist, die zugleich Mitgliedstaaten der Europäischen Union sind. Es besteht deshalb die Gefahr, daß nur diese Staaten bei der Auslegung des Übereinkommens auch die Richtlinie berücksichtigen, mit der Folge, daß das Übereinkommen nicht mehr einheitlich ausgelegt wird. Allerdings sind nunmehr zwölf der fünfzehn Mitgliedstaaten der Europäischen Union zugleich Vertragsstaaten des CISG[292]. Wird das Übereinkommen in diesen Staaten im Lichte der Richtlinie ausgelegt, so ist damit zu rechnen, daß die Rechtsprechung dieser Staaten auch auf Vertragsstaaten des UN-Kaufrechts ausstrahlt[293], die nicht Mitgliedstaaten der Europäischen Union sind, zumal alle Vertragsstaaten bei der Auslegung des Übereinkommens ausländische Rechtsprechung zu berücksichtigen haben.

Das UN-Kaufrecht ist einer modernen und verbraucherfreundlichen Auslegung auch durchaus zugänglich. Eine Revision des Übereinkommens erfordert den Abschluß eines völkerrechtlichen Vertrages, der dem ursprünglichen Übereinkommen gemäß Art. 90 CISG vorgehen würde[294]. Da ein solches Verfahren recht schwerfällig ist[295], eine „Versteinerung" das UN-Kaufrecht aber für die Akteure des internationalen Handels, die eine sachgerechte Regelung wünschen, unattraktiv macht, ist eine dynamische Auslegung durchaus im Sinne der Konventionsgeber[296]. Gegen eine verbraucherfreundliche Auslegung des UN-

[291] Die Struktur des Übereinkommens ist sogar noch wesentlich älter, vgl. Schlechtriem (-*Schlechtriem*), Einl. S. 34 und oben S. 20 Fn. 110.

[292] Siehe oben S. 2 Fn. 12.

[293] So auch Grundmann/Bianca (-*Grundmann*), Einl. Rn. 23.

[294] Bianca/Bonell (-*Evans*), Art. 90 Anm. 2.1; Staudinger (-*Magnus*), Art. 90 Rn. 1.

[295] Allgemein zur „mangelnden Elastizität" staatsvertraglichen Einheitsrechts *Kropholler*, Einheitsrecht, S. 95 ff.

[296] Für eine zeitgemäße Auslegung des UN-Kaufrechts auch Schlechtriem (-*Schlechtriem*), Einl. CISG, S. 34.

Kaufrechts scheint auf den ersten Blick Art. 1 Abs. 3 CISG zu sprechen. Kommt es nach dieser Vorschrift „bei der Anwendung dieses Übereinkommens“ weder auf die Kaufmannseigenschaft der Parteien, noch darauf an, ob der Vertrag handelsrechtlicher oder bürgerlich-rechtlicher Art ist, so liegt es nahe, auch die Verbrauchereigenschaft einer Partei bzw. die Qualifizierung eines Vertrages als Verbrauchervertrag bei der Anwendung des Übereinkommens unberücksichtigt zu lassen. Trotz des mißverständlichen Wortlautes der Vorschrift betrifft diese jedoch nicht die Anwendung der materiellrechtlichen Bestimmungen des Übereinkommens, sondern nur die Frage, welche Elemente bei der Ermittlung des Anwendungsbereichs zu berücksichtigen sind. Sie steht also der Berücksichtigung der persönlichen Eigenschaften der Parteien, bzw. der Art des Vertrages bei der Anwendung der Sachregelungen des Übereinkommens nicht entgegen[297]. Umgekehrt spricht der Umstand, daß das UN-Kaufrecht in Art. 2 a) CISG Verbraucherverträge autonom definiert und deren Regelung zum Teil beansprucht, dafür, daß bei der Auslegung des Übereinkommens zu berücksichtigen ist, ob die Ware für den persönlichen Gebrauch oder den Gebrauch in der Familie oder im Haushalt gekauft wird.

Die bisherige Untersuchung hat ergeben, daß das UN-Kaufrecht dem deutschen Verbrauchsgüterkaufrecht vorgeht, soweit sich beide Regelwerke überschneiden. Das UN-Kaufrecht kann jedoch modern und verbraucherfreundlich im Lichte der Richtlinie ausgelegt werden.

---

[297] Sekretariatskommentar, Art. 1 Anm. 14; ebenso Staudinger (-*Magnus*), Art. 1 Rn. 124.

Zweiter Teil
Feststellung von Überschneidungen und harmonisierende Auslegung

Soweit sich das UN-Kaufrecht und das deutsche auf der Richtlinie beruhende Recht überschneiden, verdrängt das Übereinkommen die die Richtlinie umsetzenden Bestimmungen. Im folgenden soll daher im einzelnen ermittelt werden, welche der durch das deutsche Verbrauchsgüterkaufrecht geregelten Rechtsfragen im UN-Kaufrecht bereits abschließend geregelt sind. Soweit das deutsche Verbrauchsgüterkaufrecht durch das UN-Kaufrecht verdrängt wird, ist zu untersuchen, ob das Übereinkommen im Lichte der Richtlinie ausgelegt werden kann.

Zu Überschneidungen zwischen den Regelungen des UN-Kaufrechts und des deutschen Verbraucherkaufrechts kann es nur kommen, soweit sich die Anwendungsbereiche beider Regelwerke decken. Es ist deshalb zunächst die „Schnittmenge“ der Anwendungsbereiche zu bestimmen. Soweit sich die Anwendungsbereiche überlagern, verdrängt das Übereinkommen die auf der Richtlinie beruhenden Vorschriften jedoch nicht vollständig. Denn der Anwendungsbereich der beiden Normenkomplexe deckt sich nicht mit ihrem jeweiligen Regelungsbereich[298]. Inhaltliche Überschneidungen bestehen nur, soweit sich innerhalb der Schnittmenge der beiden Anwendungsbereiche auch die einzelnen Regelungen überlagern. Dies muß in einem zweiten Schritt ermittelt werden.

Unmittelbar anwendbares Recht sind nur die Vorschriften, die die Richtlinie in deutsches Recht umsetzen, nicht die Richtlinie selbst[299]. Das UN-Kaufrecht verdrängt also nicht die Richtlinie, sondern die Bestimmungen des BGB, die diese umsetzen. Gleichwohl steht die Ermittlung des Regelungsgehalts der Richtlinie im Vordergrund der folgenden Untersuchung. Denn die Bestimmungen des BGB haben lediglich die Funktion, diesen Regelungsgehalt in die deutsche Rechtsordnung zu überführen. Ihr Regelungsgehalt hängt also letztlich vom Regelungsgehalt der Richtlinie ab[300]. Die auf der Richtlinie beruhenden

---

[298] Zu diesem Begriffspaar bereits oben S. 25 Fn. 146.

[299] Siehe oben S. 8 f.

[300] Vgl. Grundmann/Bianca (-*Grundmann*), Einl. Rn. 41 f. Die zur Umsetzung der Richtlinie erlassenen Vorschriften müssen den Regelungsgehalt der Richtlinienbestimmungen jedoch nicht voll übernehmen. Gemäß Art. 8 Abs. 2 RL können die Mitgliedstaaten in dem unter die Richtlinie fallenden Bereich mit dem Vertrag in Einklang stehende strengere

Vorschriften sind jedoch zu ermitteln, da sie es sind, die durch das UN-Kaufrecht verdrängt werden. Für die harmonisierende Auslegung des UN-Kaufrechts kommt es dann freilich wieder auf den Regelungsgehalt der Richtlinie an.

A. Überschneidungen der Anwendungsbereiche

Im folgenden wird zunächst der Anwendungsbereich des Verbrauchsgüterkaufrechts dargestellt. Im Anschluß daran ist zu klären, inwieweit die vom Verbrauchsgüterkaufrecht erfaßten Sachverhalte auch in den Anwendungsbereich des UN-Kaufrechts fallen, mit der Folge, daß es zu Überschneidungen kommt.

I. Anwendungsbereich des Verbrauchsgüterkaufrechts

Gemäß Art. 1 Abs. 1 RL bezweckt die Richtlinie die „Angleichung der Rechts- und Verwaltungsvorschriften der Mitgliedstaaten zu bestimmten Aspekten des Verbrauchsgüterkaufs und der Garantien für Verbrauchsgüter zur Gewährleistung eines einheitlichen Verbraucherschutz-Mindestniveaus im Rahmen des Binnenmarkts". Aus dieser Vorschrift, die im Zusammenhang vor allem mit Art. 1 Abs. 2 – 4 RL zu sehen ist, ergibt sich im wesentlichen der sachliche und persönliche Anwendungsbereich der Richtlinie. Der räumliche und zeitliche Anwendungsbereich der Richtlinie wird nicht ausdrücklich geregelt. Die Wirkung von Parteivereinbarungen über die Anwendbarkeit ergibt sich aus Art. 7 RL.

1. Sachlicher und persönlicher Anwendungsbereich

1. Die Richtlinie regelt gemäß Art. 1 Abs. 1 RL bestimmte Aspekte des Verbrauchsgüterkaufs und der Garantien für Verbrauchsgüter. Art. 4 RL regelt ferner den Rückgriffsanspruch des vom Verbraucher in Anspruch genommenen Letztverkäufers[301].

Bestimmungen erlassen oder aufrechterhalten, um ein höheres Schutzniveau für die Verbraucher sicherzustellen.

301 Vgl. AnwaltKomm (-*Pfeiffer*), Art. 1 Rn. 2.

Unklar ist zunächst, was unter einem Verbrauchsgüterkauf im Sinne der Richtlinie zu verstehen ist. Der Begriff des Kaufs wird in der Richtlinie nicht definiert. Art. 2 Abs. 1 RL bestimmt jedoch, daß der Verkäufer verpflichtet ist, dem Verbraucher dem Kaufvertrag gemäße Güter zu liefern. Aus dieser Vorschrift ergibt sich, daß es sich bei dem Kauf um einen Vertrag handelt, durch den sich die eine Partei, der Verkäufer, gegenüber der anderen, dem Verbraucher, verpflichtet, bestimmte Güter zu liefern. Aus Art. 3 Abs. 1, 2 und 5 RL ergibt sich weiter, daß der Verbraucher den Kaufpreis mindern kann, wenn ihm der Verkäufer vertragswidrige Ware liefert. Hieraus kann geschlossen werden, daß der Lieferpflicht des Verkäufers im Normalfall die Pflicht des Verbrauchers gegenübersteht, ein Entgelt an den Verkäufer zu entrichten. Der Kauf kann somit im Sinne der Richtlinie als Lieferung eines Gegenstandes gegen Entgelt definiert werden[302]. Gemäß Art. 1 Abs. 4 RL gelten ferner Verträge über die Lieferung herzustellender oder zu erzeugender Verbrauchsgüter als Kaufverträge im Sinne der Richtlinie, und zwar unabhängig davon, ob der Verkäufer oder der Verbraucher den für die Herstellung oder Erzeugung notwendigen Stoff liefert[303]. Aus Art. 2 Abs. 5 RL, der den Mangel infolge unsachgemäßer Montage unter bestimmten Voraussetzungen einer Vertragswidrigkeit gleichstellt, wenn die Montage Bestandteil des Kaufvertrags ist, ergibt sich schließlich, daß die Richtlinie auch auf Lieferverträge mit Montageverpflichtung bzw. meines Erachtens allgemein auf Kaufverträge mit arbeits- oder dienstvertraglichen Nebenpflichten anwendbar ist[304]. Begründet ein Vertrag jedoch überwiegend arbeits- oder dienstvertragliche Pflichten des „Verkäufers", so ist er nicht mehr als Vertrag zu qualifizieren, der die „Lieferung" eines Verbrauchsgutes zum Gegenstand hat, und ist damit nicht Kaufvertrag im Sinne der Richtlinie[305]. Nicht anwendbar ist die Richtlinie gemäß Art. 1 Abs. 2 b) Spiegelstrich 1 RL auf den Kauf aufgrund von Zwangsvollstreckungsmaßnahmen oder anderen gerichtlichen Maßnahmen[306]. Gemäß Art. 1 Abs. 3 RL haben die Mitgliedstaaten

---

[302] Vgl. Grundmann/Bianca (*-Luna Serrano*), Art. 1 Rn. 9; AnwaltKomm (*-Pfeiffer*), Art. 1 Rn. 4.

[303] Vgl. *Ehmann/Rust*, JZ 1999, S. 853, 854, 856; Grundmann/Bianca (*-Luna Serrano*), Art. 1 Rn. 16; AnwaltKomm (*-Pfeiffer*), Art. 1 Rn. 12; *Schmidt-Räntsch*, ZIP 2000, S. 1639, 1643; *Schwartze*, ZEuP 2000, S. 544, 552; *Welser/Jud*, Reform des Gewährleistungsrechts, S. 30 f.; a.A. *Ernst/Gsell*, ZIP 2000, S. 1410 f.; *Schurr*, ZfRV 1999, S. 222, 224.

[304] Ähnlich AnwaltKomm (*-Pfeiffer*), Art. 1 Rn. 14 f.; a.A. wohl *Tenreiro/Gómez*, REDC 2000, S. 5, 12 (Fn. 29).

[305] Vgl. AnwaltKomm (*-Pfeiffer*), Art. 1 Rn. 16.

[306] Die Richtlinie ordnet diesen Ausschluß an, indem sie die im Rahmen von Zwangsvollstreckungsmaßnahmen oder anderen gerichtlichen Maßnahmen verkauften Güter nicht als „Verbrauchsgüter" qualifiziert. Dies ist jedoch irreführend, weil der Ausschluß nicht auf einer Eigenschaft des Kaufgegenstandes, sondern auf der Form des Zustandekommens des Vertrags beruht, vgl. *Schwartze*, ZEuP 2000, S. 544, 553.

schließlich die Option[307], den Kauf bei einer öffentlichen Versteigerung, bei der die Verbraucher die Möglichkeit haben, dem Verkauf persönlich beizuwohnen, vom Anwendungsbereich der Richtlinie auszunehmen, wenn es sich bei dem Kaufgegenstand um ein gebrauchtes Gut handelt[308].

Die Richtlinie erfaßt nur solche Kaufverträge, die die Lieferung eines Verbrauchsguts zum Gegenstand haben. Dies ergibt sich schon daraus, daß die Richtlinie gemäß Art. 1 Abs. 1 RL nur bestimmte Aspekte „des Verbrauchsgüterkaufs" regelt und folgt im übrigen aus den materiellen Bestimmungen der Richtlinie: So bestimmt etwa Art. 3 Abs. 1 RL, daß der Verkäufer dem Verbraucher für jede Vertragswidrigkeit haftet, „die zum Zeitpunkt der Lieferung *des Verbrauchsgutes* besteht"[309]. Der Begriff der „Verbrauchsgüter" wird in Art. 1 Abs. 2 b) RL definiert. Danach handelt es sich um bewegliche körperliche Gegenstände. Bestimmte Gegenstände sind aber vom Anwendungsbereich der Richtlinie ausgenommen: Keine Verbrauchsgüter sind gemäß Art. 1 Abs. 2 b) Spiegelstrich 2 RL Wasser und Gas, wenn sie nicht in einem begrenzten Volumen oder in einer bestimmten Menge abgefüllt sind sowie gemäß Art. 1 Abs. 2 b) Spiegelstrich 3 RL Strom.

In persönlicher Hinsicht erfaßt die Richtlinie schließlich nur Kaufverträge zwischen (professionellen) Verkäufern und Verbrauchern. Auch dies ergibt sich aus den materiellen Bestimmungen der Richtlinie, wie etwa aus Art. 2 Abs. 1 RL, wonach „[d]er *Verkäufer*" verpflichtet ist, „dem *Verbraucher* dem Kaufvertrag gemäße Güter zu liefern"[310]. Die Begriffe des Verbrauchers und des Verkäufers werden in Art. 1 Abs. 2 a) und c) RL definiert. „Verbraucher" ist gemäß Art. 1 Abs. 2 a) RL jede natürliche Person, die im Rahmen der unter die Richtlinie fallenden Verträge zu einem Zweck handelt, der nicht ihrer beruflichen oder gewerblichen Tätigkeit zugerechnet werden kann. Maßgebend ist also der Zweck, zu dem der Käufer das Verbrauchsgut erwirbt[311]. Ein Kauf ist nicht der beruflichen oder gewerblichen Tätigkeit einer Person zuzurechnen, wenn er

---

307 Vgl. Grundmann/Bianca (*-Luna Serrano*), Art. 1 Rn. 39; *Schwartze*, ZEuP 2000, S. 544, 553.

308 Das soeben in Fn. 306 zu Art. 1 Abs. 2 b) Spiegelstrich 1 RL Gesagte gilt für Art. 1 Abs. 3 RL entsprechend, vgl. AnwaltKomm (*-Pfeiffer*), Art. 1 Rn. 11. Der Vorschrift sowie Art. 7 Abs. 1 Unterabs. 2 RL kann im übrigen entnommen werden, daß auch gebrauchte Güter „Verbrauchsgüter" im Sinne der Richtlinie sind, vgl. AnwaltKomm (*-Pfeiffer*), Art. 1 Rn. 10; *Trochu*, D. 2000, Chron., S. 119, 120. Zum Begriff der Verbrauchsgüter sogleich.

309 Meine Hervorhebung.

310 Meine Hervorhebung.

311 Kritisch zur Beschränkung des Verbraucherbegriffs auf natürliche Personen etwa AnwaltKomm (*-Pfeiffer*), Art. 1 Rn. 20.

zu privaten Zwecken vorgenommen wird[312]. Nach dem Wortlaut von Art. 1 Abs. 2 a) RL ist allein der vom Käufer tatsächlich verfolgte Zweck entscheidend; unerheblich ist deshalb, ob der Verkäufer diesen Zweck erkannt hat, oder erkennen konnte[313]. Für die Beurteilung des mit dem Kauf verfolgten Zwecks ist auf den Zeitpunkt des Vertragsschlusses abzustellen, weil schon zu diesem Zeitpunkt die anwendbaren Vorschriften feststehen müssen[314].

Verbraucher ist jedenfalls der Käufer, der ausschließlich zu privaten Zwekken kauft. Fraglich ist aber, ob der Käufer als Verbraucher zu qualifizieren ist, wenn er sowohl zu privaten als auch zu beruflichen oder gewerblichen Zwecken kauft (sogenannter dual use)[315]. Zum Teil wird die Auffassung vertreten, der Käufer sei nur dann als Verbraucher zu qualifizieren, wenn er ausschließlich zu privaten Zwecken kaufe[316]. Nach wohl herrschender Meinung ist aber Verbraucher im Sinne von Art. 1 Abs. 2 a) RL der Käufer, der die Ware überwiegend privat nutzen will[317]. Dem Wortlaut von Art. 1 Abs. 2 a) RL kann keine Antwort auf diese Streitfrage entnommen werden. Denn ob der Kauf zu einem Zweck erfolgt, „der nicht der beruflichen oder gewerblichen Tätigkeit *zugerechnet* werden kann“[318], ist eine Frage von Wertungen. Auch die Entstehungsgeschichte der Vorschrift ist mehrdeutig: Nach Art. 1 Abs. 2 a) des Richtlinienvorschlags der Kommission vom 18. Juni 1996 waren als Verbraucher nur solche natürlichen Personen anzusehen, die zu einem Zweck handeln, „der nicht unmittelbar ihrer beruflichen Tätigkeit zugerechnet werden kann“[319]. Nach Ansicht von *Schwartze* spricht die Streichung des Wortes „unmittelbar“ in der Endfassung der Richtlinie dafür, daß Verbraucher nur sei, wer zu einem überwiegend privaten Zweck kaufe[320]. Diese Auffassung beruht auf der Annahme, daß „unmittelbar“ im Richtlinienentwurf „ausschließlich“ bedeutete[321]. Es gibt

---

[312] *Lehr/Wendel*, EWS 1999, S. 321; AnwaltKomm (*-Pfeiffer*), Art. 1 Rn. 22.

[313] *Magnus*, in: Grundmann/Medicus/Rolland, S. 79, 85; *Schwartze*, ZEuP 2000, S. 544, 551 f.; *Welser/Jud*, Zur Reform des Gewährleistungsrechts, S. 26; a.A. AnwaltKomm (*-Pfeiffer*), Art. 1 Rn. 19.

[314] AnwaltKomm (*-Pfeiffer*), Art. 1 Rn. 19; *Schwartze*, ZEuP 2000, S. 544, 551.

[315] Erfolgt der Kauf ausschließlich zu beruflichen oder gewerblichen Zwecken, so ist der Käufer jedenfalls nicht Verbraucher.

[316] *Schurr*, ZfRV 1999, S. 222, 224 f.; *Staudenmayer*, NJW 1999, S. 2393; wohl auch *Micklitz*, EuZW 1999, S. 485.

[317] *Lehr/Wendel*, EWS 1999, S. 321; Grundmann/Bianca (*-Luna Serrano*), Art. 1 Rn. 61; AnwaltKomm (*-Pfeiffer*), Art. 1 Rn. 26; *Schwartze*, ZEuP 2000, S. 544, 551; ähnlich *Magnus*, in: Grundmann/Medicus/Rolland, S. 79, 85 (Verbraucher ist, wer teils zu privaten, teils zu beruflichen Zwecken kauft).

[318] Meine Hervorhebung.

[319] KOM (95) 520 endg., S. 21.

[320] *Schwartze*, ZEuP 2000, S. 544, 551.

[321] Vgl. *Schwartze*, a.a.O.

jedoch keinen Hinweis, der diese Auffassung bestätigt[322], zumal dann fraglich wäre, warum nicht der Ausdruck „ausschließlich“ gewählt worden ist. Unter einem Kauf „unmittelbar“ zu beruflichen Zwecken könnte etwa auch der Kauf durch eine Person verstanden werden, die den Gegenstand selbst professionell nutzen will; nur mittelbar beruflichen Zwecken dient der Kauf dann, wenn nicht der Käufer selbst, sondern ein Dritter eine berufliche Nutzung beabsichtigt[323]. Bei dieser Lesart kann aus der Streichung des Wortes „unmittelbar“ für die hier erörterte Frage nichts geschlossen werden. Nach Ansicht von *Staudenmayer* folgt aus der Entstehungsgeschichte der Definition des Begriffs des Verbrauchsguts, daß die Richtlinie „dual use“ - Geschäfte nicht erfasse[324]. Auch dieser Auffassung kann nicht gefolgt werden[325]. Nach der Definition in Art. 1 Abs. 2 b) des Richtlinienentwurfs der Kommission war Verbrauchsgut „jedes in der Regel für den Letztverbrauch oder zur Letztverwendung bestimmte Erzeugnis mit Ausnahme von Immobilien“[326]. Unter diese Definition ließen sich zwar ohne weiteres Güter subsumieren, die privat und beruflich genutzt werden sollen; Gleiches gilt aber für die Definition der Verbrauchsgüter in Art. 1 Abs. 2 b) RL. Zu ermitteln ist deshalb der Zweck von Art. 1 Abs. 2 a) RL. Die Vorschrift beruht auf der Erwägung, daß nur der Käufer zu privaten Zwekken eines besonderen Schutzes bedarf, während der professionelle Käufer im Kauf erfahren ist und seine Interessen gegenüber dem Käufer regelmäßig selbst wahrnehmen kann. Wer zu privaten, aber auch zu beruflichen Zwecken kauft, ist regelmäßig weder besonders erfahren noch verfügt er über besondere Verhandlungsstärke, zumal er meist nur ein Einzelstück kaufen wird[327]. Mit der herrschenden Meinung ist deshalb als Verbraucher im Sinne von Art. 1 Abs. 2 a) RL der Käufer anzusehen, der überwiegend zu privaten Zwecken kauft.

Der Begriff des Verkäufers wird in Art. 1 Abs. 2 c) RL definiert. Danach ist „Verkäufer“ jede natürliche oder juristische Person, die aufgrund eines Vertrags im Rahmen ihrer beruflichen oder gewerblichen Tätigkeit Verbrauchsgüter verkauft.

In den sachlichen Anwendungsbereich der Richtlinie fallen gemäß Art. 1 Abs. 1 RL auch Garantien für Verbrauchsgüter. Der Begriff der „Garantie“ wird

---

322 Vgl. *Deards*, J. Cons. Pol. 21 (1998), S. 99, 102.

323 Beispiel: Die Eltern schenken ihrer Tochter einen Laptop zu Weihnachten, den diese beruflich nutzen will. Nach Ansicht von *Micklitz*, EuZW 1997, S. 229, 230, dient der Kauf durch einen Gewerbetreibenden dann nicht unmittelbar der beruflichen Tätigkeit, wenn das Gut nicht dem Wiederverkauf oder Erwerbszwecken dient.

324 *Staudenmayer*, NJW 1999, S. 2393.

325 Zweifelnd auch AnwaltKomm (-*Pfeiffer*), Art. 1 Rn. 26 (Fn. 39).

326 KOM (95) 520 endg., S. 21.

327 A.A. *Schurr*, ZfRV 1999, S. 222, 225.

in Art. 1 Abs. 2 e) RL definiert. Danach ist die Garantie „jede von einem Verkäufer oder Hersteller gegenüber dem Verbraucher ohne Aufpreis eingegangene Verpflichtung, den Kaufpreis zu erstatten, das Verbrauchsgut zu ersetzen oder nachzubessern oder in sonstiger Weise Abhilfe zu schaffen, wenn das Verbrauchsgut nicht den in der Garantieerklärung oder in der einschlägigen Werbung genannten Eigenschaften entspricht". Die Verbrauchergarantie setzt also einen Verbrauchsgüterkauf voraus. Begünstigter einer Garantie im Sinne von Art. 1 Abs. 2 e) RL kann nur ein Verbraucher sein, der ein Verbrauchsgut gekauft hat[328]. Als Garantiegeber kommen nur der Verkäufer oder der Hersteller des Verbrauchsguts in Betracht. Der Begriff des Herstellers ist jedoch weit auszulegen. Gemäß Art. 1 Abs. 2 d) RL bezeichnet der Ausdruck „Hersteller" den Hersteller von Verbrauchsgütern, deren Importeur für das Gebiet der Gemeinschaft oder jede andere Person, die sich dadurch, daß sie ihren Namen, ihre Marke oder ein anderes Kennzeichen an den Verbrauchsgütern anbringt, als Hersteller bezeichnet.

Art. 4 RL regelt schließlich den Rückgriffsanspruch des Letztverkäufers, der von einem Verbraucher wegen einer Vertragswidrigkeit in Anspruch genommen worden ist, gegen den Hersteller, einen früheren Verkäufer in der Vertragskette oder eine andere Zwischenperson. Ein Rückgriff kommt also nur in Betracht, wenn zwischen dem Letztverkäufer und dem Verbraucher ein Verbrauchsgüterkaufvertrag geschlossen wurde[329].

2. Die Vorschriften der Richtlinie über den sachlich-persönlichen Anwendungsbereich der Regelungen über den Verbrauchsgüterkauf werden im wesentlichen durch § 474 Abs. 1 S. 1 BGB in deutsches Recht umgesetzt[330]. Danach gelten die §§ 474 – 479 BGB ergänzend, wenn ein Verbraucher von einem Unternehmer eine bewegliche Sache kauft. Die Begriffe des Verbrauchers und des Unternehmers werden in den §§ 13, 14 BGB definiert, die (unter anderem) der Umsetzung von Art. 1 Abs. 2 a) und c) RL dienen[331]. Als Kaufgegenstände kommen nur bewegliche Sachen in Betracht, wodurch Art. 1 Abs. 2 b) RL umgesetzt wird[332]. Art. 1 Abs. 4 RL wird durch § 651 S. 1 BGB umgesetzt[333]. Nach dieser Bestimmung finden die Vorschriften über den Kauf (und damit auch die §§ 474 ff. BGB) auf Verträge Anwendung, die die Lieferung herzustellender oder zu erzeugender Ware zum Gegenstand haben. Der deutsche Gesetzgeber

---

328 Zu den Begriffen „Verbraucher" und „Verbrauchsgüter" bereits oben S. 58 ff.

329 Zu der Frage, ob der Letztverkäufer Rückgriff nehmen kann, wenn er vom Verbraucher aufgrund einer Garantie in Anspruch genommen worden ist, unten S. 163.

330 Regierungsbegründung, BT-Drucks. 14/6040, S. 242 f.

331 Regierungsbegründung, BT-Drucks. 14/6040, S. 243.

332 Regierungsbegründung, a.a.O.

333 Regierungsbegründung, BT-Drucks. 14/6040, S. 268.

hat im übrigen auch von der Option in Art. 1 Abs. 3 RL Gebrauch gemacht: Gemäß § 474 Abs. 1 S. 2 BGB gelten die §§ 474 ff. BGB nicht für gebrauchte Sachen, die in einer öffentlichen Versteigerung verkauft werden, an der der Verbraucher persönlich teilnehmen kann.

Die auf der Richtlinie beruhenden Vorschriften sind nur zum Teil in die §§ 474 – 479 BGB eingestellt worden[334]; der überwiegende Teil gilt für Kaufverträge im allgemeinen[335]. Deren Anwendung auf Verbrauchsgüterkaufverträge wird dadurch erreicht, daß § 474 Abs. 1 S. 1 BGB die §§ 474 ff. BGB nur „ergänzend" beruft. Damit kommen auf Verbrauchsgüterkaufverträge im Sinne von § 474 Abs. 1 S. 1 BGB auch die §§ 433 ff. BGB über Kaufverträge im allgemeinen zur Anwendung[336].

Die Bestimmungen der Richtlinie über Garantien für Verbrauchsgüter werden in § 443 Abs. 1 BGB und § 477 BGB umgesetzt[337]. § 474 Abs. 1 S. 1 BGB entscheidet damit auch über den sachlichen und persönlichen Anwendungsbereich dieser Vorschriften. Indem § 443 Abs. 1 BGB bestimmt, daß Garantiegeber neben dem Verkäufer auch ein „Dritter" sein kann, setzt die Vorschrift Art. 1 Abs. 2 d) RL um. § 474 Abs. 1 S. 1 BGB entscheidet schließlich auch über den Anwendungsbereich der §§ 478, 479 BGB, die die Bestimmungen der Richtlinie über den Rückgriff des Letztverkäufers in deutsches Recht umsetzen[338].

2. Räumlicher Anwendungsbereich

1. Die Richtlinie stellt keinerlei räumliche Anwendungsvoraussetzungen auf[339]. Insbesondere müssen die Parteien nicht in verschiedenen Staaten niedergelassen sein. Die Bestimmungen der Richtlinie erfassen damit Sachverhalte unabhängig davon, ob diese nur zu einem oder zu mehreren Staaten Beziehungen aufweisen[340]. Den Erwägungsgründen (2), (4), (5), (13), (20) und (25) kann entnom-

---

334 Regierungsbegründung, BT-Drucks. 14/6040, S. 242.

335 Zu den die Richtlinie umsetzenden Bestimmungen des BGB im einzelnen unten S. 75 ff.

336 Palandt (*-Putzo*), § 474 Rn. 6.

337 Regierungsbegründung, BT-Drucks. 14/6040, S. 238, 245 f.

338 Regierungsbegründung, BT-Drucks.14/6040, S. 247.

339 Da im Zweiten Teil davon ausgegangen wird, daß das deutsche Recht anwendbar ist, sind an dieser Stelle nur die räumlichen Anwendungsvoraussetzungen nicht internationalprivatrechtlicher Art zu untersuchen. Zu den IPR-Normen, die über die Anwendbarkeit des deutschen Rechts entscheiden, bereits oben S. 33.

340 Vgl. Grundmann/Bianca (*-Grundmann*), Einl. Rn. 22; *Magnus*, in: Grundmann/Medicus/Rolland, S. 79, 84.

men werden, daß die Richtlinie zumindest auch internationale Sachverhalte erfassen soll.

2. Auch die Anwendbarkeit der die Richtlinie umsetzenden Bestimmungen des BGB ist von räumlichen Voraussetzungen unabhängig. § 474 Abs. 1 S. 1 BGB, der den Anwendungsbereich der speziellen Bestimmungen über den Verbrauchsgüterkauf festlegt, knüpft deren Anwendbarkeit nur an sachliche und persönliche, nicht auch an räumliche Voraussetzungen.

3. Zeitlicher Anwendungsbereich

1. Die Richtlinie regelt nicht, welche Sachverhalte zeitlich in ihren Anwendungsbereich fallen. Sie verpflichtet jedoch die Mitgliedstaaten gemäß Art. 11 Abs. 1 Unterabs. 1 S. 1 RL dazu, die Rechts- und Verwaltungsvorschriften in Kraft zu setzen, die erforderlich sind, um der Richtlinie spätestens ab dem 1. Januar 2002 nachzukommen. Hieraus kann geschlossen werden, daß sie zumindest jene Rechtsverhältnisse erfassen will, die am 1. Januar 2002 oder danach entstehen. Maßgeblich ist also bei Verträgen der Zeitpunkt des Vertragsschlusses. Für Rechtsverhältnisse, die bereits vor dem 1. Januar 2002 entstanden sind, will die Richtlinie dagegen meines Erachtens nicht gelten. Denn mit der Einräumung einer Umsetzungsfrist bringt der Richtliniengeber gerade zum Ausdruck, daß der von ihm vorgegebene Rechtszustand erst nach Ablauf der Frist bestehen muß[341].

2. Das die Richtlinienbestimmungen in deutsches Recht umsetzende SMG ist am 1. Januar 2002 in Kraft getreten. Gemäß Art. 229 § 5 S. 1 EGBGB gilt für Schuldverhältnisse, die vor dem 1. Januar 2002 entstanden sind, das alte Recht fort. Daraus folgt im Umkehrschluß, daß nur Schuldverhältnisse, die ab diesem Zeitpunkt entstanden sind, dem neuen Recht unterliegen[342].

4. Bestimmung des Anwendungsbereichs durch Parteivereinbarung

1. Gemäß Art. 7 Abs. 1 Unterabs. 1 RL sind Vertragsklauseln oder mit dem Verkäufer vor dessen Unterrichtung über die Vertragswidrigkeit getroffene Vereinbarungen, durch welche die mit der Richtlinie gewährten Rechte unmittelbar oder mittelbar außer Kraft gesetzt oder eingeschränkt werden, für den Verbraucher gemäß dem innerstaatlichen Recht nicht bindend. Nach dieser Vor-

[341] Ähnlich Grundmann/Bianca (-*Grundmann*), Einl. Rn. 58 ff., 61.
[342] AnwaltKomm (-*Mansel*), Art. 229 § 5 EGBGB Rn. 1.

schrift können Vereinbarungen, die den Anwendungsbereich der Richtlinie einschränken oder die Anwendbarkeit der Richtlinie ganz ausschließen, nur nach Unterrichtung des Verkäufers über eine Vertragswidrigkeit wirksam getroffen werden[343]. Nicht in der Richtlinie vorgesehen ist die Möglichkeit der Erweiterung ihres Anwendungsbereichs[344]. Es ist jedoch nicht ersichtlich, warum die Parteien nicht die Geltung des Verbraucherkaufrechts außerhalb des von der Richtlinie definierten Anwendungsbereichs vereinbaren können sollen. Da die Richtlinie diese Fälle jedoch nicht erfaßt, sind die auf die Richtlinie zurückgehenden Bestimmungen dann aber nicht mehr zwingend.

2. Art. 7 Abs. 1 Unterabs. 1 RL wird durch § 475 Abs. 1 BGB in deutsches Recht umgesetzt[345]. Nach dieser Vorschrift kann sich der Unternehmer auf eine Vereinbarung nicht berufen, die getroffen wurde, bevor ihm der Mangel mitgeteilt wurde, und die zum Nachteil des Verbrauchers von den § 433 bis 435, 437, 439 bis 443 sowie von den Vorschriften des Untertitels über den Verbrauchsgüterkauf abweicht.

II. Anwendungsbereich des UN-Kaufrechts

Zu bestimmen ist nunmehr der Anwendungsbereich des UN-Kaufrechts, um klären zu können, inwieweit sich dieser mit demjenigen des Verbrauchsgüterkaufrechts überschneidet.

Gemäß Art. 1 Abs. 1 CISG ist das Übereinkommen auf Kaufverträge über Waren zwischen Parteien anzuwenden, die ihre Niederlassung in verschiedenen Staaten haben. Aus dieser Vorschrift, die durch die nachfolgenden Bestimmungen ergänzt wird, ergibt sich der sachliche und räumliche Anwendungsbereich des UN-Kaufrechts[346]. Der zeitliche Anwendungsbereich des Übereinkommens ergibt sich aus Art. 100 CISG.

---

343 Die Frage der Disponibilität der einzelnen Bestimmungen der Richtlinie wird bei der Darstellung der jeweiligen Bestimmung behandelt. Art. 7 Abs. 2 RL betrifft die kollisionsrechtliche Abwahl des Verbrauchsgüterkaufrechts und ist hier nicht zu erörtern, da im Rahmen des Zweiten Teils der vorliegenden Arbeit von der Anwendbarkeit des deutschen Rechts ausgegangen wird.

344 Art. 8 Abs. 2 RL ist unanwendbar, da diese Vorschrift nur für den „unter diese Richtlinie fallenden Bereich" gilt, vgl. AnwaltKomm (-*Pfeiffer*), Art. 8 Rn. 5.

345 Regierungsbegründung, BT-Drucks. 14/6040, S. 244.

346 Zu den räumlichen Voraussetzungen, die im Rahmen der kollisionsrechtlichen Entscheidung über die Anwendbarkeit des Übereinkommens der Lokalisierung des Sachverhalts dienen, bereits oben S. 30 ff. Das Erfordernis der Niederlassung der Parteien in verschie-

Auf persönliche Eigenschaften der Parteien des Kaufvertrags kommt es für die Anwendbarkeit des UN-Kaufrechts nicht an[347]. Insbesondere wird bei der Anwendung des Übereinkommens gemäß Art. 1 Abs. 3 CISG weder berücksichtigt, welche Staatsangehörigkeit die Parteien haben, noch ob sie Kaufleute oder Nichtkaufleute sind. Gleichgültig ist auch, ob die Parteien natürliche oder juristische Personen sind[348]. Bei der Bestimmung des Anwendungsbereichs sind gemäß Art. 1 Abs. 1 CISG der Ort der Niederlassung der Parteien sowie gemäß Art. 2 a) CISG der Zweck zu berücksichtigen, zu dem der Käufer die Ware erwirbt. Diese Voraussetzungen wirken sich aber auf den sachlichen bzw. auf den räumlichen Anwendungsbereich aus.

1. Sachlicher Anwendungsbereich

1. Gemäß Art. 1 Abs. 1 Hs. 1 CISG ist das UN-Kaufrecht anwendbar auf Kaufverträge über Waren. Der Begriff des Kaufvertrags wird in dem Übereinkommen nicht definiert. Aus den Art. 30 und 53 CISG ergibt sich jedoch, daß der Kaufvertrag im Sinne des UN-Kaufrechts ein Vertrag ist, durch welchen sich der Verkäufer verpflichtet, eine Ware zu liefern und das Eigentum an ihr zu übertragen sowie gegebenenfalls die sie betreffenden Dokumente zu übergeben, während der Käufer im Gegenzug den Kaufpreis zu zahlen und die Ware abzunehmen hat[349]. Gemäß Art. 3 Abs. 1 CISG stehen den Kaufverträgen Verträge über die Lieferung herzustellender oder zu erzeugender Ware gleich, es sei denn, daß der Besteller einen wesentlichen Teil der für die Herstellung oder Erzeugung notwendigen Stoffe selbst zur Verfügung zu stellen hat[350]. Unanwendbar ist das Übereinkommen dagegen gemäß Art. 3 Abs. 2 CISG auf Verträge, bei denen der überwiegende Teil der Pflichten der Partei, welche die Ware liefert, in der Ausführung von Arbeiten oder anderen Dienstleistungen besteht. Aus dieser Vorschrift folgt im Umkehrschluß, daß das UN-Kaufrecht auch für Kaufverträge mit arbeits- oder dienstvertraglichen Nebenpflichten gilt, soweit diese Pflichten nicht überwiegen[351]. Nicht in den Anwendungsbereich des UN-

---

denen Staaten dient nicht der Lokalisierung des Sachverhalts, sondern ist eine materiellrechtliche Voraussetzung.

347 Ähnlich Staudinger (-*Magnus*), Art. 1 Rn. 123.

348 Staudinger (-*Magnus*), a.a.O.

349 *Herber/Czerwenka*, Art. 1 Rn. 3; Schlechtriem (-*Ferrari*), Art. 1 Rn. 13; Staudinger (-*Magnus*), Art. 1 Rn. 13; *Piltz*, Internationales Kaufrecht, § 2 Rn. 20.

350 Zu der Frage, ob der vom Besteller zur Verfügung zu stellende Teil „wesentlich" ist, vgl. Staudinger (-*Magnus*), Art. 3 Rn. 14 m.w.N.

351 Schlechtriem (-*Ferrari*), Art. 3 Rn 12; Staudinger (-*Magnus*), Art. 1 Rn. 27, Art. 3 Rn. 3, 21; *Schlechtriem*, Internationales UN-Kaufrecht, Rn. 28. Zum Problem der Feststellung des Überwiegens etwa Staudinger (-*Magnus*), Art. 3 Rn. 21 ff. m.w.N.

Kaufrechts fallen gemäß Art. 2 b) CISG Kaufverträge, die bei Versteigerungen geschlossen werden sowie gemäß Art. 2 c) CISG Käufe aufgrund von Zwangsvollstreckungs- oder anderen gerichtlichen Maßnahmen.

Gemäß Art. 1 Abs. 1 Hs. 1 CISG gilt das Übereinkommen nur für Verträge über „Waren". Auch der Begriff der Waren wird im UN-Kaufrecht nicht definiert. Da jedoch EAG und EKG in der französischen Textfassung noch den Begriff „objets mobiliers corporels" verwendeten[352] und nicht ersichtlich ist, daß durch die Ersetzung dieses Begriffs durch den Begriff „marchandises" eine sachliche Änderung herbeigeführt werden sollte, besteht grundsätzlich Einigkeit darüber, daß unter Waren im Sinne des UN-Kaufrechts bewegliche körperliche Gegenstände zu verstehen sind[353]. Da der Begriff der Ware jedoch weniger eng ist als derjenige der „objets mobiliers corporels", werden zum Teil auch unkörperliche Gegenstände, wie etwa Standardsoftware, und zwar auch unabhängig von einem Datenträger, als Ware betrachtet[354]. Bestimmte Kaufgegenstände sind jedoch vom Anwendungsbereich des Übereinkommens ausgenommen. Gemäß Art. 2 d) – f) CISG gilt das Übereinkommen nicht für den Kauf von Wertpapieren oder Zahlungsmitteln, von Seeschiffen, Binnenschiffen, Luftkissenfahrzeugen oder Luftfahrzeugen und von elektrischer Energie.

Gemäß Art. 2 a) RL findet das UN-Kaufrecht keine Anwendung auf den Kauf von Ware für den persönlichen Gebrauch oder den Gebrauch in der Familie oder im Haushalt, es sei denn, daß der Verkäufer vor oder bei Vertragsschluß weder wußte noch wissen mußte, daß die Ware für einen solchen Gebrauch gekauft wurde. Die Vorschrift stellt nicht auf besondere Eigenschaften der Ware oder des Käufers ab, sondern auf die vom Käufer zum Zeitpunkt des Vertragsschlusses beabsichtigte Verwendung[355]. Für den „persönlichen" Gebrauch erwirbt der Käufer die Ware nach allgemeiner Ansicht nur dann, wenn er sie privat nutzen will, wobei der private als Gegensatz zum beruflichen oder geschäft-

---

352 Englischer und französischer Text von EAG und EKG sind abgedruckt bei Dölle, Kommentar zum einheitlichen Kaufrecht. Die Haager Kaufrechtsübereinkommen vom 1. Juli 1964, C.H. Beck, München 1976, S. 777-803 (EKG) und 811-815 (EAG). In der englischen Fassung verwendeten schon EAG und EKG den undeutlicheren Begriff „goods".

353 Schlechtriem (*-Ferrari*), Art. 1 Rn. 34; Staudinger (*-Magnus*), Art. 1 Rn. 43.

354 *Herber/Czerwenka*, Art. 1 Rn. 7; *Heuzé*, Vente internationale, Nr. 84; Soergel (*-Lüderitz/Fenge*), Art. 1 Rn. 21; Staudinger (*-Magnus*), Art. 1 Rn. 44; strenger *Czerwenka*, Rechtsanwendungsprobleme, S. 148; Honsell (*-Siehr*), Art. 1 Rn. 8 (Software nur auf Datenträger); wohl ebenso Schlechtriem (*-Ferrari*), Art. 1 Rn. 38.

355 *Audit*, Vente internationale, Nr. 28; *Herber/Czerwenka*, Art. 2 Rn. 5; Schlechtriem (*-Ferrari*), Art. 2 Rn. 8; Soergel (*-Lüderitz/Fenge*), Art. 2 Rn. 3; Staudinger (*-Magnus*), Art. 2 Rn. 11; *Piltz*, Internationales Kaufrecht, § 2 Rn. 64; Honsell (*-Siehr*), Art. 2 Rn. 12.

lichen Gebrauch zu verstehen ist[356]. Dem persönlichen Gebrauch durch den Käufer selbst steht der Gebrauch in der Familie oder im Haushalt gleich.

Das UN-Kaufrecht ist damit grundsätzlich unanwendbar, wenn der Käufer die Ware ausschließlich privat nutzen will[357]. Zweifelhaft ist aber, ob Art. 2 a) CISG auch dann eingreift, wenn der Käufer die Ware nicht nur für den privaten, sondern auch für den beruflichen oder geschäftlichen Gebrauch kauft (dual use)[358]. Nach ganz herrschender Meinung ist die Anwendung des UN-Kaufrechts nur dann ausgeschlossen, wenn der Käufer die Ware ausschließlich zu einem privaten Zweck erwirbt. Dual use Geschäfte fallen nach dieser Ansicht stets in den Anwendungsbereich des Übereinkommens[359]. Vereinzelt wird dagegen die Auffassung vertreten, das Übereinkommen sei bereits dann unanwendbar, wenn der Käufer die Ware überwiegend privat nutzen will[360]. Beide Auffassungen sind mit dem Wortlaut der Vorschrift vereinbar[361]. Für die herrschende Meinung spricht jedoch die Entstehungsgeschichte von Art. 2 a) CISG[362]. Die Vorschrift geht auf einen norwegischen Antrag zurück, nach dem das Übereinkommen ausgeschlossen sein sollte, wenn der Käufer die Ware „primär" zu privaten Zwecken kauft[363]. Aus der Streichung des Wortes „primär" kann geschlossen werden, daß das UN-Kaufrecht auf den Kauf von Ware nur dann unanwendbar ist, wenn diese ausschließlich privat genutzt werden soll[364]. *Wartenberg* weist zwar zurecht darauf hin, daß die Streichung sprachlich auch bedeuten könne, daß nunmehr auch ein nicht primär privater Verwendungszweck die Anwendbarkeit des Übereinkommens ausschließe[365]. Dies kann in-

---

356 *Audit*, Vente internationale, Nr. 28; *Herber/Czerwenka*, Art. 2 Rn. 4; Schlechtriem (-*Ferrari*), Art. 2 Rn. 9; Soergel (-*Lüderitz/Fenge*), Art. 2 Rn. 2; Staudinger (-*Magnus*), Art. 2 Rn. 12 f.; *Piltz*, Internationales Kaufrecht, § 2 Rn. 60.

357 Zu der Einschränkung des Ausschlusses für den Fall, daß der Verkäufer weder wußte noch wissen mußte, daß die Ware für einen privaten Gebrauch gekauft wurde, im nächsten Absatz.

358 Erwirbt der Käufer ausschließlich zu professionellen Zwecken, so ist das Übereinkommen jedenfalls anwendbar.

359 *Czerwenka*, Rechtsanwendungsprobleme, S. 152; Schlechtriem (-*Ferrari*), Art. 2 Rn. 12; Staudinger (-*Magnus*), Art. 2 Rn. 17; *Piltz*, Internationales Kaufrecht, § 2 Rn. 61; Honsell (-*Siehr*), Art. 2 Rn. 12; *Wartenberg*, Verbraucherschutzrecht, S. 56.

360 Soergel (-*Lüderitz/Fenge*), Art. 2 Rn. 3.

361 *Czerwenka*, Rechtsanwendungsprobleme, S. 151 f. und *Wartenberg*, Verbraucherschutzrecht, S. 55, meinen dagegen, der Wortlaut der Vorschrift spreche für die h.M.

362 Vgl. *Czerwenka*, Rechtsanwendungsprobleme, S. 151 f.; Schlechtriem (-*Ferrari*), Art. 2 Rn. 12; *Piltz*, Internationales Kaufrecht, § 2 Rn. 61; wohl auch Staudinger (-*Magnus*), Art. 2 Rn. 17.

363 UNCITRAL YB II (1971), S. 44.

364 So ausdrücklich *Czerwenka*, a.a.O.; Schlechtriem (-*Ferrari*), a.a.O.

365 *Wartenberg*, Verbraucherschutzrecht, S. 56.

dessen nicht der Sinn der Streichung gewesen sein. Denn es besteht kein sachlicher Grund dafür, Verträge vom Anwendungsbereich des Übereinkommens auszunehmen, wenn der private Verwendungszweck eine untergeordnete Bedeutung hat. Auch das nationale Verbraucherschutzrecht wird solche Verträge regelmäßig nicht erfassen[366]. Es ist deshalb mit der ganz herrschenden Meinung davon auszugehen, daß das UN-Kaufrecht auf den Kauf von Ware, die privat und geschäftlich genutzt werden soll, stets anwendbar ist.

Gemäß Art. 2 a) a.E. CISG greift der Ausschluß des Kaufs zum privaten Gebrauch vom Anwendungsbereich des Übereinkommens nicht ein, wenn „der Verkäufer vor oder bei Vertragsschluß weder wußte noch wissen mußte, daß die Ware für einen solchen Gebrauch gekauft wurde". Das UN-Kaufrecht ist also mit anderen Worten auf den Kauf zu privatem Verwendungszweck nur dann unanwendbar, wenn der Verkäufer den Verwendungszweck kannte oder kennen mußte[367]. Der Verkäufer „muß wissen", daß die Ware für einen privaten Gebrauch gekauft wird, wenn er über diesen Verwendungszweck in vorwerfbarer Weise in Unkenntnis ist; nicht erforderlich ist grob fahrlässige Unkenntnis[368]. Dies ergibt sich daraus, daß das Übereinkommen die Formulierung „nicht in Unkenntnis sein konnte" wählt[369], wenn es grobe Fahrlässigkeit voraussetzt[370].

2. Zu Überschneidungen zwischen den sachlichen Anwendungsbereichen von Übereinkommen und Richtlinie kommt es, soweit beide den Rückgriff des Letztverkäufers gegen seine Vorleute regeln. Der Ausschlußgrund des Art. 2 a) CISG greift hier nicht ein, weil der Letztverkäufer nicht zu privaten Zwecken handelt. Die Richtlinie ist auf den Händlerregreß freilich gemäß Art. 4 RL unabhängig davon anwendbar, ob sich der Rückgriff gegen einen Vertragspartner des Letztverkäufers oder gegen ein anderes Glied „innerhalb der Vertragskette" richtet. Das Übereinkommen gilt dagegen nur für Kaufverträge über Waren, so daß es zu Überschneidungen zwischen beiden Regelungen nur kommt, wenn der Letztverkäufer einen Vormann aufgrund eines Vertrags in Anspruch nimmt,

---

366 Das Verbraucherkaufrecht erfaßt nur den Kauf von Ware, die der Käufer überwiegend privat nutzen will, siehe oben S. 59 f.

367 Umstritten ist, wer hierfür die Beweislast trägt, vgl. Staudinger (-*Magnus*), Art. 2 Rn. 28 m.w.N.

368 Schlechtriem (-*Ferrari*), Art. 2 Rn. 20; Staudinger (-*Magnus*), Art. 2 Rn. 22; Bianca/Bonell (-*Khoo*), Art. 2 Anm. 2.2; i.E. ebenso *Wartenberg*, Verbraucherschutzrecht, S. 57; a.A. v. Caemmerer/Schlechtriem (-*Herber*), Art. 2 Rn 12; *Herber/Czerwenka*, Art. 2 Rn. 6.

369 So etwa in Art. 35 Abs. 3 CISG. Dazu unten S. 97 f.

370 Vgl. Staudinger (-*Magnus*), Art. 2 Rn. 22.

der als Kaufvertrag im Sinne des UN-Kaufrechts oder als ein von dem Übereinkommen dem Kaufvertrag gleichgestellter Vertrag zu qualifizieren ist.

Die von der Richtlinie erfaßten Verbrauchsgüterkäufer und Garantien für Verbrauchsgüter fallen dagegen grundsätzlich nicht in den Anwendungsbereich des Übereinkommens, da die Richtlinie diese Rechtsgeschäfte nur erfaßt, wenn der Käufer bzw. der Begünstigte ein Verbraucher ist, also eine natürliche Person, die zu privaten Zwecken handelt, während das UN-Kaufrecht auf den Kauf von Ware zur privaten Verwendung gemäß Art. 2 a) CISG grundsätzlich nicht zur Anwendung kommt[371]. Zu Überschneidungen kann es aber ausnahmsweise zum einen dann kommen, wenn der Verkäufer von der geplanten privaten Verwendung weder wußte noch wissen mußte[372]. Denn dann ist das UN-Kaufrecht anwendbar und die Anwendung der Richtlinie nicht ausgeschlossen, weil es im Rahmen von Art. 1 Abs. 2 a) RL nicht darauf ankommt, ob der Verkäufer oder Garantiegeber erkannt hat oder erkennen konnte, welchen Zweck der Käufer oder Begünstigte verfolgt. Zum anderen kann es zu Überschneidungen kommen, wenn der Käufer überwiegend zu privaten, aber auch zu beruflichen oder geschäftlichen Zwecken handelt. Die stets vom UN-Kaufrecht erfaßten dual use Geschäfte fallen dann nämlich auch in den Anwendungsbereich des Verbraucherkaufrechts[373]. Fraglich ist deshalb, ob die von der Richtlinie erfaßten Verbrauchsgüterkäufe und Garantien für Verbrauchsgüter in den sachlichen Anwendungsbereich des UN-Kaufrechts fallen, soweit dieses ausnahmsweise für Käufe zu (teilweise) privaten Zwecken gilt[374].

Die von der Richtlinie erfaßten Verbrauchsgüterkäufe werden fast vollständig auch vom UN-Kaufrecht erfaßt. Das UN-Kaufrecht gilt nämlich für nahezu sämtliche Verträge, die als Kaufverträge im Sinne der Richtlinie zu qualifizieren sind. Anders als die Richtlinie ist das Übereinkommen aber auf Verträge über die Lieferung herzustellender oder zu erzeugender Ware nicht stets anwendbar, sondern nur dann, wenn der Besteller nicht den wesentlichen Teil des Stoffes zur Verfügung gestellt hat. Ein weiterer Unterschied besteht darin, daß das Übereinkommen Käufe bei Versteigerungen generell aus seinem Anwen-

371 Da in beiden Regelwerken der Verwendungszweck entscheidet, spielt es keine Rolle, daß die Richtlinie bei der Definition des Verbrauchers ansetzt, während das Übereinkommen bei dem Begriff der Ware anknüpft: Die von der Richtlinie erfaßten Geschäfte sind also grundsätzlich gerade jene Geschäfte, die nicht in den Anwendungsbereich des Übereinkommens fallen, vgl. *Magnus*, in: Grundmann/Medicus/Rolland, S. 79, 85.

372 *Magnus*, a.a.O.

373 Vgl. *Magnus*, a.a.O.

374 Das Übereinkommen gilt unabhängig von persönlichen Eigenschaften der Vertragsschließenden und damit auch dann, wenn der Käufer oder Begünstigte eine natürliche Person ist, wie von der Richtlinie gefordert.

dungsbereich ausschließt, während die Richtlinie den Mitgliedstaaten nur eine sachlich eingeschränkte Option einräumt, diese Verträge nicht den auf der Richtlinie beruhenden Vorschriften zu unterwerfen. Da unter Waren im Sinne des Übereinkommens grundsätzlich bewegliche, körperliche Gegenstände zu verstehen sind, deckt sich der Begriff der Waren mit dem Begriff der Verbrauchsgüter in der Richtlinie. Geringfügige Unterschiede bestehen nur bei den vom jeweiligen Anwendungsbereich ausgenommenen Gegenständen: Der in Art. 1 Abs. 2 b) Spiegelstrich 3 RL vom Anwendungsbereich der Richtlinie ausgenommene Strom wird zwar gemäß Art. 2 f) CISG auch vom UN-Kaufrecht nicht erfaßt. Wegen der geringen Anforderungen an die Körperlichkeit wird man aber Wasser oder Gas, soweit es transportabel ist, auch dann als Ware im Sinne des Übereinkommens betrachten können, wenn es nicht in einem begrenzten Volumen abgefüllt ist[375]. Die vom UN-Kaufrecht nicht erfaßten Wertpapiere und Zahlungsmittel sind andererseits Verbrauchsgüter im Sinne von Art. 1 Abs. 2 b) RL. Bei den in Art. 2 e) CISG ausgenommenen Transportmitteln ist fraglich, ob sie als „beweglich" zu qualifizieren sind[376]; oft wird der Käufer aber kein „Verbraucher" im Sinne von Art. 1 Abs. 2 a) RL sein.

Auch die Garantien für Verbrauchsgüter im Sinne des Verbraucherkaufrechts fallen in den sachlichen Anwendungsbereich des UN-Kaufrechts[377]. Die Richtlinie regelt gemäß Art. 1 Abs. 2 e) RL nur Garantien, durch welche sich der Verkäufer oder der Hersteller verpflichtet, „Abhilfe zu schaffen", wenn das Verbrauchsgut bestimmte Eigenschaften nicht aufweist. Da das UN-Kaufrecht gemäß Art. 1 Abs. 1 Hs. 1 CISG auf Kaufverträge über Waren grundsätzlich anwendbar ist, fallen in seinen Anwendungsbereich alle Rechtsfragen, die solche Verträge betreffen. Dazu gehört auch die Frage, welche Rechtsbehelfe dem Käufer im Falle der Lieferung nicht vertragsgemäßer Ware zustehen. Eine Garantie im Sinne von Art. 1 Abs. 2 e) RL ist, wenn sie vom Verkäufer gewährt wird, eine Modifizierung oder Ergänzung der Rechte des Käufers aus dem Kaufvertrag[378]. Die Verkäufergarantie im Sinne von Art. 1 Abs. 2 e) RL ist damit ein in den Anwendungsbereich des UN-Kaufrechts fallender Vertrag. Die Herstellergarantie wird dagegen nicht vom UN-Kaufrecht erfaßt, da dieses nur den Kaufvertrag über Waren, also die vertraglichen Beziehungen zwischen Verkäufer und Käufer regelt.

---

375 In bezug auf Gas ausdrücklich Staudinger (-*Magnus*), Art. 1 Rn. 45.

376 Vgl. Staudinger (-*Magnus*), Art. 2 Rn. 44.

377 Das Verbraucherkaufrecht erfaßt nur Garantien für „Verbrauchsgüter", die Ausführungen zu den Überschneidungen zwischen Richtlinie und Übereinkommen bei Verbrauchsgüterkäufen gelten insoweit jedoch entsprechend.

378 *Welser/Jud*, Reform des Gewährleistungsrechts, S. 164; ähnlich Grundmann/Bianca (-*Luna Serrano*), Art. 1 Rn. 21 (Zusatzvereinbarung zum Kaufvertrag).

2. Räumlicher Anwendungsbereich

1. In räumlicher Hinsicht ist der Anwendungsbereich des UN-Kaufrechts gemäß Art. 1 Abs. 1 CISG auf Kaufverträge zwischen Parteien begrenzt, die ihre Niederlassung in verschiedenen Staaten haben. Das Übereinkommen ist also nur auf internationale Warenkäufe anwendbar, wobei sich die Internationalität des Sachverhaltes aus dem Ort der Niederlassung der Parteien ergeben muß; andere Elemente, wie etwa ein zwischenstaatlicher Transport, bleiben außer Betracht[379].

Die Tatsache, daß die Parteien in verschiedenen Staaten niedergelassen sind, wird gemäß Art. 1 Abs. 2 CISG nicht berücksichtigt, das Übereinkommen ist also unanwendbar, wenn sie sich nicht aus dem Vertrag, aus früheren Geschäftsbeziehungen oder aus Verhandlungen oder Auskünften ergibt, die vor oder bei Vertragsabschluß zwischen den Parteien geführt oder von ihnen erteilt worden sind. Entscheidend ist die objektive Erkennbarkeit für beide Parteien, denn schon dann „ergibt" sich die Internationalität aus den in der Vorschrift genannten Umständen. Ob die Parteien sie tatsächlich erkannt haben, ist also unerheblich[380].

Der Begriff der Niederlassung wird im UN-Kaufrecht nicht definiert. Nach allgemeiner Ansicht handelt es sich aber um den Ort, von welchem aus die Partei dauerhaft und selbständig am Wirtschaftsverkehr teilnimmt[381]. Hat eine Partei mehr als eine Niederlassung, so ist gemäß Art. 10 a) CISG die Niederlassung maßgebend, die unter Berücksichtigung der vor oder bei Vertragsabschluß den Parteien bekannten oder von ihnen in Betracht gezogenen Umstände die engste Beziehung zu dem Vertrag und zu seiner Erfüllung hat. Dagegen kommt es gemäß Art. 10 b) CISG auf den gewöhnlichen Aufenthaltsort einer Partei an, wenn diese keine Niederlassung hat.

Gemäß Art. 94 Abs. 1 CISG können zwei oder mehr Vertragsstaaten des UN-Kaufrechts, die gleiche oder einander sehr nahekommende Rechtsvor-

---

379 Schlechtriem (*-Ferrari*), Art. 1 Rn. 40; Staudinger (*-Magnus*), Art. 1 Rn. 58 f.

380 Str. Wie hier *Czerwenka*, Rechtsanwendungsprobleme, S. 136; Schlechtriem (*-Ferrari*), Art. 2 Rn. 51; Staudinger (*-Magnus*), Art. 1 Rn. 74; *Piltz*, Internationales Kaufrecht, § 2 Rn. 83; *Schlechtriem*, Internationales UN-Kaufrecht, Rn. 10; Honsell (*-Siehr*), Art. 1 Rn. 28 (anders noch *ders.*, RabelsZ 52 (1988), 587, 591); wohl auch *Herber/Czerwenka*, Art. 1 Rn. 20; a.A. aber etwa *Audit*, Vente internationale, Nr. 16; Bianca /Bonell (*-Jayme*), Art. 1 Anm. 2.4.

381 Schlechtriem (*-Ferrari*), Art. 1 Rn. 46; Bianca/Bonell (*-Jayme*), Art. 1 Anm. 2.3; Staudinger (*-Magnus*), Art. 1 Rn. 62 ff.; *Piltz*, Internationales Kaufrecht, § 2, Rn. 75 ff.; Honsell (*-Siehr*), Art. 1 Rn. 11.

schriften für Gegenstände haben, die in dem Übereinkommen geregelt sind, erklären, daß das UN-Kaufrecht auf Kaufverträge und ihren Abschluß keine Anwendung findet, wenn die Parteien ihre Niederlassung in diesen Staaten haben. Eine solche Erklärung kann gemäß Art. 94 Abs. 2 CISG auch ein Vertragsstaat des Übereinkommens abgeben, der für in dem Übereinkommen geregelte Gegenstände Rechtsvorschriften hat, die denen eines oder mehrerer Nichtvertragsstaaten gleichen oder sehr nahe kommen. Bislang haben Dänemark, Finnland, Norwegen und Schweden einen Vorbehalt nach Art. 94 CISG erklärt[382]. Der Vorbehalt bewirkt, daß die Staaten, die ihn eingelegt haben, wie ein einziger Staat behandelt werden[383]. Das UN-Kaufrecht ist also unanwendbar, wenn die Parteien in zwei der genannten Staaten niedergelassen sind. Die Verbrauchsgüterkauf-Richtlinie bewirkt in den Mitgliedstaaten der EU eine Annäherung des Rechts des Verbrauchsgüterkaufs. Die Mitgliedstaaten der EU, die zugleich Vertragsstaaten des UN-Kaufrechts sind[384], haben aber bislang keine Erklärungen nach Art. 94 CISG abgegeben. Im Sinne von Art. 1 Abs. 1 CISG in verschiedenen Staaten niedergelassen sind deshalb auch Parteien, die sich in unterschiedlichen Mitgliedstaaten der Europäischen Union befinden.

2. Da der Anwendungsbereich des UN-Kaufrechts in räumlicher Hinsicht auf Kaufverträge zwischen Parteien beschränkt ist, die in verschiedenen Staaten niedergelassen sind, das Verbrauchsgüterkaufrecht dagegen keinerlei räumliche Anwendungsvoraussetzungen aufstellt[385], kommt es zu Überschneidungen zwischen beiden Regelwerken bei Verträgen, die im Sinne des UN-Kaufrechts als international zu qualifizieren sind[386].

3. Zeitlicher Anwendungsbereich

1. Der zeitliche Anwendungsbereich des UN-Kaufrechts wird in Art. 100 CISG geregelt. Gemäß Art. 100 Abs. 1 CISG findet das Übereinkommen auf den Abschluß eines Vertrages nur Anwendung, wenn das Angebot zum Vertragsabschluß an oder nach dem Tag gemacht wird, an dem das Übereinkommen für die in Art. 1 Abs. 1 a) genannten Vertragsstaaten oder den in Art. 1 Abs. 1 b) CISG genannten Vertragsstaat in Kraft tritt. Maßgeblich ist also der Zeitpunkt,

---

382 Vgl. die in Fn. 12 auf S. 2 angegebene Fundstelle.

383 Staudinger (-*Magnus*), Art. 1 Rn. 71.

384 Dies sind alle Mitgliedstaaten der EU, außer Großbritannien, Irland und Portugal, siehe oben Fn. 12 auf S. 2.

385 Siehe oben S. 62 f.

386 Vgl. *Magnus*, in: Grundmann/Medicus/Rolland, S. 79, 84.

zu dem das „Angebot“[387] zum Vertragsabschluß „gemacht“, also abgegeben[388] wird: Kommt das Übereinkommen über Art. 1 Abs. 1 a) CISG zur Anwendung, so muß es in beiden Vertragsstaaten, in denen die Parteien niedergelassen sind, zu diesem Zeitpunkt in Kraft sein; richtet sich die Anwendbarkeit des Übereinkommens dagegen nach Art. 1 Abs. 1 b) CISG, so genügt es, wenn das UN-Kaufrecht zu diesem Zeitpunkt in dem Vertragsstaat in Kraft ist, auf den die Regeln des Internationalen Privatrechts verweisen.

Art. 100 Abs. 2 CISG bestimmt den zeitlichen Anwendungsbereich der übrigen Bestimmungen des UN-Kaufrechts. Nach dieser Vorschrift findet das Übereinkommen auf Verträge Anwendung, die an oder nach dem Tag geschlossen werden, an dem das Übereinkommen für die in Art. 1 Abs. 1 a) CISG genannten Vertragsstaaten oder den in Art. 1 Abs. 1 b) CISG genannten Vertragsstaat in Kraft tritt. Abweichend von Art. 100 Abs. 1 CISG kommt es hier also auf den Zeitpunkt des Vertragsschlusses an. Der Kaufvertrag ist gemäß Art. 23 i.V.m. 18 Abs. 2 S. 1 CISG geschlossen, wenn die Annahmeerklärung dem Anbietenden zugeht; sind die Art. 14 ff. CISG unanwendbar, so richtet sich der Zeitpunkt des Vertragsschlusses nach dem anwendbaren nationalen Recht, das mit Hilfe der Regeln des Internationalen Privatrechts zu bestimmen ist[389].

2. Da das Verbraucherkaufrecht nur für Rechtsverhältnisse gilt, die am 1. Januar 2002 oder danach entstanden sind[390], überschneiden sich die zeitlichen Anwendungsbereiche der beiden Regelungen nur in diesem Zeitraum, wenn zugleich der zeitliche Anwendungsbereich des UN-Kaufrechts nach Art. 100 CISG eröffnet ist.

---

[387] In der authentischen englischen und französischen Fassung von Art. 100 Abs. 1 CISG wird von „proposal for concluding the contract“ bzw. von „proposition“ gesprochen. Dies wäre richtiger mit „Vorschlag zum Abschluß eines Vertrages“ und nicht mit „Angebot“ zu übersetzen. Der Unterschied ist im Hinblick auf Art. 14 CISG bedeutsam, wonach ein Vorschlag zum Abschluß eines Vertrages als Angebot nur dann anzusehen ist, wenn er bestimmt genug ist und den Willen des Anbietenden zum Ausdruck bringt, im Falle der Annahme gebunden zu sein. Für die Anwendbarkeit des Übereinkommens gemäß Art. 100 Abs. 1 CISG genügt ein Vorschlag zum Abschluß eines Vertrages, vgl. *Audit*, Vente internationale, Nr. 13; *Heuzé*, Vente internationale, Nr. 120.

[388] *Czerwenka*, Rechtsanwendungsprobleme, S. 155; Schlechtriem (-*Ferrari*), Art. 100 Rn. 2; Staudinger (-*Magnus*), Art. 100 Rn. 5; *Piltz*, Internationales Kaufrecht, § 2 Rn. 104; a.A. *Heuzé*, Vente internationale, Nr. 120 (Zugang entscheidet).

[389] Schlechtriem (-*Ferrari*), Art. 100 Rn. 3; *Heuzé*, Vente internationale, Nr. 121; Staudinger (-*Magnus*), Art. 100 Rn. 10.

[390] Siehe oben S. 63.

4. Bestimmung des Anwendungsbereichs durch Parteivereinbarung

1. Gemäß Art. 6 CISG können die Parteien die Anwendung des Übereinkommens ausschließen. Möglich ist ferner nicht nur eine Einschränkung, sondern nach allgemeiner Ansicht auch eine Erweiterung des (materiellrechtlichen[391]) Anwendungsbereichs des UN-Kaufrechts[392]. Durch eine solche Erweiterung werden jedoch zwingende Vorschriften des internen Rechts, also insbesondere die deutschen Bestimmungen des Verbraucherkaufrechts, soweit diese zwingend sind, nicht verdrängt[393].

2. Schränken die Parteien den Anwendungsbereich der Bestimmungen des deutschen Verbrauchsgüterkaufrechts oder des UN-Kaufrechts ein oder wählen sie die Regelungen in ihrer Gesamtheit ab, so reduzieren sich die Überschneidungen oder entfallen vollständig. Eine Erweiterung des Anwendungsbereichs des UN-Kaufrechts oder des deutschen Verbrauchsgüterkaufrechts führt dagegen zu einer Vergrößerung der „Schnittmenge“. Vereinbarungen über den Anwendungsbereich des deutschen Verbrauchsgüterkaufrechts oder des UN-Kaufrechts können im folgenden jedoch außer Betracht bleiben, da sie keine besonderen Schwierigkeiten aufwerfen: Schränken die Parteien den Anwendungsbereich des Verbrauchsgüterkaufrechts oder des UN-Kaufrechts ein, so stellen sich die hier behandelten Probleme nicht mehr, soweit die Überschneidungen entfallen. Auch die Erweiterung der Anwendungsbereiche ist unproblematisch. Denn das UN-Kaufrecht hat keinen Vorrang mehr vor dem deutschen Verbrauchsgüterkaufrecht, wenn sein Anwendungsbereich durch Parteivereinbarung erweitert wird. Auch für eine Auslegung der auf der Richtlinie beruhenden Bestimmungen „im Lichte“ des Übereinkommens besteht dann kein Bedürfnis, weil das Übereinkommen die Regelung dieser Fälle selbst nicht beansprucht. Aus demselben Grund besteht auch kein Bedürfnis zur Auslegung des Übereinkommens „im Lichte“ der Richtlinie, wenn die Parteien durch Vereinbarung den Anwendungsbereich des Verbrauchsgüterkaufrechts erweitert haben.

---

391 Da im Rahmen des zweiten Teils der vorliegenden Arbeit von der Anwendbarkeit des deutschen Rechts ausgegangen wird, ist auf die kollisionsrechtliche Wahl des Übereinkommens hier nicht einzugehen.

392 Siehe bereits oben S. 50 Fn. 280.

393 Siehe oben S. 50 f.

B. Überschneidungen der Regelungsbereiche

Nur soweit sich die Anwendungsbereiche von UN-Kaufrecht und deutschem Verbrauchsgüterkaufrecht in sachlicher, persönlicher, räumlicher und zeitlicher Hinsicht überlagern, kann es auch zu Überschneidungen zwischen den Regelungsbereichen kommen. Es ist nunmehr der Regelungsgehalt der einzelnen Bestimmungen innerhalb der Schnittmenge der Anwendungsbereiche zu ermitteln. Die bisherige Untersuchung hat ergeben, daß es in sachlicher Hinsicht zwei Bereiche gibt, in denen sich die Anwendungsbereiche von UN-Kaufrecht und deutschem Verbrauchsgüterkaufrecht überlagern: Soweit das UN-Kaufrecht ausnahmsweise auf Verbrauchergeschäfte zur Anwendung kommt, fällt der in der Richtlinie geregelte Verbrauchsgüterkauf vollständig, die Garantie für Verbrauchsgüter nur insoweit in den Anwendungsbereich des UN-Kaufrechts, als Garantiegeber der Verkäufer ist. Der in der Richtlinie geregelte Rückgriff des Letztverkäufers fällt in den Anwendungsbereich des Übereinkommens, soweit der Letztverkäufer seinen Vormann auf der Grundlage eines vom UN-Kaufrecht erfaßten Vertrags in Anspruch nimmt. In diesen beiden Bereichen sind die inhaltlichen Überschneidungen der Regelungen zu untersuchen.

I. Die vom UN-Kaufrecht erfaßten Verbrauchergeschäfte

Während die Richtlinie gemäß Art. 1 Abs. 1 RL nur Regelungen zu „bestimmten Aspekten" des Verbrauchsgüterkaufs und der Garantien für Verbrauchsgüter enthält, regelt das UN-Kaufrecht gemäß Art. 4 S. 1 CISG den Abschluß des Kaufvertrages und die aus ihm erwachsenden Rechte und Pflichten des Verkäufers und des Käufers, also einen recht großen Fragenkreis[394]. Die folgende Untersuchung orientiert sich deshalb an der Regelungsstruktur der Richtlinie.

In Art. 3 RL regelt die Richtlinie bestimmte Rechte, die dem Verbraucher im Falle der Lieferung vertragswidriger Ware gegen den Verkäufer zustehen. Gemeinsame, in Art. 2 RL geregelte Voraussetzung aller Käuferrechte ist, daß die Ware nicht den Anforderungen des Vertrages genügt. Gemäß Art. 5 Abs. 2 RL können die Mitgliedstaaten die Geltendmachung der Käuferrechte darüber hinaus davon abhängig machen, daß der Verbraucher die Vertragswidrigkeit rügt. Der Verkäufer haftet dem Verbraucher gemäß Art. 5 Abs. 1 RL nur, wenn die Vertragswidrigkeit binnen zwei Jahren nach Lieferung offenbar wird. In Art. 6 RL regelt die Richtlinie schließlich die Garantien für Verbrauchsgüter.

---

394 Nach Einschätzung von Staudinger (-*Magnus*), Art. 4 Rn. 1, regelt das UN-Kaufrecht die wichtigsten Rechtsfragen internationaler Kaufverträge.

1. Vertragswidrigkeit des Kaufgegenstandes

Die Anforderungen an die Vertragsmäßigkeit regelt die Richtlinie in Art. 2 RL. Der Zeitpunkt, zu dem eine Vertragswidrigkeit vorliegen muß, ergibt sich aus Art. 3 Abs. 1 CISG. In Art. 5 Abs. 3 RL enthält die Richtlinie schließlich eine Regelung über die Beweislast. Da auch das UN-Kaufrecht sich in den Art. 35 und 36 CISG mit diesen Fragen befaßt, ist der Inhalt der Regelungen der beiden Normenkomplexe zu bestimmen.

a) Regelungsgehalt des Verbraucherkaufrechts

Im Hinblick auf die in Art. 3 RL geregelten Rechtsbehelfe des Käufers, die an die Vertragswidrigkeit der Kaufsache anknüpfen, definiert Art. 2 RL den Begriff der Vertragsmäßigkeit. Der für die Beurteilung der Vertragsmäßigkeit maßgebliche Zeitpunkt ist der Zeitpunkt der Lieferung der Sache, Art. 3 Abs. 1 RL. Art. 2 Abs. 3 RL regelt unter bestimmten Voraussetzungen einen Haftungsausschluß. Die Unabdingbarkeit der Bestimmungen ist in Art. 7 Abs. 1 Unterabs. 1 RL geregelt.

aa) Vertragsmäßigkeit der Verbrauchsgüter, Art. 2 Abs. 1, 2, 4 und 5 RL

Die Richtlinie regelt in Art. 2 Abs. 1 RL die Pflicht des Verkäufers zur Lieferung vertragsgemäßer Güter. Ergänzt wird diese Regelung durch die Bestimmungen in Art. 2 Abs. 2, 4 und 5 RL.

(1) Beschaffenheitsvereinbarung, Art. 2 Abs. 1 RL

1. Gemäß Art. 2 Abs. 1 RL ist der Verkäufer verpflichtet, dem Verbraucher dem Kaufvertrag gemäße Güter zu liefern. Der Vorschrift liegt der subjektive Fehlerbegriff zugrunde: Maßstab für die Beurteilung der Vertragsmäßigkeit der Ware ist der Kaufvertrag[395].

---

[395] *Ehmann/Rust*, JZ 1999, S. 853, 856; *Ernst/Gsell*, ZIP 2000, S. 1410, 1414; Grundmann/Bianca (-*Grundmann*), Art. 2 Rn. 8; AnwaltKomm (-*Pfeiffer*), Art. 2 Rn. 4, *Schlechtriem*, in: Ernst/Zimmermann, S. 205, 213; *Schmidt-Räntsch*, ZEuP 1999, S. 294, 296 (zum Gemeinsamen Standpunkt des Rates und der Kommission vom 24. September 1998); *Schurr*, ZfRV 1999, S. 222, 225.

Nach wohl überwiegender Auffassung regelt Art. 2 RL ausschließlich die Anforderungen an die sachliche Beschaffenheit des Verbrauchsgutes; die Rechtsmängelhaftung liegt dagegen außerhalb des Regelungsbereichs der Richtlinie[396]. Zum Teil wird jedoch die Auffassung vertreten, die Vorschrift befasse sich mit den sachlichen und rechtlichen Anforderungen an Verbrauchsgüter[397]. Dieser Auffassung ist zuzugeben, daß nach dem Wortlaut von Art. 2 Abs. 1 RL der Verkäufer dazu verpflichtet ist, „dem Kaufvertrag gemäße" Güter zu liefern und auch die Lieferung eines Gegenstandes, der mit Rechtsmängeln behaftet ist, als nicht vertragsgemäße Lieferung betrachtet werden kann[398]. Gleichwohl ist der Gegenmeinung zuzustimmen. Denn die Vermutungen in Art. 2 Abs. 2 RL, die eingreifen, wenn eine Parteivereinbarung nicht getroffen worden ist[399], sind ausschließlich auf die sachliche Beschaffenheit des Gutes zugeschnitten[400]. Auch ein Vergleich mit den Regelungen des UN-Kaufrechts, an die sich die Richtlinie anlehnt[401], spricht für diese Auffassung. Soweit nämlich die Ware gemäß Art. 35 Abs. 1 CISG den „Anforderungen des Vertrages" entsprechen muß („goods which are of the quantity ... required by the contract", „marchandises dont la quantité ... répondent à ceux qui sont prévus au contrat"), sind ausschließlich die sachlichen Anforderungen an die Ware angesprochen. Die rechtlichen Anforderungen sind in den Art. 41, 42 CISG geregelt[402].

Art. 2 Abs. 1 RL unterscheidet nicht nach verschiedenen Arten von Vertragswidrigkeiten. Sachmangel im Sinne dieser Vorschrift ist damit nicht nur die Schlechtlieferung, sondern auch die Falsch- und die Minderlieferung[403]. Für eine Differenzierung zwischen genehmigungsfähigem und nicht genehmigungs-

---

396 *Ernst/Gsell*, ZIP 2000, S. 1410, 1411; AnwaltKomm (*-Pfeiffer*) Art. 2 Rn. 2; *Roth*, in: Ernst/Zimmermann, S. 225, 238; *Welser/Jud*, Reform des Gewährleistungsrechts, S. 49 f.; *Zimmer*, in: Ernst/Zimmermann, S. 191, 195; zum Richtlinienentwurf vom 18. Juni 1996 ebenso *Medicus*, ZIP 1996, S. 1924.

397 Grundmann/Bianca (*-Bianca*), Art. 3 Rn. 6; Grundmann/Bianca (*-Grundmann*), Art. 2 Rn. 14; *Schmidt-Räntsch*, ZEuP 1999, S. 294, 298; *ders.*, ZIP 2000, S. 1639; anders möglicherweise noch *ders.*, ZIP 1998, S. 849, 850 f. (zum Gemeinsamen Standpunkt des Rates und der Kommission vom 24. September 1998).

398 Vgl. *Roth*, in: Ernst/Zimmermann, S. 225, 238.

399 Dazu unten S. 79 f.

400 Vgl. *Ernst/Gsell*, ZIP 2000, S. 1410, 1411; *Roth*, in: Ernst/Zimmermann, S. 225, 238.

401 Siehe oben S. 12. Speziell in bezug auf Art. 2 Abs. 1 RL vgl. KOM (95) 520 endg., S. 12.

402 Vgl. statt aller Staudinger (*-Magnus*), Vorb. Art. 35 Rn. 2 f.

403 Grundmann/Bianca (*-Grundmann*), Art. 2 Rn. 12; *Lehr/Wendel*, EWS 1999, S. 321, 323; AnwaltKomm (*-Pfeiffer*), Art. 2 Rn. 5; *Roth*, in: Ernst/Zimmermann, S. 225, 240 ff.; *Schwartze*, ZEuP 2000, S. 544, 555; *Welser/Jud*, Reform des Gewährleistungsrechts, S. 52 f.; a.A. (aliud-Lieferung nicht von der Richtlinie erfaßt) *Ehmann/Rust*, JZ 1999, S. 853, 856; *Schlechtriem*, in: Ernst/Zimmermann, S. 205, 213.

fähigem aliud in dem Sinne, daß nur ersteres von Art. 2 RL erfaßt würde, findet sich im Wortlaut der Richtlinienbestimmung kein Anhaltspunkt[404].

Art. 2 Abs. 1 RL kann nichts über den Inhalt der Beschaffenheitsvereinbarung entnommen werden. Es kann also insbesondere auch eine Beschaffenheit vereinbart werden, die nicht den in Art. 2 Abs. 2 RL genannten Kriterien genügt. Dies ergibt sich daraus, daß die Vermutungen in Art. 2 Abs. 2 RL nur „die Anwendung des Grundsatzes der Vertragsmäßigkeit" erleichtern sollen, also gewissermaßen nur der Ergänzung von Art. 2 Abs. 1 RL dienen[405].

Sehr umstritten ist schließlich, ob sich aus Art. 2 Abs. 1 RL ein Erfüllungsanspruch des Verbrauchers gegen den Verkäufer auf Lieferung eines sachmangelfreien Verbrauchsgutes ergibt[406]. Meines Erachtens ist dies zu bejahen. Bereits nach dem Wortlaut von Art. 2 Abs. 1 RL ist der Verkäufer *„verpflichtet*, dem Verbraucher *dem Kaufvertrag gemäße Güter zu liefern*"[407]. Außerdem entspricht es der Intention der Richtliniengeber, „auf die herkömmliche Unterscheidung (...) zwischen Verpflichtung zur Lieferung und gesetzlicher Garantie für verborgene Mängel zugunsten des neuen, gemeinsamen Konzepts der Vertragsmäßigkeit der Güter" zu verzichten[408]. Schließlich spricht auch ein Vergleich mit der Regelung des UN-Kaufrechts für die hier vertretene Auffassung. Dort ist die Pflicht des Verkäufers zur Lieferung der Ware in Art. 30 CISG geregelt, während Art. 35 Abs. 1 CISG lediglich im Hinblick auf eventuelle Ansprüche des Käufers nach den Art. 45 ff. CISG festlegt, daß der Verkäufer Ware zu liefern hat, die „den Anforderungen des Vertrages entspricht". Daraus ist zu schließen, daß der Verkäufer im Rahmen des CISG auch durch Lieferung nicht

---

404 So auch Grundmann/Bianca (-*Grundmann*), Art. 2 Rn. 13; *Roth*, in: Ernst/Zimmermann, S. 225, 242.

405 Grundmann/Bianca (-*Grundmann*), Art. 2 Rn. 9 (mit eingehender Begründung); Grundmann/Bianca (-*Stijns/van Gerven*), Art. 2 Rn. 24; *Welser/Jud*, Reform des Gewährleistungsrechts, S. 60 f.; zum Richtlinienentwurf ebenso *Deards*, J. Cons. Pol. 21 (1998), S. 99, 106; wohl auch *Tenreiro/Gómez*, REDC 2000, S. 5, 14; a.A. *Micklitz*, EuZW 1999, S. 485, 492; *Beale/Howells*, J. Contr. L. 12 (1997), S. 21, 28 (zum Kommissionsentwurf).

406 Dafür *Ehmann/Rust*, JZ 1999, S. 853, 855, 856 (Fn. 31); Grundmann/Bianca (-*Grundmann*), Art. 2 Rn. 1; Grundmann/Bianca (-*Luna Serrano*), Art. 1 Rn. 41; *Raynard*, RTD civ. 2000, S. 440, 442; *Schlechtriem*, in: Ernst/Zimmermann, S. 205, 213; *Tenreiro/Gómez*, REDC 2000, S. 5, 9, 13; *Westermann*, NJW 2002, S. 241, 242; *Zimmer*, in: Ernst/Zimmermann, S. 191, 197, dagegen *Ernst/Gsell*, ZIP 2000, S. 1410, 1414; *Lehr/Wendel*, EWS 1999, S. 321; AnwaltKomm (-*Pfeiffer*), Art. 2 Rn. 1.

407 Meine Hervorhebung.

408 KOM (95) 520 endg., S. 12.

vertragsgemäßer Ware erfüllt[409]. Hätten die Richtliniengeber eine entsprechende Regelung treffen wollen, so hätten sie sich, so wie in anderen Zusammenhängen geschehen[410], am Wortlaut von Art. 35 Abs. 1 CISG orientieren können.

2. Der Umsetzung von Art. 2 Abs. 1 RL in das deutsche Recht dient § 434 Abs. 1 S. 1 BGB[411]. Die Vorschrift bestimmt, daß die Sache frei von Sachmängeln ist, wenn sie bei Gefahrübergang die vereinbarte Beschaffenheit hat. Gemäß § 434 Abs. 3 BGB steht es einem Sachmangel gleich, wenn der Verkäufer eine andere Sache oder eine zu geringe Menge liefert. Gemäß § 433 Abs. 1 S. 2 BGB hat der Verkäufer dem Käufer die Sache frei von Sach- und Rechtsmängeln zu verschaffen[412].

(2) Vermutung, Art. 2 Abs. 2 und 4 RL

1. Haben die Parteien keine Beschaffenheitsvereinbarung gemäß Art. 2 Abs. 1 RL getroffen, so wird gemäß Art. 2 Abs. 2 RL vermutet, daß Verbrauchsgüter vertragsgemäß sind, wenn sie die unter a) bis d) genannten Eigenschaften aufweisen. Die Bezeichnung als Vermutung ist irreführend: Es handelt sich nicht um Regelungen der Beweislast; festgelegt wird vielmehr der Maßstab für die Bestimmung der Vertragsmäßigkeit für den Fall, daß eine Beschaffenheitsvereinbarung im Sinne von Art. 2 Abs. 1 RL nicht vorliegt[413]. Entgegen dem Wortlaut der Vorschrift betrifft die Vermutung nicht die Vertragsmäßigkeit der Ware, sondern den Inhalt der Beschaffenheitsvereinbarung[414]. Die Vermutung ist widerlegbar[415]; da sie jedoch „die Anwendung des Grundsatzes der Vertrags-

---

409 Bianca/Bonell (-*Bianca*), Art. 35 Anm. 2.4; *Herber/Czerwenka*, Art. 35 Rn. 2; Honsell (-*Karollus*), Art. 30 Rn. 8; Bianca/Bonell (-*Lando*), Art. 30 Anm. 1.2, 1.3; Staudinger (-*Magnus*), Art. 35 Rn. 6.

410 Vgl. etwa Art. 2 Abs. 2 c) RL, der fast wörtlich mit Art. 35 Abs. 2 a) CISG übereinstimmt.

411 Regierungsbegründung, BT-Drucks. 14/6040, S. 212.

412 Der Gesetzgeber geht offenbar nicht davon aus, daß er zur Schaffung eines Erfüllungsanspruchs des Käufers auf Lieferung sachmangelfreier Ware durch die Richtlinie verpflichtet ist, vgl. Regierungsbegründung, BT-Drucks. 14/6040, S. 209 f.

413 Grundmann/Bianca (-*Grundmann*), Art. 2 Rn. 17; ähnlich AnwaltKomm (-*Pfeiffer*), Art. 2 Rn. 12; *Welser/Jud*, Reform des Gewährleistungsrechts, S. 71; a.A. *Schwartze*, ZEuP 2000, S. 544, 556; *Staudenmayer*, NJW 1999, S. 2393, 2394; *Tournafond*, D. 2000, Chron., S. 159, 161; *Welser/Jud*, Reform des Gewährleistungsrechts, S. 72; wohl auch *Lehr/Wendel*, EWS 1999, S. 321, 322.

414 Vgl. *Ernst/Gsell*, ZIP 2000, S. 1410, 1414; AnwaltKomm (-*Pfeiffer*), Art. 2 Rn. 12; *Welser/Jud*, Reform des Gewährleistungsrechts, S. 72.

415 Erwägungsgrund (8) S. 1 RL.

mäßigkeit (...) erleichtern" soll[416], kann sie nur durch den Nachweis widerlegt werden, daß tatsächlich eine Beschaffenheitsvereinbarung anderen Inhalts geschlossen worden ist. Die in der Vermutung genannten Elemente müssen grundsätzlich kumulativ vorliegen. Sind jedoch einzelne Elemente offensichtlich unanwendbar, so greift die Vermutung für die Vertragsmäßigkeit schon dann ein, wenn der Kaufgegenstand die in dem (oder den) einschlägigen Element(en) genannten Eigenschaften aufweist[417].

Art. 2 Abs. 2 RL stellt vier Vermutungsregeln auf. Die Regeln in Art. 2 Abs. 2 a) und b) RL sind wie Art. 2 Abs. 1 RL dem subjektiven Fehlerbegriff verpflichtet und erfassen besondere Formen des Zustandekommens einer Beschaffenheitsvereinbarung[418]. Die Vermutungen in Art. 2 Abs. 2 c) und d) RL stellen dagegen objektive Kriterien für die Bestimmung der Vertragsmäßigkeit auf[419].

Gemäß Art. 2 Abs. 2 a) RL wird vermutet, daß Verbrauchsgüter vertragsgemäß sind, wenn sie mit der vom Verkäufer gegebenen Beschreibung übereinstimmen und die Eigenschaften des Gutes besitzen, das der Verkäufer dem Verbraucher als Probe oder Muster vorgelegt hat. Nach dem Wortlaut der Vorschrift greift die Vermutung nur dann ein, wenn der Verkäufer das Verbrauchsgut beschrieben und dem Verbraucher eine Probe oder ein Muster vorgelegt hat. Es dürfte jedoch auch genügen, wenn die Ware entweder der Beschreibung oder der Probe oder dem Muster entspricht, da anderenfalls die Vorschrift praktisch kaum einschlägig wäre[420]. Das „und" ist mit anderen Worten als „oder" zu lesen[421]. Die Eigenschaften einer Probe oder eines Musters muß das Verbrauchsgut dann nicht aufweisen, wenn der Verkäufer dem Verbraucher die Probe oder

---

416 Erwägungsgrund (8) S. 1 RL.

417 Erwägungsgrund (8) S. 5 und 6 RL.

418 Grundmann/Bianca (*-Grundmann*), Art. 2 Rn. 8, 18; zurückhaltender AnwaltKomm (*-Pfeiffer*), Art. 2 Rn. 8.

419 Grundmann/Bianca (*-Grundmann*), Art. 2 Rn. 11, 18; AnwaltKomm (*-Pfeiffer*), Art. 2 Rn. 4; in bezug auf Art. 2 Abs. 2 c) RL ebenso *Tenreiro/Gómez*, REDC 2000, S. 5, 15; in bezug auf Art. 2 Abs. 2 d) RL ebenso *Schurr*, ZfRV 1999, S. 222, 225; *Schwartze*, ZEuP 2000, S. 544, 557; wohl auch *Ernst/Gsell*, ZIP 2000, S. 1410, 1414 f.; a.A. *Ehmann/Rust*, JZ 1999, S. 853, 856; *Schlechtriem*, in: Ernst/Zimmermann, S. 205, 214 f. (durchgehend subjektiver Fehlerbegriff); anders noch *ders.*, JZ 1997, S. 441, 444 f., zum Richtlinienentwurf der Kommission, der aber bei der Bestimmung der Vertragsmäßigkeit in Art. 2 Abs. 2 d) unter anderem noch auf das Verhältnis zwischen gezahltem Preis und Qualität und Leistungen des Verbrauchsgutes abstellte, vgl. KOM (95) 520 endg., S. 22.

420 Vgl. *Schlechtriem*, in: Ernst/Zimmermann, S. 205, 214.

421 Vgl. Grundmann/Bianca (*-Grundmann*), Art. 2 Rn. 23; AnwaltKomm (*-Pfeiffer*), Art. 2 Rn. 15; *Schlechtriem*, in: Ernst/Zimmermann, S. 205, 208; a.A. *Schurr*, ZfRV 1999, S. 222, 225.

das Muster lediglich unverbindlich vorgelegt hat[422]. Denn in diesem Fall kann der Verbraucher nicht darauf vertrauen, daß die Ware die Eigenschaften der Probe oder des Musters aufweist. Dies entspricht auch der zu Art. 35 Abs. 2 c) CISG, dem Art. 2 Abs. 2 a) Alt. 2 RL nachgebildet ist[423], ganz überwiegend vertretenen Ansicht[424].

Die Vermutung der Vertragsmäßigkeit in Art. 2 Abs. 2 b) RL greift ein, wenn die Verbrauchsgüter sich für einen bestimmten, vom Verbraucher angestrebten Zweck eignen, den der Verbraucher dem Verkäufer bei Vertragsschluß zur Kenntnis gebracht hat und dem der Verkäufer zugestimmt hat. Da der vom Verbraucher angestrebte Zweck nur dann verbindlich ist, wenn der Verkäufer ihm zugestimmt hat, kommt in den in dieser Vorschrift geregelten Fällen stets konkludent eine Beschaffenheitsvereinbarung zustande[425]. Nach dem Wortlaut von Art. 2 Abs. 2 b) RL muß der angestrebte Zweck dem Verkäufer durch den Verbraucher zur Kenntnis gebracht werden. Entgegen dem Wortlaut der Vorschrift ist es gleichgültig, wer dem Verkäufer den angestrebten Zweck zur Kenntnis bringt[426]. Denn der Verkäufer hat kein schutzwürdiges Interesse daran, speziell vom Verbraucher in Kenntnis gesetzt zu werden.

Gemäß Art. 2 Abs. 2 c) RL wird vermutet, daß die Verbrauchsgüter vertragsgemäß sind, wenn sie sich für die Zwecke eignen, für die Güter der gleichen Art gewöhnlich gebraucht werden. Maßstab ist also die Verkehrsauffassung der üblichen Verwender[427].

Die Vermutung in Art. 2 Abs. 2 d) RL setzt schließlich voraus, daß die Verbrauchsgüter eine Qualität und Leistungen aufweisen, die bei Gütern der gleichen Art üblich sind und die der Verbraucher vernünftigerweise erwarten kann, wenn die Beschaffenheit des Gutes und gegebenenfalls die insbesondere

---

[422] Grundmann/Bianca (-*Grundmann*), Art. 2 Rn. 23; *Lehr/Wendel*, EWS 1999, S. 321, 322; a.A. AnwaltKomm (-*Pfeiffer*), Art. 2 Rn. 16.

[423] Vgl. KOM (95) 520 endg., S. 13.

[424] Vgl. *Herber/Czerwenka*, Art. 35 Rn. 6; Honsell (-*Magnus*), Art. 35 Rn. 24; Staudinger (-*Magnus*), Art. 35 Rn. 36; *Schlechtriem*, Internationales UN-Kaufrecht, Rn. 140; Schlechtriem (-*Schwenzer*), Art. 35 Rn. 26; ferner Sekretariatskommentar, Art. 33 Anm. 11; anders jedoch Soergel (-*Lüderitz/Schüßler-Langeheine*), Art. 35 Rn. 18 (bei Vorlegen eines Musters oder einer Probe wird Garantiewille vermutet).

[425] Vgl. Grundmann/Bianca (-*Grundmann*), Art. 2 Rn. 24; *Micklitz*, EuZW 1999, S. 485, 456; AnwaltKomm (-*Pfeiffer*), Art. 2 Rn. 17; *Staudenmayer*, NJW 1999, S. 2393, 2394; *Welser/Jud*, Reform des Gewährleistungsrechts, S. 45 f.; a.A. *Lehr/Wendel*, EWS 1999, S. 321, 322.

[426] Grundmann/Bianca (-*Grundmann*), Art. 2 Rn. 25; a.A. AnwaltKomm (-*Pfeiffer*), Art. 2 Rn. 17.

[427] AnwaltKomm (-*Pfeiffer*), Art. 2 Rn. 19.

in der Werbung oder bei der Etikettierung gemachten öffentlichen Äußerungen des Verkäufers, des Herstellers oder dessen Vertreters über die konkreten Eigenschaften des Gutes in Betracht gezogen werden. Die öffentlichen Äußerungen der in dieser Vorschrift genannten Dritten sind danach auch dann zu berücksichtigen, wenn sie nicht Bestandteil der vertraglichen Vereinbarung zwischen Verkäufer und Verbraucher sind[428]. Der Käufer wird jedoch gemäß Art. 2 Abs. 4 RL durch öffentliche Äußerungen im Sinne von Art. 2 Abs. 2 d) RL nicht gebunden, wenn er nachweist, daß er die betreffende Äußerung nicht kannte und vernünftigerweise keine Kenntnis davon haben konnte, daß die betreffende Äußerung zum Zeitpunkt des Vertragsschlusses berichtigt war, oder daß die Kaufentscheidung nicht durch die betreffende Äußerung beeinflußt sein konnte.

2. Art. 2 Abs. 2 und 4 RL wird durch § 434 Abs. 1 S. 2 und 3 BGB in deutsches Recht umgesetzt[429]. Gemäß § 434 Abs. 1 S. 2 BGB ist die Sache, soweit die Beschaffenheit nicht vereinbart ist, frei von Sachmängeln, 1. wenn sie sich für die nach dem Vertrag vorausgesetzte Verwendung eignet, sonst 2. wenn sie sich für die gewöhnliche Verwendung eignet und eine Beschaffenheit aufweist, die bei Sachen der gleichen Art üblich ist und die der Käufer nach der Art der Sache erwarten kann. Zu der Beschaffenheit nach Satz 2 Nr. 2 gehören gemäß § 434 Abs. 1 S. 3 BGB auch Eigenschaften, die der Käufer nach den öffentlichen Äußerungen des Verkäufers, des Herstellers oder seines Gehilfen insbesondere in der Werbung oder bei der Kennzeichnung über bestimmte Eigenschaften der Sache erwarten kann, es sei denn, daß der Verkäufer die Äußerung nicht kannte und auch nicht wissen mußte, daß sie im Zeitpunkt des Vertragsschlusses in gleichwertiger Weise berichtigt war oder daß sie die Kaufentscheidung nicht beeinflussen konnte. Nicht ausdrücklich umgesetzt wird jedoch Art. 2 Abs. 2 a) RL, weil der deutsche Gesetzgeber davon ausgeht, daß in der dort beschriebenen Situation eine Beschaffenheitsvereinbarung gemäß § 434 Abs. 1 S. 1 BGB vorliegt und somit kein besonderer Umsetzungsbedarf besteht[430].

(3) Gleichstellung von Montagefehlern, Art. 2 Abs. 5 RL

1. Gemäß Art. 2 Abs. 5 S. 1 RL wird ein Mangel infolge unsachgemäßer Montage des Verbrauchsgutes der Vertragswidrigkeit gleichgestellt, wenn die Montage Bestandteil des Kaufvertrags über das Verbrauchsgut war und vom Ver-

---

428 *Schwartze*, ZEuP 2000, S. 544, 557.

429 Regierungsbegründung, BT-Drucks. 14/6040, S. 213 ff.

430 Regierungsbegründung, BT-Drucks. 14/6040, S. 212; kritisch *Westermann*, NJW 2002, S. 241, 243.

käufer oder unter dessen Verantwortung vorgenommen wurde. Nach dieser Vorschrift hat der Verkäufer für eine Vertragswidrigkeit einzustehen, wenn diese durch die Verletzung seiner gegebenenfalls vereinbarten Nebenpflicht zur Montage des Verbrauchsgutes verursacht wird[431]. Art. 2 Abs. 5 S. 2 RL stellt der Verursachung der Vertragswidrigkeit durch den Verkäufer oder unter dessen Verantwortung die Verursachung durch den Verbraucher gleich, wenn die unsachgemäße Montage auf einen Mangel in der Montageanleitung zurückzuführen ist[432]. Den Regelungen liegt der Rechtsgedanke zugrunde, daß Vertragswidrigkeiten durch die Verletzung von Nebenpflichten verursacht werden können und dann zur Haftung des Verkäufers führen müssen[433]. Da der Verbraucher die Einhaltung von Nebenpflichten des Verkäufers, deren Verletzung sich auf die sachliche Beschaffenheit der Ware auswirkt, im Sinne von Art. 2 Abs. 2 d) RL vernünftigerweise erwarten kann[434], formuliert Art. 2 Abs. 5 RL für Montagefehler und fehlerhafte Montageanleitungen nur einen der Richtlinie ohnehin zugrundeliegenden allgemeinen Rechtsgedanken[435].

2. Art. 2 Abs. 5 RL wird durch § 434 Abs. 2 BGB umgesetzt[436]. Gemäß § 434 Abs. 2 S. 1 BGB ist ein Sachmangel auch dann gegeben, wenn die vereinbarte Montage durch den Verkäufer oder dessen Erfüllungsgehilfen unsachgemäß durchgeführt worden ist. Ein Sachmangel liegt ferner gemäß § 434 Abs. 2 S. 2

---

431 Vgl. *Grundmann*, AcP 202 (2002), S. 40, 49; *Welser/Jud*, Reform des Gewährleistungsrechts, S. 68 f.; weniger deutlich AnwaltKomm (*-Pfeiffer*), Art. 2 Rn. 26.

432 Art. 2 Abs. 5 S. 2 RL behandelt, so wie Art. 2 Abs. 5 S. 1 RL, nur den Mangel des Verbrauchsgutes „infolge" unsachgemäßer Montage, nicht dagegen den Mangel der Montageanleitung, vgl. *Welser/Jud*, Reform des Gewährleistungsrechts, S. 70. Das übersehen offenbar *Ehmann/Rust*, JZ 1999, S. 853, 856 und *Magnus*, in: Grundmann/Medicus/Rolland, S. 79, 88. Der Mangel der Montageanleitung wird dagegen von Art. 2 Abs. 2 d) RL erfaßt, denn der Verbraucher kann eine fehlerfreie Montageanleitung „vernünftigerweise erwarten".

433 Vgl. *Grundmann*, AcP 202 (2002), S. 40, 49.

434 Ähnlich Grundmann/Bianca (*-Grundmann*), Art. 2 Rn. 45 (die Einhaltung von Nebenpflichten kann im Sinne von Art. 2 Abs. 2 d) RL „üblich und von der Beschaffenheit des Gutes her gefordert sein").

435 So auch Grundmann/Bianca (*-Bianca*), Art. 3 Rn. 20; *Grundmann*, AcP 202 (2002), S. 40, 49; Grundmann/Bianca (*-Grundmann*), Art. 2 Rn. 6; ähnlich, aber zurückhaltender, *Magnus*, in: Grundmann/Medicus/Rolland, S. 79, 88 (die Lieferung von Verbrauchsgütern mit fehlerhaften Bedienungs- oder Gebrauchsanleitungen kann unter Art. 2 Abs. 2 d) RL subsumiert werden); für eine analoge Anwendung von Art. 2 Abs. 5 RL auf fehlerhafte Gebrauchsanweisungen *Tenreiro/Gómez*, REDC 2000, S. 5, 18 (Fn. 51). Problematisch ist jedoch die Frage, ob der Verkäufer auch für Vertragswidrigkeiten einstehen muß, die er durch die Verletzung einer Nebenpflicht nach dem grundsätzlich maßgeblichen Beurteilungszeitpunkt verursacht hat. Dazu unten S. 85.

436 Regierungsbegründung, BT-Drucks. 14/6040, S. 215.

BGB bei einer zur Montage bestimmten Sache vor, wenn die Montageanleitung mangelhaft ist, es sei denn, die Sache ist fehlerfrei montiert worden.

bb) Beurteilungszeitpunkt, Art. 3 Abs. 1, 5 Abs. 3, 2 Abs. 5 RL

1. Der für die Feststellung der Vertragswidrigkeit maßgebliche Zeitpunkt wird durch Art. 3 Abs. 1 RL festgelegt. Nach dieser Vorschrift haftet der Verkäufer dem Verbraucher für jede Vertragswidrigkeit, die zum Zeitpunkt der Lieferung des Verbrauchsgutes besteht. Der Begriff der Lieferung wird in der Richtlinie nicht definiert. Im allgemeinen Sprachgebrauch versteht man unter Lieferung jedoch eine Übergabe im Sinne der Verschaffung der tatsächlichen Sachherrschaft[437]. Nach Ansicht mancher Autoren kommt es im Rahmen von Art. 3 Abs. 1 RL entscheidend auf die Übergabe des Kaufgegenstandes an den Verbraucher an[438]. Dagegen spricht zwar, daß im ursprünglichen Richtlinienvorschlag der Kommission vom 18. Juni 1996 in Art. 3 Abs. 1 noch auf den „Zeitpunkt der Übergabe der Sache an den Verbraucher" abgestellt wurde[439], diese Formulierung jedoch letztlich nicht übernommen worden ist[440]. Man wird jedoch zumindest verlangen müssen, daß mit der Lieferung das Verbrauchsgut aus der Sphäre des Verkäufers in die Sphäre des Verbrauchers gelangt. Gemäß Erwägungsgrund (14) RL bedeutet die Bezugnahme auf den Zeitpunkt der Lieferung nicht, daß die Mitgliedstaaten ihre Vorschriften über den Gefahrübergang ändern müssen; sie werden deshalb auch weiterhin bei der Beurteilung der Vertragsmäßigkeit auf den Zeitpunkt des Gefahrübergangs abstellen können[441].

Die Vertragswidrigkeit muß im Zeitpunkt der Lieferung „bestehen". Gemäß Art. 5 Abs. 1 S. 1 RL haftet der Verkäufer nach Art. 3 RL, wenn die Vertragswidrigkeit binnen zwei Jahren nach der Lieferung „offenbar wird". Hieraus kann geschlossen werden, daß die Vertragswidrigkeit bei der Lieferung noch

---

437 Vgl. *Ernst/Gsell*, ZIP 2000, S. 1410, 1415; Grundmann/Bianca (-*Grundmann*), Art. 2 Rn. 46; *Schwartze*, ZEuP 2000, S. 544, 559.

438 Grundmann/Bianca (-*Bianca*), Art. 3 Rn. 11; *Ehmann/Rust*, JZ 1999, S. 853, 857; *Lehr/Wendel*, EWS 1999, S. 321, 323; *Tenreiro/Gómez*, REDC 2000, S. 5, 16; wohl auch *Schwartze*, ZEuP 2000, S. 544, 559.

439 KOM (95) 520 endg., S. 22.

440 Vgl. AnwaltKomm (-*Pfeiffer*), Art. 3 Rn. 3; *Staudenmayer*, NJW 1999, S. 2393, 2395.

441 So auch *Ernst/Gsell*, ZIP 2000, S. 1410, 1415; *Staudenmayer*, NJW 1999, S. 2393, 2395; wohl auch *Schlechtriem*, in: Ernst/Zimmermann, S. 205, 216 f.; *Welser/Jud*, Reform des Gewährleistungsrechts, S. 73 f.; a.A. Grundmann/Bianca (-*Bianca*), Art. 3 Rn. 15; *Schwartze*, ZEuP 2000, S. 544, 559 (Fn. 97), *Tenreiro/Gómez*, REDC 2000, S. 5, 16 (die allerdings auf den Widerspruch zu Erwägungsgrund (14) RL hinweisen).

nicht offenbar sein muß. Es genügt deshalb im Rahmen von Art. 3 Abs. 1 RL, wenn die Vertragswidrigkeit bei Lieferung „im Keim“ angelegt ist[442].

Gemäß Art. 5 Abs. 3 RL wird bis zum Beweis des Gegenteils vermutet, daß Vertragswidrigkeiten, die binnen sechs Monaten nach der Lieferung des Gutes offenbar werden, bereits im Zeitpunkt der Lieferung bestanden, es sei denn, diese Vermutung ist mit der Art des Gutes oder der Art der Vertragswidrigkeit unvereinbar. Die Vorschrift regelt die Beweislast zugunsten des Verbrauchers nur hinsichtlich des Zeitpunktes des Bestehens der Vertragswidrigkeit, nicht etwa auch hinsichtlich der Frage, ob überhaupt eine Vertragswidrigkeit vorliegt[443]. Das Bestehen eines Mangels sowie sein Offenbarwerden binnen sechs Monaten nach der Lieferung sind vielmehr Voraussetzungen für das Eingreifen der Regel[444].

Gemäß Art. 2 Abs. 5 RL haftet der Verkäufer unter bestimmten Voraussetzungen für eine Vertragswidrigkeit, wenn diese durch unsachgemäße Montage des Verbrauchsgutes verursacht wird[445]. Art. 2 Abs. 5 RL bestimmt implizit, daß die dort genannten Vertragswidrigkeiten auch dann die Haftung des Verkäufers nach Art. 3 RL auslösen, wenn die Vertragswidrigkeit erst nach der Lieferung verursacht wird[446]. Denn die Montage erfolgt in aller Regel nach dem gemäß Art. 3 Abs. 1 RL für die Beurteilung des Bestehens einer Vertragswidrigkeit maßgeblichen Zeitpunkt. Wäre Art. 2 Abs. 5 RL nicht auch diese Aussage zu entnehmen, so wäre die Vorschrift überflüssig, weil ein unsachgemäß montiertes Verbrauchsgut nicht „eine Qualität und Leistungen“ aufweist, „die der Verbraucher vernünftigerweise erwarten kann“ und damit vertragswidrig bereits im Sinne von Art. 2 Abs. 2 d) RL ist. Art. 2 Abs. 5 RL enthält mit anderen Worten eine von Art. 3 Abs. 1 RL abweichende Regelung des für die Beurteilung der Vertragswidrigkeit maßgeblichen Zeitpunktes. Die Vorschrift erfaßt nach ihrem klaren Wortlaut allerdings nur Vertragswidrigkeiten, die durch eine unsachgemäße Montage verursacht werden. Eine Ausdehnung auf andere Nebenpflichtverletzungen kommt nicht in Betracht[447].

---

442 Grundmann/Bianca (-*Bianca*), Art. 3 Rn. 17; *Lehr/Wendel*, EWS 1999, S. 321, 323 (Fn. 23); AnwaltKomm (-*Pfeiffer*), Art. 5 Rn. 2.

443 Das verkennt Grundmann/Bianca (-*Hondius*), Art. 5 Rn. 21.

444 Vgl. AnwaltKomm (-*Pfeiffer*), Art. 5 Rn. 6.

445 Siehe oben S. 82 f.

446 Grundmann/Bianca (-*Grundmann*), Art. 2 Rn. 45; *Welser/Jud*, Reform des Gewährleistungsrechts, S. 68; zurückhaltender *Grundmann.*, AcP 202 (2002), S. 40, 49 und Grundmann/Bianca (-*Bianca*), Art. 3 Rn. 21 (Art. 2 Abs. 5 greift ein, wenn die Vertragswidrigkeit nach der Lieferung auftritt); implizit ferner *Schlechtriem*, in: Ernst/Zimmermann, S. 205, 217.

447 A.A. *Grundmann*, a.a.O.

2. Art. 3 Abs. 1 RL wird, soweit er den Zeitpunkt für die Beurteilung des Vorliegens einer Vertragswidrigkeit festlegt[448], durch § 434 Abs. 1 S. 1 BGB umgesetzt[449]. Nach dieser Vorschrift muß die Sache „bei Gefahrübergang" die vereinbarte Beschaffenheit aufweisen. Der Zeitpunkt des Gefahrübergangs ergibt sich aus § 446 BGB[450]. Die Umsetzung von Art. 5 Abs. 3 RL erfolgt durch die Einführung von § 476 n.F. in das BGB[451]. Art. 2 Abs. 5 RL wird durch § 434 Abs. 2 BGB umgesetzt[452]. Die Vorschrift bestimmt ebensowenig wie ihr Vorbild ausdrücklich den für die Beurteilung der Vertragswidrigkeit maßgeblichen Zeitpunkt. Aus der Regierungsbegründung ergibt sich jedoch, daß auch nach Gefahrübergang durch unsachgemäße Montage verursachte Vertragswidrigkeiten erfaßt werden sollen[453].

cc) Haftungsausschluß, Art. 2 Abs. 3 RL

1. Gemäß Art. 2 Abs. 3 RL haftet der Verkäufer nicht für eine Vertragswidrigkeit, wenn der Verbraucher zum Zeitpunkt des Vertragsschlusses Kenntnis von ihr hatte oder vernünftigerweise nicht in Unkenntnis über sie sein konnte oder wenn die Vertragswidrigkeit auf den vom Verbraucher gelieferten Stoff zurückzuführen ist[454]. Seine Rechte gegen den Verkäufer verliert der Verbraucher nach dieser Vorschrift also nicht nur dann, wenn er bei Vertragsschluß positiv von der Vertragswidrigkeit weiß, sondern bereits dann, wenn er „vernünftigerweise nicht in Unkenntnis darüber sein konnte". Umstritten ist, welcher Grad von Fahrlässigkeit dem Verbraucher nach dieser Regelung schadet. Vereinzelt wird die Auffassung vertreten, dem Verbraucher schade bereits einfache Fahrlässigkeit[455]. Überwiegend wird jedoch entweder grob fahrlässige Unkenntnis für erforderlich gehalten[456], oder sogar verlangt, die Vertragswidrigkeit müsse sich dem Verbraucher geradezu aufgedrängt haben[457]. Ein Blick auf die

---

448 Zu Art. 3 RL und seiner Umsetzung im übrigen unten S. 107 ff.

449 Regierungsbegründung, BT-Drucks. 14/6040, S. 213.

450 § 447 BGB ist gemäß § 474 Abs. 2 BGB auf Verbrauchsgüterkäufe unanwendbar.

451 Regierungsbegründung, BT-Drucks. 14/6040, S. 245.

452 Regierungsbegründung, BT-Drucks. 14/6040, S. 215.

453 Regierungsbegründung, a.a.O. (Beispiel der Beschädigung einer Waschmaschine nach Lieferung).

454 Nach dem unsinnigen Wortlaut der Vorschrift liegt keine Vertragswidrigkeit vor, wenn der Verbraucher Kenntnis von ihr hatte. In der Sache handelt es sich jedoch um einen Haftungsausschluß, ähnlich *Ernst/Gsell*, ZIP 2000, S. 1410, 1416.

455 A.A. *Ehmann/Rust*, JZ 1999, S. 853, 857; *Honsell*, JZ 2001, S. 278, 279.

456 *Ernst/Gsell*, ZIP 2000, S. 1410, 1416; *Schlechtriem*, in: Ernst/Zimmermann, S. 205, 217.

457 AnwaltKomm (-*Pfeiffer*), Art. 2 Rn. 24; *Schwartze*, ZEuP 2000, S. 544, 562; *Staudenmayer*, NJW 1999, S. 2393, 2394 f.; i.E. wohl auch Grundmann/Bianca (-*Grundmann*), Art. 2 Rn. 52; *Micklitz*, EuZW 1999, S. 485, 491 f.

Entstehungsgeschichte von Art. 2 Abs. 3 RL zeigt, daß dem Verbraucher nur ein besonders großes Maß an Nachlässigkeit schaden darf[458]. Art. 3 Abs. 1 des Richtlinienvorschlags der Kommission vom 18. Juni 1996 hatte einen Haftungsausschluß noch für den Fall vorgesehen, daß der Verbraucher über die Vertragswidrigkeit bei Abschluß des Kaufvertrags „nicht in Unkenntnis sein" konnte[459]. Dies sollte nach Begründung zu dieser Bestimmung anzunehmen sein, wenn ein „offenkundiger Mangel an der Sache, die der Verbraucher vor dem Kauf in Augenschein genommen hat", vorliegt[460]. Durch die Hinzufügung des Begriffs „vernünftigerweise" im endgültigen Text sind die Anforderungen an den Haftungsausschluß eher verschärft als abgeschwächt worden[461].

Die Haftung des Verkäufers ist schließlich gemäß Art. 2 Abs. 3 Var. 3 RL auch dann ausgeschlossen, wenn die Vertragswidrigkeit auf den vom Verbraucher gelieferten Stoff zurückzuführen ist. Die Vorschrift erfaßt wohl die meisten Fälle der Verursachung eines Sachmangels durch den Verbraucher. Im übrigen wird man ihr den allgemeinen Rechtsgedanken entnehmen können, daß der Verkäufer für die vom Verbraucher verursachten Mängel nicht haftet[462].

2. Art. 2 Abs. 3 Var. 1 und 2 RL werden durch § 442 Abs. 1 BGB umgesetzt[463]. Nach dieser Vorschrift sind die Rechte des Käufers wegen eines Mangels ausgeschlossen, wenn er bei Vertragsschluß den Mangel kennt. Ist dem Käufer ein Mangel infolge grober Fahrlässigkeit unbekannt geblieben, kann der Käufer Rechte wegen dieses Mangels nur geltend machen, wenn der Verkäufer den Mangel arglistig verschwiegen oder eine Garantie für die Beschaffenheit der Sache übernommen hat. Gemäß § 651 S. 2 BGB findet bei Verträgen, die die Lieferung herzustellender oder zu erzeugender beweglicher Sachen zum Gegenstand haben, § 442 Abs. 1 S. 1 BGB auch Anwendung, wenn der Mangel auf den vom Besteller gelieferten Stoff zurückzuführen ist. Diese Regelung dient der Umsetzung von Art. 2 Abs. 3 Var. 3 RL in deutsches Recht[464].

---

458 Ebenso *Schwartze*, a.a.O.; *Staudenmayer*, a.a.O.

459 KOM (95) 520 endg., S. 22.

460 KOM (95) 520 endg., S. 13.

461 Vgl. *Staudenmayer*, NJW 1999, S. 2393, 2395; a.A. *Tenreiro/Gómez*, REDC 2000, S. 5, 17 (Fn. 47).

462 Grundmann/Bianca (-*Grundmann*), Art. 2 Rn. 56; *Welser/Jud*, Reform des Gewährleistungsrechts, S. 65.

463 Fraktionsentwurf, BT-Drucks. 14/6040, S. 236.

464 Fraktionsentwurf, BT-Drucks. 14/6040, S. 268.

dd) Unabdingbarkeit, Art. 7 Abs. 1 Unterabs. 1 RL

1. Art. 7 Abs. 1 Unterabs. 1 RL statuiert die grundsätzliche Unabdingbarkeit der Richtlinienbestimmungen über die Rechte des Verbrauchers. Nach dieser Vorschrift sind Vertragsklauseln oder Abreden, durch welche die mit der Richtlinie gewährten Rechte unmittelbar oder mittelbar außer Kraft gesetzt oder eingeschränkt werden, für den Verbraucher gemäß dem innerstaatlichen Recht nicht bindend, wenn die Vereinbarung vor der Unterrichtung des Verkäufers über die Vertragswidrigkeit getroffen wird. Vor diesem Zeitpunkt getroffene Vereinbarungen, durch welche zulasten des Verbrauchers von den Art. 2, 3 Abs. 1, und 5 Abs. 3 RL abgewichen wird, sind also für den Verbraucher grundsätzlich nicht bindend[465]. Zulässig sind freilich Beschaffenheitsvereinbarungen gemäß Art. 2 Abs. 1 RL, und zwar auch, soweit sie hinter dem in Art. 2 Abs. 2 RL festgelegten Standard zurückbleiben[466]. In seiner Gesamtheit steht Art. 2 RL aber erst nach Unterrichtung des Verkäufers zur Parteidisposition[467].

2. Art. 7 Abs. 1 Unterabs. 1 RL wird durch § 475 Abs. 1 S. 1 BGB in deutsches Recht umgesetzt[468]. Danach kann der Unternehmer sich auf eine Vereinbarung nicht berufen, die vor der Mitteilung eines Mangels an ihn getroffen wurde und die zum Nachteil unter anderem von den §§ 433, 434 und 442 BGB sowie von den Vorschriften des Untertitels über den Verbrauchsgüterkauf, also auch dem § 476 BGB, abweicht. Bei Verträgen, die die Lieferung herzustellender oder zu erzeugender beweglicher Sachen zum Gegenstand haben, findet § 442 Abs. 1 S. 1 BGB gemäß § 651 S. 2 BGB auch dann Anwendung, wenn der Mangel auf den vom Besteller gelieferten Stoff zurückgeht. Soweit diese Vorschrift § 442 Abs. 1 S. 1 BGB modifiziert ist Letzterer über § 475 Abs. 1 S. 1 BGB in dem dort genannten Umfang ebenfalls zwingend.

b) Verdrängung durch das UN-Kaufrecht und harmonisierende Auslegung

Das UN-Kaufrecht regelt die Pflichten des Verkäufers im zweiten Kapitel (Art. 30 – 52 CISG) seines dritten Teils über die Rechte und Pflichten der Parteien. Gemäß Art. 30 CISG ist der Verkäufer nach Maßgabe des Vertrages und des Übereinkommens verpflichtet, die Ware zu liefern, die sie betreffenden Dokumente zu übergeben und das Eigentum an der Ware zu übertragen. Welchen An-

---

465 Eingehend hierzu Grundmann/Bianca (-*Stijns/van Gerven*), Art. 7 Rn. 23 ff.
466 Hierzu bereits oben S. 78.
467 Vgl. Erwägungsgrund (12) speziell zu Vereinbarungen über die Abhilfe von Vertragswidrigkeiten.
468 Fraktionsentwurf, BT-Drucks. 14/6040, S. 244.

forderungen die zu liefernde Sache zu genügen hat, ergibt sich aus dem zweiten Abschnitt (Art. 35 – 44 CISG) über die „Vertragsmäßigkeit der Ware sowie Rechte oder Ansprüche Dritter“. Art. 35 CISG regelt in den Absätzen 1 und 2 die Pflichten des Verkäufers hinsichtlich der sachlichen[469] Beschaffenheit der Ware und in Absatz 3 den Ausschluß der Haftung des Verkäufers. Der Zeitpunkt, zu dem die Ware vertragsgemäß sein muß, ist in Art. 36 CISG geregelt. Eine Pflichtverletzung des Verkäufers wie etwa die Lieferung vertragswidriger Ware ist Voraussetzung für die Rechtsbehelfe des Käufers gemäß Art. 45 ff. CISG. Die Art. 35 und 36 CISG haben damit grundsätzlich denselben Regelungsgegenstand wie die die Art. 2 und 3 Abs. 1 RL umsetzenden §§ 433 Abs. 1 S. 2, 434, 442 Abs. 1, 651 S. 2 BGB.

aa) Vertragsmäßigkeit der Ware, Art. 35 Abs. 1 und 2 CISG

Die Ware hat gemäß Art. 35 Abs. 1 CISG den Anforderungen des Vertrages zu entsprechen. Soweit es an einer Beschaffenheitsvereinbarung fehlt, richtet sich die Vertragsmäßigkeit nach den in Art. 35 Abs. 2 CISG festgeschriebenen Kriterien.

(1) Beschaffenheitsvereinbarung, Art. 35 Abs. 1 CISG

1. Gemäß Art. 35 Abs. 1 CISG hat der Verkäufer Ware zu liefern, die in Menge, Qualität und Art sowie hinsichtlich Verpackung oder Behältnis den Anforderungen des Vertrages entspricht. Wie in Art. 2 Abs. 1 RL[470] wird hier der subjektive Fehlerbegriff zugrunde gelegt[471], richten sich die Anforderungen an die Beschaffenheit der Ware also in erster Linie[472] nach den Vereinbarungen der Parteien. Wie bereits gezeigt[473], beschränkt sich die Vorschrift, ebenso wie Art. 2 Abs. 1 RL, auf die Regelung der Anforderungen an die sachliche Beschaffenheit der Ware; die rechtliche Beschaffenheit richtet sich nach den Art. 41, 42 CISG. Da Art. 35 Abs. 1 CISG keine Vorgaben für den Inhalt der Beschaffenheitsvereinbarungen macht, dürfte im Rahmen des Übereinkommens, ebenso wie in der Richtlinie, schließlich auch die Vereinbarung einer Beschaffenheit

---

469 Siehe bereits oben S. 77.

470 Siehe oben S. 76.

471 *Schlechtriem*, Internationales UN-Kaufrecht, Rn. 133; Schlechtriem (-*Schwenzer*), Art. 35 Rn. 6.

472 Soweit es an einer Parteivereinbarung fehlt, greift Art. 35 Abs. 2 CISG ein.

473 Siehe oben S. 77.

zulässig sein, die hinter den in Art. 35 Abs. 2 CISG festgeschriebenen Anforderungen zurückbleibt.

Anders als Art. 2 Abs. 1 RL enthält Art. 35 Abs. 1 CISG eine nicht abschließende[474] Liste der Eigenschaften, auf welche sich die Einigung der Parteien beziehen kann. Danach muß die Ware nicht nur hinsichtlich der Qualität, sondern unter anderem auch hinsichtlich der Menge den Anforderungen des Vertrages entsprechen. Mengenabweichungen werden jedoch auch von Art. 2 Abs. 1 RL erfaßt, so daß inhaltlich insoweit kein Unterschied zwischen den beiden Regelungen besteht[475]. Fraglich ist aber, ob Art. 35 Abs. 1 CISG entsprechend Art. 2 Abs. 1 RL[476] alle Arten von aliud-Lieferungen regelt. Nach der im Sekretariatskommentar vertretenen Auffassung sind krasse aliud-Lieferungen im Rahmen des UN-Kaufrechts als Nichtlieferung zu bewerten[477]. Gegen diese Auffassung spricht jedoch bereits der Wortlaut von Art. 35 Abs. 1 CISG, der ohne Differenzierungen auf Vereinbarungen über die „Art" Bezug nimmt. Wie *Kromer*[478] nachgewiesen hat, spricht ferner auch die Entstehungsgeschichte der Vorschrift für eine Gleichbehandlung aller Fälle von aliud-Lieferungen. Da schließlich die Unanwendbarkeit von Art. 35 Abs. 1 CISG auf krasse Artabweichungen mit erheblichen Abgrenzungsschwierigkeiten verbunden wäre und daher auch nicht dem Sinn der Vorschrift entsprechen kann, ist mit der ganz herrschenden Meinung[479] davon auszugehen, daß auch krasse aliud-Lieferungen unter Art. 35 Abs. 1 CISG fallen, die Vorschrift also insoweit ebenfalls inhaltlich mit Art. 2 Abs. 1 RL übereinstimmt. Aus Art. 35 Abs. 1 CISG ergibt sich schließlich, daß die Ware auch hinsichtlich Verpackung oder Behältnis den Anforderungen des Vertrages entsprechen muß. Da die Ware bei nicht vereinbarungsgemäßer Verpackung aber wohl auch nicht als vertragsgemäß im Sinne von Art. 2 Abs. 1 RL betrachtet werden kann, ergeben sich auch hier keine inhaltlichen Unterschiede zwischen den beiden Regelungen[480].

Art. 35 Abs. 1 CISG stimmt inhaltlich also nahezu vollständig mit Art. 2 Abs. 1 RL überein. Anders als die Richtlinienbestimmung[481] begründet Art. 35

---

474 Staudinger (-*Magnus*), Art. 35 Rn. 15.

475 Siehe oben S. 77.

476 Siehe oben S. 77 f.

477 Sekretariatskommentar, Art. 29 Anm. 3; ebenso Bianca/Bonell (-*Bianca*), Art. 35 Anm. 2.4; *Neumayer*, RIW 1994, S. 99, 105.

478 *Kromer*, Begriff der Lieferung, S. 273 f.

479 Staudinger (-*Magnus*), Art. 35 Rn. 9; *Piltz*, Internationales Kaufrecht, § 5 Rn. 27; *Schlechtriem*, Internationales UN-Kaufrecht, Rn. 134; Soergel (-*Lüderitz/Schüßler-Langeheine*), Art. 35 Rn. 5; Schlechtriem (-*Schwenzer*), Art. 35 Rn. 10.

480 Vgl. AnwaltKomm (-*Pfeiffer*), Art. 2 Rn. 8.

481 Siehe oben S. 78 f.

Abs. 1 CISG allerdings keinen Anspruch auf Lieferung einer mangelfreien Sache[482].

2. Da Art. 2 Abs. 1 RL und Art. 35 Abs. 1 CISG also nahezu identische Regelungsgehalte haben, ist für eine Anwendung der die Richtlinienbestimmung umsetzenden §§ 433 Abs. 1 S. 2, 434 Abs. 1 S. 1 BGB im Anwendungsbereich des UN-Kaufrechts kein Raum. Eine harmonisierende Auslegung des UN-Kaufrechts kommt nicht in Betracht, da der Konventionsgeber seinen Willen, dem Käufer einen Erfüllungsanspruch auf Lieferung einer mangelfreien Sache zu geben, klar zum Ausdruck gebracht hat.

(2) Objektive Bestimmung der Vertragsmäßigkeit, Art. 35 Abs. 2 CISG

1. Haben die Parteien nichts anderes vereinbart, so entspricht die Ware gemäß Art. 35 Abs. 2 CISG dem Vertrag nur, wenn sie die in Art. 35 Abs. 2. a) – d) CISG umschriebene Beschaffenheit aufweist. Wenn und soweit also die Pflichten des Verkäufers hinsichtlich der sachlichen Beschaffenheit der Ware von den Parteien nicht festgelegt worden sind, muß die Ware danach subsidiär den in Art. 35 Abs. 2 CISG genannten Kriterien entsprechen[483]. Die Vorschrift stimmt damit in ihrer Struktur mit Art. 2 Abs. 2 RL überein, da die dort geregelten Vermutungen ebenfalls nur dann eingreifen, wenn keine Beschaffenheitsvereinbarung vorliegt[484].

Die in Art. 35 Abs. 2 CISG geregelten Kriterien entsprechen in weiten Teilen den Kriterien in Art. 2 Abs. 2 RL, unterscheiden sich von ihnen aber auch in einigen Punkten[485].

Art. 35 Abs. 2 a) CISG bestimmt, daß die Ware dem Vertrag entspricht, wenn sie sich für die Zwecke eignet, für die Ware der gleichen Art gewöhnlich

482 Siehe oben S. 78 f.

483 Nach nahezu einhelliger Meinung legt Art. 35 Abs. 2 CISG objektive Kriterien fest, vgl. Soergel (*-Lüderitz/Schüßler-Langeheine*), Art. 35 Rn. 10; Honsell (*-Magnus*), Art. 35 Rn. 12; Staudinger (*-Magnus*), Art. 35 Rn. 17; Schlechtriem (*-Schwenzer*), Art. 35 Rn. 12; wohl ebenso *Piltz*, Internationales Kaufrecht, § 5 Rn. 31; a.A. aber *Schlechtriem*, Internationales UN-Kaufrecht, Rn. 135, (vermuteter Parteiwille). Zumindest Art. 35 Abs. 2 c) CISG legt jedoch ein subjektives Kriterium fest. Legt der Verkäufer dem Käufer nämlich verbindlich (zu diesem Erfordernis oben S. 80 f.) eine Probe oder ein Muster vor, so kommt eine Beschaffenheitsvereinbarung zustande.

484 Siehe oben S. 79 f.

485 Vgl. *Magnus*, in: Grundmann/Medicus/Rolland, S. 79, 87; etwas weniger zurückhaltend *Grundmann*, AcP 202 (2002), S. 40, 46 („praktisch identisch").

gebraucht wird. Die Vorschrift ist nahezu wörtlich in Art. 2 Abs. 2 c) RL übernommen worden.

In Art. 2 Abs. 2 b) RL weicht die Richtlinie dagegen von ihrem Vorbild in Art. 35 Abs. 2 b) CISG leicht ab[486]. Nach Art. 35 Abs. 2 b) CISG ist die Ware vertragsgemäß, wenn sie sich für einen bestimmten Zweck eignet, der dem Verkäufer bei Vertragsabschluß ausdrücklich oder auf andere Weise zur Kenntnis gebracht wurde, sofern sich nicht aus den Umständen ergibt, daß der Käufer auf die Sachkenntnis und das Urteilsvermögen des Verkäufers nicht vertraute oder vernünftigerweise nicht vertrauen durfte. Anders als bei Art. 2 Abs. 2 b) RL genügt es also im Rahmen des Übereinkommens, wenn der Käufer den Verkäufer auf den von ihm in Aussicht genommenen Verwendungszweck hingewiesen hat; eine Vereinbarung ist nicht erforderlich[487]. Der Verwendungszweck muß dem Verkäufer jedoch so mitgeteilt werden, daß er von ihm Kenntnis nehmen kann. Ob der Verkäufer tatsächlich Kenntnis von dem beabsichtigten Verwendungszweck genommen hat, ist jedoch unerheblich[488]. Art. 35 Abs. 2 b) CISG greift ferner unabhängig davon ein, wer dem Verkäufer den Verwendungszweck zur Kenntnis bringt. Wie gesehen[489] ist aber auch die Richtlinie, trotz anderslautenden Wortlauts, so zu verstehen.

Gemäß Art. 35 Abs. 2 c) CISG ist die Ware vertragsgemäß, wenn sie die Eigenschaften einer Ware besitzt, die der Verkäufer dem Käufer als Probe oder Muster vorgelegt hat. Die Vorschrift ist nahezu wörtlich in Art. 2 Abs. 2 a) RL übernommen worden. Allerdings stellt die Richtlinienbestimmung ihrem Wortlaut nach eine zusätzliche Voraussetzung auf, die im UN-Kaufrecht keine Entsprechung findet: Die Ware muß außerdem mit einer vom Verkäufer gegebenen Beschreibung übereinstimmen. Tatsächlich handelt es sich im Rahmen der Richtlinie jedoch um alternative Voraussetzungen[490]. Da im übrigen bei einer Warenbeschreibung durch den Verkäufer mit der Annahme des Angebotes durch den Käufer zumindest konkludent eine Beschaffenheitsvereinbarung zustande kommt[491], besteht inhaltlich kein Unterschied zu den Bestimmungen des UN-Kaufrechts[492]. Denn die von Art. 2 Abs. 2 a) Alt. 1 RL geregelten Fälle fallen sämtlich unter Art. 35 Abs. 1 CISG.

---

486 Vgl. *Magnus*: in: FS Siehr, S. 429, 436.

487 Staudinger (*-Magnus*), Art. 35 Rn. 26; Schlechtriem (*-Schwenzer*), Art. 35 Rn. 20.

488 Soergel (*-Lüderitz/Schüßler-Langeheine*), Art. 35 Rn. 15; Staudinger (*-Magnus*), Art. 35 Rn. 28; Schlechtriem (*-Schwenzer*), Art. 35 Rn. 21.

489 Siehe oben S. 81.

490 Siehe oben S. 80.

491 Siehe oben S. 81.

492 Vgl. *Kruisinga*, ERPL 2001, S. 177, 180.

Aus Art. 35 Abs. 2 d) CISG ergibt sich schließlich, daß die Ware dem Vertrag entspricht, wenn sie in der für Ware dieser Art üblichen Weise oder, falls es eine solche Weise nicht gibt, in einer für die Erhaltung und den Schutz der Ware angemessenen Weise verpackt ist. In der Richtlinie findet sich keine dieser Regelung entsprechende Bestimmung[493].

2. Obwohl die Richtlinie in Art. 2 Abs. 2 d) i.V.m. Abs. 4 RL sowie in Art. 2 Abs. 5 RL Kriterien zur Beurteilung der Vertragsmäßigkeit nennt, die im UN-Kaufrecht keine Entsprechung finden, sind die Art 2 Abs. 2, 4 und 5 RL umsetzenden Bestimmungen in § 434 Abs. 1 S. 2 und 3 und Abs. 2 BGB in ihrer Gesamtheit im Anwendungsbereich des UN-Kaufrechts verdrängt. Die Ware entspricht nämlich, soweit nicht eine Beschaffenheitsvereinbarung getroffen worden ist, dem Vertrag im Rahmen des Übereinkommens „nur" dann, wenn sie den in Art. 35 Abs. 2 CISG formulierten Anforderungen genügt. Die Liste in dieser Vorschrift ist mit anderen Worten eine abschließende. Fraglich ist aber, ob eine harmonisierende Auslegung des UN-Kaufrechts in Betracht kommt, soweit die Vorschriften nicht inhaltlich mit den Bestimmungen der Richtlinie übereinstimmen.

Eine inhaltliche Abweichung besteht zwischen Art. 35 Abs. 2 b) CISG und seinem Pendant in der Richtlinie[494]: Der vom Käufer geplante Verwendungszweck ist im Rahmen von Art. 2 Abs. 2 b) RL nur dann verbindlich, wenn der Verkäufer ihm zugestimmt hat. Eine entsprechende Auslegung von Art. 35 Abs. 2 b) CISG wäre mit dem Wortlaut der Vorschrift vereinbar: Art. 35 Abs. 2 b) CISG setzt voraus, daß der Verwendungszweck dem Verkäufer „zur Kenntnis gebracht" wurde. Würde man im Rahmen von Art. 35 Abs. 2 b) CISG fordern, daß der Verkäufer tatsächlich Kenntnis erlangt hat, so ließe sich der Anwendungsbereich der Vorschrift auf jene Fälle beschränken, in denen der Verkäufer durch das Unterlassen eines Widerspruchs sein stillschweigendes Einverständnis dazu erklärt hat, daß die Ware für den bestimmten Zweck geeignet sein muß. Diese Auslegung ist jedoch mit dem Zweck der Vorschrift unvereinbar. Art. 35 Abs. 2 b) CISG wäre überflüssig, weil alle von ihm geregelten Fälle bereits von Art. 35 Abs. 1 CISG erfaßt würden. Eine solche Lesart ist auch nicht im Interesse einer verbraucherfreundlichen oder zeitgemäßen Auslegung des UN-Kaufrechts geboten. Art. 2 Abs. 2 b) RL ist weder moderner noch verbraucherfreundlicher als sein Vorbild im UN-Kaufrecht. Im Gegenteil ist die Verbindlichkeit des vom Käufer beabsichtigten Verwendungszwecks im Rahmen der Richtlinie mit dem Erfordernis einer Zustimmung des Verkäufers an eine zusätzliche Voraussetzung gekoppelt. Gegen eine harmonisierende Auslegung

493 Vgl. *Magnus*, in: FS Siehr, S. 429, 436.
494 Vgl. *Magnus*, in: FS Siehr, S. 429, 436; *ders.*, in: Grundmann/Medicus/Rolland, S. 79, 87.

spricht schließlich auch die Entstehungsgeschichte der Vorschrift: Art. 33 Abs. 1 e) EKG, der Vorläufer von Art. 35 Abs. 2 b) CISG, setzte nämlich eine ausdrückliche oder stillschweigende Vereinbarung über den Verwendungszweck voraus[495]. Ein auf die Übernahme dieser Regelung in das UN-Kaufrecht zielender Antrag der bundesdeutschen Delegation[496] wurde jedoch mit der Begründung abgelehnt, die letztlich gewählte Formulierung mache deutlicher, unter welchen Voraussetzungen es auf den vom Käufer beabsichtigten Verwendungszweck ankommt[497]. Eine Berücksichtigung von Art. 2 Abs. 2 b) RL bei der Auslegung von Art. 35 Abs. 2 b) CISG ist deshalb abzulehnen.

Gänzlich ohne Vorbild im UN-Kaufrecht ist Art. 2 Abs. 2 d) RL. Zu prüfen ist aber, ob eines der in Art. 35 Abs. 2 CISG genannten Kriterien so auszulegen ist, daß es die in Art. 2 Abs. 2 d) RL genannten Fälle erfaßt. Insoweit kommt lediglich Art. 35 Abs. 2 a) CISG in Betracht. Nach dieser Vorschrift muß sich die Ware für den gewöhnlichen Gebrauchszweck eignen. Dies bedeutet, daß sie von durchschnittlicher Qualität sein muß[498]; maßgeblich ist der nach der Verkehrsauffassung übliche Verwendungszweck[499]. Auch im Rahmen von Art. 2 Abs. 2 d) RL muß die Ware „übliche", also durchschnittliche Qualität und Leistungen aufweisen und es ist auf die Erwartungen eines „vernünftigen" Verbrauchers abzustellen, es gilt also wie bei Art. 35 Abs. 2 a) CISG ein objektiver Maßstab. Fraglich ist aber, ob im Rahmen von Art. 35 Abs. 2 a) CISG bei der Feststellung des nach der Verkehrsauffassung gewöhnlichen Gebrauchszwecks neben der Beschaffenheit der Ware auch die Etikettierung und Werbung berücksichtigt werden kann, und zwar selbst dann, wenn sie nicht durch den Verkäufer, sondern durch den Hersteller oder eine zu dessen Sphäre gehörende Person veranlaßt worden ist. Im Rahmen von Art. 2 Abs. 2 d) RL müssen sich die öffentlichen Äußerungen auf „konkrete Eigenschaften" des Gutes beziehen. Die Berücksichtigung von Etikettierung und Werbung im Rahmen von Art. 35 Abs. 2 a) CISG erscheint möglich, weil die Verkehrsauffassung zunehmend

495 Art. 33 Abs. 1 e) EKG lautete: „Der Verkäufer hat seine Pflicht zur Lieferung nicht erfüllt, [...] e) wenn er eine Sache ausgehändigt hat, die nicht die für einen im Vertrag ausdrücklich oder stillschweigend vorgesehenen besonderen Gebrauch erforderlichen Eigenschaften besitzt; [...]". Der deutsche Text von EAG und EKG ist abgedruckt bei v. Caemmerer/Schlechtriem (-*Schlechtriem*), Anh. VII.

496 O.R., S. 104.

497 O.R., S. 316.

498 Bianca/Bonell (-*Bianca*), Art. 35 Anm. 2.5.1; *Herber/Czerwenka*, Art. 35 Rn. 4; Staudinger (-*Magnus*), Art. 35 Rn. 19; *Piltz*, Internationales Kaufrecht, § 5 Rn. 40; a.A. Soergel (-*Lüderitz/Schüßler-Langeheine*), Art. 35 Rn. 10.

499 Staudinger (-*Magnus*), Art. 35 Rn. 21; *Piltz*, Internationales Kaufrecht, § 5 Rn. 40; *Schlechtriem*, Internationales UN-Kaufrecht, Rn. 136; Schlechtriem (-*Schwenzer*), Art. 35 Rn. 14.

auch durch diese Elemente beeinflußt wird[500]. Art. 35 Abs. 2 a) CISG ist deshalb in Anlehnung an Art. 2 Abs. 2 d) RL zeitgemäß[501] so zu verstehen, daß auch Etikettierung und Werbung, selbst wenn sie auf den Hersteller oder seinen Vertreter zurückgehen, den gewöhnlichen Gebrauchszweck beeinflussen[502].

Ebenfalls ohne unmittelbare Entsprechung im UN-Kaufrecht ist Art. 2 Abs. 5 RL[503]. Die Vorschrift regelt jedoch nicht die Anforderungen an die Vertragsmäßigkeit, sondern stellt lediglich klar, daß Vertragswidrigkeiten, die die Haftung des Verkäufers begründen, durch die Montage des Verbrauchsgutes, sei es durch den Verkäufer oder unter dessen Verantwortung, sei es durch den Verbraucher selbst aufgrund einer fehlerhaften Montage, verursacht werden können[504]. Da es im Rahmen des UN-Kaufrechts nicht auf die Frage ankommt, wodurch die Vertragswidrigkeit verursacht worden ist, und da die Vertragswidrigkeit in Übereinkommen und Richtlinie praktisch nach denselben Maßstäben bestimmt wird, liegt in den von Art. 2 Abs. 5 RL geregelten Fällen wohl stets auch eine Vertragswidrigkeit im Sinne des UN-Kaufrechts vor[505].

bb) Beurteilungszeitpunkt, Art. 36 CISG

1. In Art. 36 CISG wird der Zeitpunkt festgelegt, zu dem die Vertragswidrigkeit vorliegen muß. Gemäß Art. 36 Abs. 1 CISG haftet der Verkäufer für eine Vertragswidrigkeit, die im Zeitpunkt des Übergangs der Gefahr auf den Käufer besteht, auch wenn die Vertragswidrigkeit erst nach diesem Zeitpunkt offenbar wird. Da die Richtlinie in Art. 3 Abs. 1 zwar den Zeitpunkt der Lieferung zugrunde legt, aber auch ein Abstellen auf den Zeitpunkt des Gefahrübergangs zuläßt[506], stimmen beide Regelungen insoweit überein. Die Vertragswidrigkeit muß gemäß Art. 36 Abs. 1 CISG bei Gefahrübergang „bestehen“, auch wenn sie erst zu einem späteren Zeitpunkt „offenbar“ wird. Es genügt deshalb nach all-

---

500 So wohl auch *Magnus*, in: Grundmann/Medicus/Rolland, S. 79, 87.

501 *Grundmann*, AcP 202 (2002), S. 40, 47, weist darauf hin, daß Art. 2 Abs. 2 d) RL nicht dem Verbraucherschutz dient, sondern das Vertragsrecht an moderne Vermarktungstechniken anpassen soll.

502 I. E. ebenso *Magnus*, in: FS Siehr, S. 429, 436.

503 Vgl. *Magnus*, in: Grundmann/Medicus/Rolland, S. 79, 88; a.A. *Grundmann*, AcP 202 (2002), S. 40, 49.

504 Siehe oben S. 82 f. Besondere Bedeutung hat die Vorschrift allerdings bei der Bestimmung des Beurteilungszeitpunktes für das Vorliegen einer Vertragswidrigkeit, siehe oben S. 85. Zu einer möglichen Entsprechung im CISG unten S. 96 f.

505 Vgl. *Magnus*, in: Grundmann/Medicus/Rolland, S. 79, 88; *Kruisinga*, ERPL 2001, S. 177, 182.

506 Siehe oben S. 84.

gemeiner Ansicht, wenn die Vertragswidrigkeit zum maßgeblichen Zeitpunkt „im Keim“ angelegt ist[507]. Dies entspricht der Regelung in der Richtlinie[508].

Das UN-Kaufrecht enthält keine ausdrückliche, Art. 5 Abs. 3 RL entsprechende Beweislastregel[509]. Nach heute ganz herrschender Meinung richtet sich zwar die Beweislastverteilung im Rahmen des UN-Kaufrechts nach dem Übereinkommen selbst, nicht etwa nach nationalem Recht[510]. Im Rahmen von Art. 36 Abs. 1 CISG ist die Beweislastverteilung allerdings umstritten. Nach Ansicht mancher Autoren muß der Verkäufer beweisen, daß eine Vertragswidrigkeit zum Zeitpunkt des Gefahrübergangs noch nicht vorlag[511]. Andere sind dagegen der Auffassung, dieser Beweis obliege dem Käufer[512]. Da der Verkäufer gemäß Art. 35, 36 Abs. 1 CISG dazu verpflichtet ist Ware zu liefern, die bei Gefahrübergang vertragsgemäß ist, erscheint es gerechtfertigt, ihm die Beweislast hierfür grundsätzlich aufzuerlegen[513]. Besondere Umstände, die etwa, wie in Art. 5 Abs. 3 RL ausdrücklich geregelt, in der Art des Kaufgegenstandes oder der Vertragswidrigkeit begründet liegen können, sollten aber zu einer Beweislastumkehr führen. Auch mag es, wenn die Vertragswidrigkeit erst lange nach Gefahrübergang offenbar wird, nicht mehr gerechtfertigt sein, dem Verkäufer die Beweislast dafür aufzuerlegen, daß die Ware bei Gefahrübergang vertragsmäßig war. Denn je mehr Zeit verstreicht, um so wahrscheinlicher ist es, daß die Vertragwidrigkeit erst zu einem späteren Zeitpunkt entstanden ist. Im Rahmen von Art. 36 Abs. 1 CISG gilt deshalb meines Erachtens im Ergebnis eine Beweislastregelung, die derjenigen in Art. 5 Abs. 3 RL entspricht.

Gemäß Art. 36 Abs. 2 haftet der Verkäufer ferner dann, wenn die Vertragswidrigkeit nach dem Gefahrübergang eintritt und auf eine Verletzung einer seiner Pflichten zurückzuführen ist, einschließlich der Verletzung einer Garantie

---

507 *Audit*, Vente internationale, Nr. 102; Bianca/Bonell (-*Bianca*), Art. 36 Anm. 2.3; *Herber/Czerwenka*, Art. 36 Rn. 2; *Heuzé*, Vente internationale, Nr. 299; Soergel (-*Lüderitz/Schüßler-Langeheine*), Art. 36 Rn. 4; Honsell (-*Magnus*), Art. 36 Rn. 7; Staudinger (-*Magnus*), Art. 36 Rn. 9; *Piltz*, Internationales Kaufrecht, § 5 Rn. 20; Schlechtriem (-*Schwenzer*), Art. 36 Rn. 4.

508 Siehe oben S. 84 f.

509 Vgl. *Grundmann*, AcP 202 (2002), S. 40, 55 (Fn. 52); Grundmann/Bianca (-*Grundmann*), Art. 2 Rn. 47 (Fn. 4 a.E.).

510 Schlechtriem (-*Ferrari*), Art. 4 Rn. 49; v. Caemmerer/Schlechtriem (-*Herber*), Art. 4 Rn. 22; *Herber/Czerwenka*, Art. 4 Rn. 8; Soergel (-*Lüderitz/Fenge*), Art. 4 Rn. 11; Staudinger (-*Magnus*), Art. 4 Rn. 64; Honsell (-*Siehr*), Art. 4 Rn. 10; a.A. Bianca/Bonell (-*Khoo*), Art. 2 Anm. 3.2.

511 *Herber/Czerwenka*, Art. 36 Rn. 5; Honsell (-*Magnus*), Art. 36 Rn. 15; Staudinger (-*Magnus*), Art. 36 Rn. 25.

512 Bianca/Bonell (-*Bianca*), Art. 36 Anm. 3.1; Schlechtriem (-*Schwenzer*), Art. 36 Rn. 13.

513 Ähnlich Staudinger (-*Magnus*), a.a.O.

dafür, daß die Ware für eine bestimmte Zeit für den üblichen Zweck oder für einen bestimmten Zweck geeignet bleiben oder besondere Eigenschaften oder Merkmale behalten soll. Die Vorschrift bewirkt also eine Verschiebung des in Art. 36 Abs. 1 CISG grundsätzlich festgelegten Beurteilungszeitpunktes: Ist die Vertragswidrigkeit durch eine Pflichtverletzung des Verkäufers verursacht worden, so muß der Verkäufer auch dann für sie einstehen, wenn die Vertragswidrigkeit erst nach Gefahrübergang eintritt. Die Pflichtverletzung kann vor oder nach Gefahrübergang begangen werden[514]. Denn dem Wortlaut ist nichts Gegenteiliges zu entnehmen und eine Differenzierung ist auch sachlich nicht gerechtfertigt. Damit werden auch die in Art. 2 Abs. 5 RL geregelten Fälle erfaßt: Eine fehlerhafte Montage durch den Verkäufer oder unter seiner Verantwortung ist ebenso eine Pflichtverletzung im Sinne von Art. 36 Abs. 2 CISG, wie die Lieferung einer fehlerhaften Montageanleitung[515]. Anders als Art. 2 Abs. 5 RL gilt Art. 36 Abs. 2 CISG aber nicht nur für diese besonderen Arten von Pflichtverletzungen, sondern allgemein für jeden Pflichtenverstoß.

2. Art. 36 CISG regelt den für die Beurteilung einer Vertragswidrigkeit maßgeblichen Zeitpunkt nahezu identisch wie die Richtlinie und verdrängt deshalb die die Richtlinienbestimmungen über den Beurteilungszeitpunkt umsetzenden §§ 434 Abs. 1 S. 1, Abs. 2 und 476 BGB vollständig. Inhaltlich besteht ein Unterschied nur insoweit, als Art. 36 Abs. 2 CISG eine allgemeinere Regelung enthält als Art. 2 Abs. 5 RL. Da aber nicht einzusehen ist, warum eine Verschiebung des Beurteilungszeitpunktes nur im Falle der Verletzung der Montagepflicht bzw. der Pflicht zur Lieferung einer fehlerfreien Montageanleitung erfolgen soll, besteht keine Veranlassung zu einer harmonisierenden Auslegung von Art. 36 Abs. 2 CISG. Im Rahmen von Art. 36 Abs. 1 RL wird hier die Auffassung vertreten, daß die Beweislastverteilung mit derjenigen in der Richtlinie praktisch identisch ist. Die Regelung in Art. 5 Abs. 3 RL stützt diese Auffassung.

cc) Haftungsausschluß, Art.35 Abs. 3 CISG

1. Gemäß Art. 35 Abs. 3 CISG haftet der Verkäufer nach Absatz 2 Buchstaben a bis d nicht für eine Vertragswidrigkeit der Ware, wenn der Verkäufer bei Vertragsabschluß diese Vertragswidrigkeit kannte oder darüber nicht in Unkenntnis sein konnte. Dies entspricht weitgehend der Regelung in Art. 2 Abs. 3

---

[514] Soergel (*-Lüderitz/Schüßler-Langeheine*), Art. 36 Rn. 5; Honsell (*-Magnus*), Art. 36 Rn. 9; Staudinger (*-Magnus*), Art. 36 Rn. 11; Schlechtriem (*-Schwenzer*), Art. 36 Rn. 5; a.A. *Herber/Czerwenka*, Art. 36 Rn. 3; *Piltz*, Internationales Kaufrecht, § 5 Rn. 22.

[515] Vgl. etwa die Beispiele bei Staudinger (*-Magnus*), a.a.O.

Var. 1 und 2 RL. Wie bei Art. 2 Abs. 3 RL[516] ist auch hier umstritten, ob dem Käufer außer positiver Kenntnis bereits grob fahrlässige Unkenntnis von der Vertragswidrigkeit schadet[517], oder ob die Einstandspflicht des Verkäufers nur dann entfällt, wenn sich die Vertragswidrigkeit dem Käufer geradezu aufdrängen mußte[518]. Beide Auffassungen sind mit dem Wortlaut der Vorschrift vereinbar. Da von einem professionellen Käufer jedoch auch ein professioneller Blick auf die Ware erwartet werden kann, sollte dem Käufer bereits grobe Fahrlässigkeit schaden.

Gemäß Art. 80 CISG kann sich eine Partei auf die Nichterfüllung von Pflichten durch die andere Partei nicht berufen, soweit diese Nichterfüllung durch ihre Handlung oder Unterlassung verursacht wurde. Danach ist die Haftung des Verkäufers etwa auch ausgeschlossen, wenn die Vertragswidrigkeit auf den vom Käufer gelieferten Stoff zurückzuführen ist. Die Regelung deckt sich also mit derjenigen in Art. 2 Abs. 3 Var. 3 RL.

Anders als Art. 2 Abs. 3 RL, der zu einem Haftungsausschluß auch bei Vorliegen einer Beschaffenheitsvereinbarung führt, bezieht sich Art. 35 Abs. 3 CISG seinem Wortlaut nach nur auf Absatz 2. Zum Teil wird zwar vorgeschlagen, die Vorschrift analog auch auf Absatz 1 anzuwenden[519]. Dagegen spricht jedoch nicht nur der Wortlaut der Vorschrift, die ausdrücklich nur auf Absatz 2 verweist, sondern auch ihre Entstehungsgeschichte: Ein norwegischer Antrag, in Absatz 3 auch einen Verweis auf Absatz 1 aufzunehmen, wurde auf der Wiener Konferenz abgelehnt[520]. *Magnus* ist allerdings der Auffassung, der Verkäufer habe trotz einer Beschaffenheitsvereinbarung für eine Vertragswidrigkeit nicht einzustehen, wenn der Käufer diese kennt und auch nicht mit ihrer Beseitigung rechnen kann[521]. Dem ist zuzustimmen, weil ein Käufer, der sich in einem solchen Fall auf die Vertragswidrigkeit beruft, treuwidrig im Sinne von Art. 7 Abs. 1 CISG handelt[522].

2. Sämtliche in Art. 2 Abs. 3 RL geregelten Fälle werden somit auch im UN-Kaufrecht geregelt, so daß die die Richtlinienbestimmung umsetzenden §§ 442 Abs. 1, 651 S. 2 BGB im Anwendungsbereich des UN-Kaufrechts verdrängt

516 Siehe oben S. 86 f.

517 So *Herber/Czerwenka*, Art. 35 Rn. 10; Staudinger (-*Magnus*), Art. 35 Rn. 47 f.; wohl ebenso *Piltz*, Internationales Kaufrecht, § 5 Rn. 44; *Schlechtriem*, Internationales UN-Kaufrecht, Rn. 143.

518 So etwa Schlechtriem (-*Schwenzer*), Art. 35 Rn. 34 m.w.N.

519 *Herber/Czerwenka*, Art. 35 Rn. 11.

520 O.R., S. 426 f.; vgl. im übrigen Sekretariatskommentar, Art. 33 Anm. 14.

521 Staudinger (-*Magnus*), Art. 35 Rn. 51.

522 Vgl. Staudinger (-*Magnus*), a.a.O.

sind. Inhaltlich bestehen freilich nur geringfügige Unterschiede. Der Umstand, daß Art. 35 Abs. 3 CISG, anders als Art. 2 Abs. 3 RL, auf Beschaffenheitsvereinbarungen keine Anwendung findet, läßt sich wegen des klaren Wortlautes der Übereinkommensbestimmung durch Auslegung jedoch nicht überwinden. Ist aber der Käufer ein Verbraucher, so sollte ihm seine Unkenntnis von einem Mangel nach dem Vorbild der Richtlinie nur dann schaden, wenn ihm die Vertragswidrigkeit geradezu ins Auge springen mußte. Eine solche Auslegung von Art. 35 Abs. 3 CISG ist nicht nur mit dem Wortlaut, sondern auch mit dem Zweck der Vorschrift vereinbar. Denn der Verbraucher verfügt regelmäßig nicht über die Sachkenntnis eines professionellen Käufers und sollte seinen Anspruch gegen den Verkäufer deshalb nur dann verlieren, wenn der Mangel auch für ihn erkennbar war.

dd) Unabdingbarkeit

Soweit das UN-Kaufrecht zwingende Bestimmungen des Verbraucherschutzrechts verdrängt, kann von den Regelungen des Übereinkommens nicht zulasten des Käufers abgewichen werden[523]. Die Bestimmungen des UN-Kaufrechts sind also im gleichen Umfange zwingend, wie die Bestimmungen des deutschen Verbrauchsgüterkaufrechts. Zu einer Verdrängung von § 475 Abs. 1 BGB kommt es gleichwohl nicht, weil diese Vorschrift sich bereits nach ihrem Wortlaut nur auf die Bestimmungen des BGB bezieht.

2. Mängelrüge

In Art. 5 Abs. 2 Unterabs. 1 RL räumt die Richtlinie den Mitgliedstaaten die Möglichkeit ein, dem Verbraucher eine Rügeobliegenheit aufzuerlegen. Das UN-Kaufrecht regelt eine Untersuchungs- und Rügeobliegenheit in den Art. 38, 39 CISG.

a) Regelungsgehalt des Verbraucherkaufrechts

aa) Rügeobliegenheit, Art. 5 Abs. 2 Unterabs. 1 RL

1. Gemäß Art. 5 Abs. 2 Unterabs. 1 RL können die Mitgliedstaaten vorsehen, daß der Verbraucher den Verkäufer zur Inanspruchnahme seiner Rechte über

---

[523] Siehe oben S. 50 f.

die Vertragswidrigkeit binnen zwei Monaten nach dem Zeitpunkt, zu dem er die Vertragswidrigkeit festgestellt hat, unterrichten muß. Die Vorschrift begründet eine Option für die Mitgliedstaaten[524]: Sie können die Inanspruchnahme der Rechtsbehelfe in Art. 3 RL durch den Verbraucher davon abhängig machen, daß dieser den Verkäufer innerhalb einer zweimonatigen Frist über die Vertragswidrigkeit unterrichtet. Art. 5 Abs. 2 Unterabs. 1 RL läßt also die Einführung einer Rügeobliegenheit zu[525]. Da diese den Verbraucher jedoch belastet, dürfen die Mitgliedstaaten die Regelung nicht strenger ausgestalten, als von der Richtlinie vorgesehen[526].

Die Rügeobliegenheit kann sich auf alle Arten von Vertragswidrigkeiten erstrecken. Ob die vom Verkäufer gelieferte Ware vertragswidrig ist, ergibt sich aus Art. 2 RL[527]. Da auch die aliud-Lieferung eine Vertragswidrigkeit begründet[528], können die Mitgliedstaaten dem Verbraucher auch insoweit eine Rügeobliegenheit auferlegen[529].

Art. 5 Abs. 2 Unterabs. 1 RL bestimmt eine Rügefrist von zwei Monaten. Fristbeginn ist der Zeitpunkt, zu dem der Verbraucher die Vertragswidrigkeit „festgestellt" hat. Dies bedeutet, daß der Verbraucher den Mangel tatsächlich entdeckt haben muß[530]. Hat der Verbraucher die Vertragswidrigkeit nicht festgestellt, so beginnt die Frist auch dann nicht zu laufen, wenn er den Mangel an sich hätte feststellen müssen[531]. Der Verbraucher ist also insbesondere nicht

524 Vgl. Erwägungsgrund (19) RL.

525 Obliegenheiten verpflichten nicht zu einem bestimmten Verhalten, sondern bestrafen den mit ihr Belasteten bei Nichtbefolgung mit rechtlichen Nachteilen, vgl. etwa Palandt (-*Heinrichs*), Einl. v. § 241 BGB Rn. 11.

526 *Kruisinga*, ERPL 2001, S. 177, 183; Grundmann/Bianca (-*Stijns/van Gerven*), Art. 7 Rn. 44; *Welser/Jud*, Reform des Gewährleistungsrechts, S. 152.

527 Eingehend zu dieser Regelung oben S. 76 ff.

528 Siehe oben S. 77.

529 Vgl. Grundmann/Bianca (-*Hondius*), Art. 5 Rn. 2.

530 AnwaltKomm (-*Pfeiffer*), Art. 5 Rn. 1. Nach dem ursprünglichen Richtlinienvorschlag der Kommission vom 18. Juni 1996 begann der Fristlauf gemäß Art. 4 Abs. 1 auch, wenn der Verbraucher die Vertragswidrigkeit „hätte feststellen müssen", vgl. KOM (95) 520 endg., S. 23.

531 Anders noch der Richtlinienentwurf vom 18. Juni 1996 in Art. 4 Abs. 1, vgl. KOM (95) 509 endg., S. 23. In der endgültigen Fassung bestimmt allerdings Art. 2 Abs. 3 RL, daß keine Vertragswidrigkeit vorliegt, wenn der Verbraucher zum Zeitpunkt des Vertragsschlusses vernünftigerweise nicht in Unkenntnis über die Vertragswidrigkeit sein konnte. Zu dieser Regelung oben S. 86 f.

dazu verpflichtet, die Ware auf Vertragswidrigkeiten zu untersuchen[532]. Hat der Verbraucher die Vertragswidrigkeit festgestellt, so muß er den Verkäufer binnen zwei Monaten über sie unterrichten. Die Richtlinie spezifiziert nicht näher, wie detailliert die Unterrichtung ausfallen muß[533]. Es ist aber wohl mit Art. 5 Abs. 2 Unterabs. 1 RL vereinbar, wenn das innerstaatliche Recht vom Verbraucher eine grobe Beschreibung der Art der Vertragswidrigkeit verlangt[534].

2. Der deutsche Gesetzgeber hat von der Option in Art. 5 Abs. 2 Unterabs. 1 RL keinen Gebrauch gemacht.

bb) Unabdingbarkeit, Art. 7 Abs. 1 Unterabs. 1 RL

1. Gemäß Art. 7 Abs. 1 Unterabs. 1 RL sind vor der Unterrichtung des Verkäufers über die Vertragswidrigkeit getroffene Vereinbarungen, durch welche zulasten des Verbrauchers von der Regelung in Art. 5 Abs. 2 Unterabs. 1 RL abgewichen wird, für den Verbraucher nicht bindend[535].

2. Bei einem Verbrauchsgüterkauf im Sinne von § 474 Abs. 1 S. 1 BGB kann durch eine Vereinbarung vor Mitteilung des Mangels an den Verkäufer keine Rügeobliegenheit begründet werden, also auch keine, die mit Art. 5 Abs. 2 Unterabs. 1 RL vereinbar wäre. Denn gemäß § 475 Abs. 1 S. 1 BGB kann im Rahmen einer solchen Vereinbarung von den §§ 434, 437, 439 ff. BGB zum Nachteil des Verbrauchers nicht abgewichen werden. Die Vereinbarung einer Untersuchungs- und Rügeobliegenheit würde das Rechtsbehelfssystem des Käufers jedoch zu seinen Lasten verändern, da seine Rechte von einer zusätzlichen Voraussetzung abhängig gemacht würden.

b) Harmonisierende Auslegung des UN-Kaufrechts

Da das BGB keine Mängelrüge für Verbraucherkäufe regelt, kommt es insoweit nicht zu einer Überschneidung mit dem UN-Kaufrecht. Soweit die Art. 38 – 40, 44 CISG über die Untersuchungs- und Rügeobliegenheit des Käufers auf

---

532 *Ehmann/Rust*, JZ 1999, S. 852, 862; *Kruisinga*, ERPL 2001, S. 177, 184; wohl auch *Reich*, NJW 1999, S. 2397, 2402; etwas anders *Micklitz*, EuZW 1999, S. 485, 488 („grob sinnliche Prüfung der Verbrauchsgüter" erforderlich).

533 Vgl. Grundmann/Bianca (-*Hondius*), Art. 5 Rn. 15.

534 Vgl. AnwaltKomm (-*Pfeiffer*), Art. 5 Rn. 8.

535 Grundmann/Bianca (-*Stijns/van Gerven*), Art. 7 Rn. 45 f.

Verbraucherkäufe zur Anwendung kommen ist jedoch zu prüfen, ob sie harmonisierend im Lichte von Art. 5 Abs. 2 Unterabs. 1 RL ausgelegt werden können.

aa) Untersuchungsobliegenheit, Art. 38 CISG

1. Während die Richtlinie nur die Einführung einer Rügeobliegenheit, nicht auch einer Untersuchungsobliegenheit zuläßt, bestimmt Art. 38 Abs. 1 CISG, daß der Käufer die Ware innerhalb einer so kurzen Frist zu untersuchen oder untersuchen zu lassen hat, wie es die Umstände erlauben. Da der Käufer gemäß Art. 39 Abs. 1 CISG das Recht verliert, sich auf eine Vertragswidrigkeit der Ware zu berufen, wenn er sie dem Verkäufer nicht in einer angemessenen Frist nach dem Zeitpunkt anzeigt, in dem er sie (bei einer Untersuchung) hätte feststellen müssen[536], regelt Art. 38 CISG eine Untersuchungsobliegenheit des Käufers[537].

Beginn der Untersuchungsfrist ist im Rahmen von Art. 38 Abs. 1 CISG die Lieferung der Ware; nur bei verfrühter Lieferung beginnt sie erst mit dem vereinbarten Liefertermin[538]. Erfordert jedoch der Vertrag eine Beförderung der Ware, so kann die Untersuchung gemäß Art. 38 Abs. 2 CISG bis nach dem Eintreffen der Ware am Bestimmungsort aufgeschoben werden. Wird schließlich die Ware vom Käufer umgeleitet oder von ihm weiterversandt, ohne daß er ausreichend Gelegenheit hatte, sie zu untersuchen, und kannte der Verkäufer bei Vertragsabschluß die Möglichkeit einer solchen Umleitung oder Weiterversendung oder mußte er sie kennen, so kann die Untersuchung gemäß Art. 38 Abs. 3 CISG bis nach dem Eintreffen der Ware an ihrem Bestimmungsort aufgeschoben werden. Die beiden Regelungen bewirken eine Verschiebung des Beginns der Untersuchungsfrist auf den Zeitpunkt, zu dem die Ware am Bestimmungsort eintrifft.

Die Untersuchungsfrist ist so kurz, „wie es die Umstände erlauben". Nach ganz herrschender Meinung sind bei der Bestimmung der Frist vor allem die

---

[536] Zu Art. 39 Abs. 1 CISG sogleich.

[537] Bianca/Bonell (*-Bianca*), Art. 38 Anm. 2.1.; *Herber/Czerwenka*, Art. 38 Rn. 2; Soergel (*-Lüderitz/Schüßler-Langeheine*), Art. 38 Rn. 1; Honsell (*-Magnus*), Art. 38 Rn. 2; Staudinger (*-Magnus*), Art. 38 Rn. 12; *Piltz*, Internationales Kaufrecht, § 5 Rn. 48; Schlechtriem (*-Schwenzer*), Art. 38 Rn. 5.

[538] *Herber/Czerwenka*, Art. 38 Rn. 8.; Soergel (*-Lüderitz/Schüßler-Langeheine*), Art. 38 Rn. 5; Honsell (*-Magnus*), Art. 38 Rn. 21; Staudinger (*-Magnus*), Art. 38 Rn. 36 f.; *Piltz*, Internationales Kaufrecht, § 5 Rn. 52; Schlechtriem (*-Schwenzer*), Art. 38 Rn. 19 f.

objektiven Gegebenheiten zu berücksichtigen[539], gegebenenfalls aber auch der Umstand, daß der Käufer Verbraucher ist[540]. Im Regelfall steht dem Käufer nach wohl allgemeiner Ansicht eine Frist von etwa einer Woche zur Verfügung[541].

In dieser Zeit muß er die Ware so „untersuchen", bzw. untersuchen lassen, wie es die Umstände erlauben. Der Umfang der Untersuchungsobliegenheit hängt also vom jeweiligen Einzelfall ab[542]. Nach wohl allgemeiner Ansicht muß die Untersuchung aber jedenfalls gründlich und fachmännisch durchgeführt werden[543].

2. Art. 38 CISG ist im Zusammenhang mit Art. 39 Abs. 1 CISG zu sehen, wonach der Käufer Mängel, die er bei einer Untersuchung festgestellt hat oder hätte feststellen müssen, rügen muß, um nicht seine Rechte zu verlieren[544]. Die Regelung dient also dem Interesse des Verkäufers[545]. Vor allem durch die kurze Untersuchungsfrist in Verbindung mit der angemessenen Rügefrist soll sichergestellt werden, daß er binnen kurzer Zeit Klarheit darüber erlangt, ob er mit einer Inanspruchnahme durch den Käufer wegen einer Vertragswidrigkeit rechnen muß[546]. Für den Käufer stellt die Regelung dagegen eine Belastung dar, weil er einen Rechtsverlust erleidet, wenn er die Ware nicht untersucht und deshalb einen Mangel, den er bei der Untersuchung entdeckt hätte, nicht rügt. Wenn die Richtlinie die Einführung einer Untersuchungsobliegenheit nicht vorsieht, so ist das also für den Verbraucher von Vorteil. Eine Freistellung des Verbrauchers von der Untersuchungsobliegenheit in Art. 38 CISG ist mit dem Wortlaut der Vorschrift freilich nicht zu vereinbaren. Sie ist meines Erachtens aber auch nicht geboten, da auch einem Verbraucher eine Untersuchung der von ihm gekauften Ware zugemutet werden kann, zumal er meist nur einzelne Stücke für den eigenen Gebrauch kauft, die Ware also in der Regel ohnehin untersuchen wird. Wie bereits gesehen, kann jedoch bei der Bestimmung der Fristdauer

---

539 Bianca/Bonell (*-Bianca*), Art. 38 Anm. 2.5; *Herber/Czerwenka*, Art. 38 Rn. 7; Soergel (*-Lüderitz/Schüßler-Langeheine*), Art. 38 Rn. 4; Staudinger (*-Magnus*), Art. 38 Rn. 40.

540 Staudinger (*-Magnus*), Art. 38 Rn. 45; Schlechtriem (*-Schwenzer*), Art. 38 Rn. 18.

541 *Herber/Czerwenka*, Art. 38 Rn. 7; Honsell (*-Magnus*), Art. 38 Rn. 24; Staudinger (*-Magnus*), Art. 38 Rn. 50; etwas strenger *Piltz*, Internationales Kaufrecht, § 5 Rn. 52 (3 bis 4 Arbeitstage).

542 Honsell (*-Magnus*), Art. 38 Rn. 14; Staudinger (*-Magnus*), Art. 38 Rn. 28.

543 *Herber/Czerwenka*, Art. 38 Rn. 5; Honsell (*-Magnus*), Art. 38 Rn. 14; Staudinger (*-Magnus*), Art. 38 Rn. 31; ähnlich Schlechtriem (*-Schwenzer*), Art. 38 Rn. 13.

544 Zu Art. 39 Abs. 1 CISG sogleich.

545 Vgl. Soergel (*-Lüderitz/Schüßler-Langeheine*), Art. 39 Rn. 2.

546 Staudinger (*-Magnus*), Art. 38 Rn. 3; Soergel (*-Lüderitz/Schüßler-Langeheine*), Art. 39 Rn. 2; ähnlich Schlechtriem (*-Schwenzer*), Art. 38 Rn. 4.

berücksichtigt werden, daß der Käufer ein Verbraucher ist. Ferner sollten an die Art und Weise der Untersuchung durch einen Verbraucher keine allzu strengen Anforderungen gestellt werden. Insbesondere ist von ihm keine fachmännische Untersuchung zu erwarten. Es sollte vielmehr ausreichen, wenn der Verbraucher die Ware bestimmungsgemäß in Gebrauch nimmt. Im übrigen besteht jedoch weder die Möglichkeit noch die Notwendigkeit, bei der Auslegung von Art. 38 CISG der Verbrauchereigenschaft des Käufers Rechnung zu tragen.

bb) Rügeobliegenheit, Art. 39 CISG

1. Gemäß Art. 39 Abs. 1 CISG verliert der Käufer das Recht, sich auf eine Vertragswidrigkeit zu berufen, wenn er sie dem Verkäufer nicht innerhalb einer angemessenen Frist nach dem Zeitpunkt, in dem er sie festgestellt hat oder hätte feststellen müssen, anzeigt und dabei die Art der Vertragswidrigkeit genau bezeichnet. Eine Rügeobliegenheit besteht danach bei jeder Art von Vertragswidrigkeit, also auch bei Lieferung eines krassen aliud[547]. Dies entspricht der Regelung in der Richtlinie[548]. Rechtsfolge einer unterbliebenen Mängelrüge ist, wie in Art. 5 Abs. 2 Unterabs. 1 RL, der Verlust der Möglichkeit, Rechtsbehelfe wegen einer Vertragswidrigkeit geltend zu machen.

Die Rügeobliegenheit ist in Art. 39 Abs. 1 CISG jedoch zum Teil etwas strenger ausgestaltet als in der Richtlinie. Gemäß Art. 39 Abs. 1 CISG beginnt die Rügefrist grundsätzlich in dem Moment zu laufen, in dem der Käufer Kenntnis von der Vertragswidrigkeit erlangt; insoweit stimmen die Regelungen in Richtlinie und Übereinkommen also überein. Die Rügefrist beginnt aber, anders als im Rahmen der Richtlinie, unter Umständen auch dann, wenn der Käufer den Mangel tatsächlich nicht festgestellt hat, und zwar zu dem Zeitpunkt, zu dem er sie „hätte feststellen müssen". Hätte der Käufer den Mangel bei einer ordnungsgemäßen Untersuchung entdeckt (erkennbarer Mangel), so beginnt die Rügefrist deshalb im Anschluß an den Ablauf der Untersuchungsfrist[549]. Hätte oder hat er sie bei ordnungsgemäßer Untersuchung nicht entdeckt (verborgener Mangel), so beginnt die Rügefrist in dem Moment, in dem er sie festgestellt hat

---

[547] *Herber/Czerwenka*, Art. 39 Rn. 4; Honsell (-*Magnus*), Art. 39 Rn. 6; Staudinger (-*Magnus*), Art. 39 Rn. 11; *Piltz*, Internationales Kaufrecht, § 5 Rn. 47; *Schlechtriem*, Internationales UN-Kaufrecht, Rn. 149; Schlechtriem (-*Schwenzer*), Art. 39 Rn. 5, Art. 38 Rn. 7.

[548] Siehe oben S. 100.

[549] Staudinger (-*Magnus*), Art. 39 Rn. 30; Soergel (-*Lüderitz/Schüßler-Langeheine*), Art. 39 Rn. 5; Schlechtriem (-*Schwenzer*), Art. 39 Rn. 20.

oder hätte feststellen müssen[550]. Nach herrschender Meinung hat der Käufer jedoch keine Pflicht zur fortlaufenden Untersuchung der Ware[551].

Während die Richtlinie dem Verbraucher für die Unterrichtung des Verkäufers über die Vertragswidrigkeit der Ware eine Frist von zwei Monaten einräumt, muß der Käufer gemäß Art. 39 Abs. 1 CISG dem Verkäufer die Vertragswidrigkeit „innerhalb einer angemessenen Frist“ anzeigen. Welche Frist angemessen ist, hängt von den Umständen des Falles ab[552]. Für den Regelfall wird von manchen Autoren eine Frist von einer Woche[553], von anderen aber auch eine Frist von bis zu einem Monat[554] für angemessen gehalten. Ist der Käufer ein Verbraucher, so ist dies ein Umstand, der bei der Bemessung der angemessenen Frist berücksichtigt werden kann[555].

Der Käufer muß gemäß Art. 39 Abs. 1 CISG dem Verkäufer die Vertragswidrigkeit anzeigen und dabei die Art der Vertragswidrigkeit genau bezeichnen. Auf diese Weise soll der Verkäufer in die Lage versetzt werden, zu entscheiden, wie er auf die Rüge reagiert[556]. Pauschale Angaben über die Vertragswidrigkeit genügen daher nicht[557]. Eine bloße Unterrichtung des Verkäufers über den Mangel, wie sie die Richtlinie fordert, ist somit im Rahmen von Art. 39 Abs. 1 CISG nicht ausreichend[558].

2. Da es bei der Bestimmung des Fristbeginns auf die Anforderungen an eine ordnungsgemäße Untersuchung sowie auf die Dauer der Untersuchungsfrist ankommt, wirkt sich eine verbraucherfreundliche Auslegung von Art. 38 Abs. 1 CISG auch im Rahmen von Art. 39 Abs. 1 CISG aus. Wie gesehen, kann die

---

550 Staudinger (-*Magnus*), Art. 39 Rn. 32; Schlechtriem (-*Schwenzer*), Art. 39 Rn. 20.

551 Staudinger (-*Magnus*), Art. 39 Rn. 32; Schlechtriem (-*Schwenzer*), Art. 39 Rn. 20; a.A. *Piltz*, Internationales Kaufrecht, § 5 Rn. 64.

552 Staudinger (-*Magnus*), Art. 39 Rn. 42; Soergel (-*Lüderitz/Schüßler-Langeheine*), Art. 39 Rn. 3; *Schlechtriem*, Internationales UN-Kaufrecht, Rn. 154; Schlechtriem (-*Schwenzer*), Art. 39 Rn. 16; Bianca/Bonell (-*Sono*), 39 Anm. 2.4.

553 *Piltz*, Internationales Kaufrecht, § 5 Rn. 59; wohl auch *Herber/Czerwenka*, Art. 39 Rn. 9; *Schlechtriem*, Internationales UN-Kaufrecht, Rn. 154; i.E. ebenso Honsell (-*Magnus*), Art. 39 Rn. 22; Staudinger (-*Magnus*), Art. 39 Rn. 49 (Gesamtfrist für Untersuchung und Mängelanzeige).

554 *Heuzé*, Vente internationale, Nr. 309; Schlechtriem (-*Schwenzer*), Art. 39 Rn. 17.

555 Vgl. Staudinger (-*Magnus*), Art. 39 Rn. 57; ferner Sekretariatskommentar, Art. 1 Anm. 14.

556 Staudinger (-*Magnus*), Art. 39 Rn. 21; Schlechtriem (-*Schwenzer*), Art. 39 Rn. 6.

557 *Herber/Czerwenka*, Art. 39 Rn. 7; Soergel (-*Lüderitz/Schüßler-Langeheine*), Art. 39 Rn. 8; Staudinger (-*Magnus*), Art. 39 Rn. 21; *Piltz*, Internationales Kaufrecht, § 5 Rn. 67; Schlechtriem (-*Schwenzer*), Art. 39 Rn. 7.

558 Vgl. *Kruisinga*, ERPL 2001, S. 177, 183 f.

Verbrauchereigenschaft ferner auch bei der Bestimmung der Dauer der „angemessenen“ Frist berücksichtigt werden, wobei eine Frist von zwei Monaten aber nur ausnahmsweise noch angemessen sein wird. Bei der Auslegung von Art. 39 Abs. 1 CISG sollte schließlich zugunsten eines als Verbraucher zu qualifizierenden Käufers berücksichtigt werden, daß dieser regelmäßig über keine besonderen Fachkenntnisse verfügt und somit den Mangel nur laienhaft beschreiben kann. An den Inhalt der Mängelanzeige sind darum keine allzu strengen Anforderungen zu stellen.

cc) Ausschluß der Untersuchungs- und Rügeobliegenheit, Art. 40, 44 CISG

1. Gemäß Art. 40 CISG kann der Verkäufer sich auf die Artikel 38 und 39 nicht berufen, wenn die Vertragswidrigkeit auf Tatsachen beruht, die er kannte oder über die er nicht in Unkenntnis sein konnte und die er dem Käufer nicht offenbart hat. Die Richtlinie sieht eine entsprechende Einschränkung der Rügeobliegenheit nicht vor.

Ferner ergibt sich aus Art. 44 CISG, daß der Käufer ungeachtet des Art. 39 Abs. 1 CISG den Preis nach Art. 50 CISG herabsetzen oder Schadensersatz, außer für entgangenen Gewinn, verlangen kann, wenn er eine vernünftige Entschuldigung dafür hat, daß er die erforderliche Anzeige unterlassen hat. Auch diese Vorschrift findet keine Entsprechung in der Richtlinie.

2. Die Regelungen in Art. 40 und 44 CISG begünstigen jedoch den Verbraucher gegenüber der Regelung der Richtlinie. Da für das Fehlen einer Entsprechung in der Richtlinie auch keine sachlichen Gründe ersichtlich sind, besteht für eine harmonisierende Auslegung kein Bedarf.

dd) Unabdingbarkeit

Soweit die Bestimmungen des UN-Kaufrechts zwingende Bestimmungen des Verbraucherrechts verdrängen, kann von ihnen zulasten des Verbrauchers nicht abgewichen werden[559]. Wie gesehen[560], ergibt sich bei Verbrauchsgüterkäufen im Sinne von § 474 Abs. 1 S .1 BGB aus § 475 Abs. 1 S. 1 BGB ein zwingendes Verbot, eine Untersuchungs- und Rügeobliegenheit zu vereinbaren. Von den Art. 38 – 40, 44 CISG kann deshalb zulasten eines als Verbraucher zu qualifizierenden Käufers nicht abgewichen werden. § 475 Abs.

---

[559] Siehe oben S. 50 f.

[560] Siehe oben S. 101.

1 S. 1 BGB wird gleichwohl nicht durch das UN-Kaufrecht verdrängt, weil sich die Vorschrift nur auf die Bestimmungen des BGB bezieht. Zu einer harmonisierenden Auslegung besteht keine Veranlassung.

3. Rechtsbehelfe des Verbrauchers

Die Rechtsbehelfe des Verbrauchers werden in Art.3 RL geregelt. Auch das UN-Kaufrecht enthält Regelungen über die Rechtsbehelfe des Käufers bei Lieferung vertragswidriger Ware durch den Verkäufer, und zwar im wesentlichen in den Art. 45 ff. CISG.

a) Regelungsgehalt des Verbraucherkaufrechts

Gemäß Art. 3 Abs. 1 RL haftet der Verkäufer dem Verbraucher für jede Vertragswidrigkeit, die zum Zeitpunkt der Lieferung des Verbrauchsgutes besteht. In Art. 3 Abs. 2 – 6 RL werden die Voraussetzungen und Rechtsfolgen der einzelnen Rechtsbehelfe des Verbrauchers geregelt. Daneben regelt die Vorschrift aber auch das Verhältnis der Rechtsbehelfe zueinander: „Zunächst“ kann der Verbraucher grundsätzlich gemäß Art. 3 Abs. 3 Unterabs. 1 RL nur die Herstellung des vertragsgemäßen Zustands durch Nachbesserung oder Ersatzlieferung verlangen. Die beiden Rechtsbehelfe werden in Art. 3 Abs. 3 Unterabs. 2 RL unter dem Begriff der Abhilfe zusammengefaßt und sind weitgehend einheitlichen Regeln unterworfen. Die Rechtsbehelfe der Minderung und der Vertragsauflösung stehen dem Verbraucher gemäß Art. 3 Abs. 5 RL erst zu, wenn Abhilfe überhaupt nicht, nicht fristgemäß oder nicht ohne erhebliche Unannehmlichkeiten für den Verbraucher geschaffen worden ist. Nicht in der Richtlinie geregelt wird der Anspruch auf Schadensersatz[561].

aa) Die einzelnen Rechtsbehelfe

Art. 3 RL regelt die Rechtsbehelfe der Nachbesserung, der Ersatzlieferung, der Minderung und der Vertragsauflösung. Sie unterscheiden sich in ihren Rechtsfolgen, knüpfen aber zum Teil an dieselben Voraussetzungen an. Wie sich aus Art. 3 Abs. 1 i.V.m. Art. 2 RL ergibt, ist gemeinsame Voraussetzung aller Verbraucherrechte die Lieferung nicht vertragsgemäßer Güter durch den Verkäufer[562]. Art. 5 Abs. 2 RL erlaubt es den Mitgliedstaaten außerdem, die Rechte

---

561 Vgl. KOM (95) 520 endg., S. 7.

562 Zu dieser Voraussetzung eingehend oben S. 76 ff.

des Verbrauchers sämtlich unter den Vorbehalt einer befristeten Mängelrüge zu stellen[563]. Auf ein Verschulden des Verkäufers kommt es dagegen für keines der Rechte an[564].

(1) Nachbesserung, Art. 3 Abs. 2 – 4 RL

1. Ist das Verbrauchsgut bei Lieferung vertragswidrig, so kann der Verbraucher gemäß Art. 3 Abs. 2 und 3 Unterabs. 1 Alt. 1 RL Abhilfe in Form der unentgeltlichen Nachbesserung verlangen. Einzige Voraussetzung[565] für den Anspruch auf Nachbesserung ist also die Vertragswidrigkeit der Ware zum maßgeblichen Zeitpunkt.

Der Begriff der Nachbesserung wird in Art. 1 Abs. 2 f) RL als Herstellung des vertragsgemäßen Zustands des Verbrauchsgutes definiert. Da gemäß Art. 3 Abs. 2 RL aber auch die Ersatzlieferung der Herstellung des vertragsgemäßen Zustands dient, ist diese Definition wenig aufschlußreich[566]. Es besteht aber wohl Einigkeit darüber, daß die Nachbesserung die Reparatur des ursprünglich gelieferten Verbrauchsgutes bezeichnet[567], die auch im Austausch einzelner Teile bestehen kann[568].

Die Abhilfe hat gemäß Art. 3 Abs. 2 und Abs. 3 Unterabs. 1 RL unentgeltlich zu erfolgen. Gemäß Art. 3 Abs. 4 RL umfaßt der Begriff „unentgeltlich" in den Absätzen 2 und 3 die für die Herstellung des vertragsgemäßen Zustands des Verbrauchsgutes notwendigen Kosten, insbesondere Versand-, Arbeits- und Materialkosten. Dies bedeutet, daß der Verkäufer alle für die Abhilfe erforderlichen Kosten tragen muß[569], und zwar, da die Vorschrift insoweit nicht differenziert, auch dann, wenn diese Kosten beim Verbraucher anfallen[570].

Gemäß Art. 3 Abs. 3 Unterabs. 3 RL muß die Abhilfe innerhalb einer angemessenen Frist und ohne erhebliche Unannehmlichkeiten für den Verbraucher erfolgen, wobei die Art des Verbrauchsgutes sowie der Zweck, für den der

---

563 Hierzu oben S. 99 ff.

564 AnwaltKomm (-*Pfeiffer*), Art. 3 Rn. 2; zum Ausschluß der Haftung des Verkäufers bei Verursachung des Sachmangels durch den Verbraucher oben S. 87.

565 Soweit die Mitgliedstaaten keine Rügeobliegenheit einführen.

566 Kritisch auch *Schwartze*, ZEuP 2000, S. 544, 563 Fn. 129.

567 Grundmann/Bianca (-*Luna Serrano*), Art. 1 Rn. 47 ff.; AnwaltKomm (-*Pfeiffer*), Art. 1 Rn. 39; *Schwartze*, ZEuP 2000, S. 544, 564; vgl. ferner KOM (93) 509 endg., S. 114.

568 Grundmann/Bianca (-*Bianca*), Art. 3 Rn. 24.

569 *Micklitz*, EuZW 1999, S. 485, 488; AnwaltKomm (-*Pfeiffer*), Art. 3 Rn. 13.

570 *Micklitz*, a.a.O.; a.A. AnwaltKomm (-*Pfeiffer*), a.a.O.

Verbraucher das Verbrauchsgut benötigte, zu berücksichtigen sind. Die Frist beginnt zu dem Zeitpunkt, zu dem der Verbraucher Abhilfe verlangt und das Verbrauchsgut dem Verkäufer zur Nachbesserung zur Verfügung stellt[571]. Welche Frist noch „angemessen“ ist, richtet sich nicht nur nach den in Art. 3 Abs. 3 Unterabs. 3 RL genannten Kriterien, sondern auch danach, wie schwerwiegend der jeweilige Mangel ist bzw. wie leicht er sich beheben läßt[572]. Hat der Verkäufer nicht innerhalb einer angemessenen Frist oder nicht ohne erhebliche Unannehmlichkeiten für den Verbraucher Abhilfe geschaffen, so kann der Verbraucher gemäß Art. 3 Abs. 5 RL eine angemessene Minderung oder, vorbehaltlich Art. 3 Abs. 6 RL, Vertragsauflösung verlangen[573].

Der Anspruch auf Abhilfe ist gemäß Art. 3 Abs. 3 Unterabs. 1 RL ausgeschlossen, wenn die Abhilfe unmöglich oder unverhältnismäßig ist. Fraglich ist, unter welchen Voraussetzungen die Abhilfe als unmöglich zu betrachten ist. Der Begriff wird in der Richtlinie nicht definiert. Zum Teil wird die Auffassung vertreten, der Anspruch sei nur bei objektiver Unmöglichkeit ausgeschlossen[574]. Es erscheint jedoch angemessen, den Verkäufer auch dann von der Pflicht zur Abhilfe zu befreien, wenn diese ihm praktisch unmöglich ist[575]. Auch diese Auslegung ist mit dem Wortsinn vereinbar. Einfache subjektive Unmöglichkeit wird man dagegen wohl nicht genügen lassen können, weil dies den Verkäufer übermäßig begünstigen würde[576]. Gleichgültig ist nach dem Wortlaut der Richtlinie, zu welchem Zeitpunkt die Unmöglichkeit eintritt[577].

Als unverhältnismäßig gilt die Abhilfe gemäß Art. 3 Abs. 3 Unterabs. 2 RL, wenn sie dem Verkäufer Kosten verursachen würde, die unter Berücksichtigung der unter den Spiegelstrichen 1 – 3 genannten Kriterien „verglichen mit der alternativen Abhilfemöglichkeit“ unzumutbar wären. Da sich Art. 3 Abs. 3 RL mit den Rechten des Käufers auf Nachbesserung und Ersatzlieferung befaßt, ist die „alternative Abhilfemöglichkeit“ im Verhältnis zur Nachbesserung die Er-

---

571 *Micklitz*, a.a.O.; AnwaltKomm (*-Pfeiffer*), Art. 3 Rn. 14; ähnlich *Ernst/Gsell*, ZIP 2000, S. 1410, 1418.

572 AnwaltKomm (*-Pfeiffer*), a.a.O. Nach Ansicht von *Lehr/Wendel*, EWS 1999, S. 321, 325, sind 1 bis 2 Wochen noch angemessen.

573 Hierzu näher unten S. 116 ff.

574 *Lehr/Wendel*, EWS 1999, S. 321, 324; AnwaltKomm (*-Pfeiffer*), Art. 3 Rn. 8.

575 Ähnlich Grundmann/Bianca (*-Bianca*), Art. 3 Rn. 30, der allerdings schon „übermäßige Lästigkeit“ und „technische Schwierigkeiten“ genügen lassen will. Dies geht m.E. etwas weit.

576 Vgl. Grundmann/Bianca (*-Bianca*), Art. 3 Rn. 30; AnwaltKomm (*-Pfeiffer*), Art. 3 Rn. 8; a.A. *Schurr*, ZfRV 1999, S. 222, 226.

577 Vgl. AnwaltKomm (*-Pfeiffer*), Art. 3 Rn. 8.

satzlieferung[578]. Zur Beurteilung der Frage, ob die Kosten für die Nachbesserung dem Verkäufer unzumutbar sind, ist also aus objektiver Perspektive[579] ein Vergleich mit der Ersatzlieferung vorzunehmen, der die in der Vorschrift genannten Kriterien, also den Wert des Verbrauchsguts ohne die Vertragswidrigkeit, die Bedeutung der Vertragswidrigkeit sowie die Frage berücksichtigt, ob auf die Ersatzlieferung ohne erhebliche Unannehmlichkeiten für den Verbraucher zurückgegriffen werden könnte. Nach dem Willen der Richtliniengeber[580] sollte entscheidend sein, ob die Kosten der vom Verbraucher gewählten Form der Abhilfe im Vergleich mit den Kosten der jeweils anderen Abhilfealternative unverhältnismäßig hoch sind. Zweifelhaft ist, ob sowohl Nachbesserung als auch Ersatzlieferung unverhältnismäßig sein können. Meines Erachtens ist dies abzulehnen, da die Unverhältnismäßigkeit einer Abhilfealternative sich gerade aus dem Vergleich mit der anderen Alternative ergeben muß[581].

2. Das Recht des Verbrauchers auf Nachbesserung aus Art. 3 Abs. 2 und Abs. 3 Unterabs. 1 wird durch die §§ 437 Nr. 1, 439 Abs. 1 BGB umgesetzt[582]. Nach diesen Vorschriften kann der Käufer eines bei Gefahrübergang mit einem Sachmangel behafteten Gegenstandes als Nacherfüllung unter anderem die Beseitigung des Mangels verlangen. Die Regelung in Art. 3 Abs. 2, Abs. 3 Unterabs. 1 und Abs. 4 RL über die Unentgeltlichkeit der Abhilfe wird durch § 439 Abs. 2 BGB in deutsches Recht umgesetzt[583]. Die Vorschrift bestimmt, daß der Verkäufer die zum Zwecke der Nacherfüllung erforderlichen Aufwendungen, insbesondere Transport-, Wege-, Arbeits- und Materialkosten zu tragen hat. Der Umsetzung der Regelung über den Anspruchsausschluß wegen Unverhältnismäßigkeit in Art. 3 Abs. 3 Unterabs. 1 und 2 RL dient § 439 Abs. 3 S. 1 und 2 BGB[584]. Danach kann der Verkäufer die vom Käufer gewählte Art der Nacherfüllung verweigern, wenn sie nur mit unverhältnismäßigen Kosten möglich ist. Dabei sind insbesondere der Wert der Sache in mangelfreiem Zustand, die Bedeutung des Mangels und die Frage zu berücksichtigen, ob auf die andere Art der Nacherfüllung ohne erhebliche Nachteile für den Käufer zurückgegriffen werden könnte. Der Ausschluß des Mängelbeseitigungsanspruchs wegen Unmöglichkeit ist in § 439 BGB nicht geregelt[585]. § 439 Abs. 3 S. 1 BGB gilt

---

578 A.A. *Welser/Jud*, Reform des Gewährleistungsrechts, S. 87 (auch die anderen Rechtsbehelfe sind zu berücksichtigen).

579 Erwägungsgrund (11) S. 2 RL.

580 Erwägungsgrund (11) S. 3 Hs. 2 RL.

581 Wie hier AnwaltKomm (*-Pfeiffer*), Art. 3 Rn. 12; a. A. aber offenbar *Ernst/Gsell*, ZIP 2000, S. 1410, 1417; *Schwartze*, ZEuP 2000, S. 544, 568.

582 Vgl. Regierungsbegründung, BT-Drucks. 14/6040, S. 230.

583 Vgl. Regierungsbegründung, BT-Drucks. 14/6040, S. 231.

584 Vgl. Regierungsbegründung, BT-Drucks. 14/6040, S. 232.

585 Vgl. Regierungsbegründung, a.a.O.

jedoch unbeschadet des § 275 Abs. 2 und 3 BGB, und auch § 275 Abs. 1 BGB kommt auf den Anspruch des Käufers auf Mängelbeseitigung zur Anwendung[586]. Gemäß § 275 Abs. 1 BGB ist der Anspruch auf Leistung ausgeschlossen, soweit diese für den Schuldner oder für jedermann unmöglich ist. Der Schuldner kann ferner gemäß § 275 Abs. 2 BGB die Leistung verweigern, soweit diese einen Aufwand erfordert, der unter Beachtung des Inhalts des Schuldverhältnisses und der Gebote von Treu und Glauben in einem groben Mißverhältnis zu dem Leistungsinteresse des Gläubigers steht, wobei zu berücksichtigen ist, ob der Schuldner das Leistungshindernis zu vertreten hat. Gemäß § 275 Abs. 3 BGB kann der Schuldner schließlich die Leistung auch dann verweigern, wenn er die Leistung persönlich zu erbringen hat und sie ihm unter Abwägung des seiner Leistung entgegenstehenden Hindernisses mit dem Leistungsinteresse des Gläubigers nicht zugemutet werden kann.

(2) Ersatzlieferung, Art. 3 Abs. 2 – 4 RL

1. Statt der Nachbesserung kann der Verbraucher bei Lieferung eines vertragswidrigen Verbrauchsgutes vom Verkäufer gemäß Art. 3 Abs. 2 und 3 Unterabs. 1 Alt. 2 RL auch unentgeltliche Ersatzlieferung verlangen. Einzige Voraussetzung auch dieses Anspruchs ist die Lieferung von mit einem Sachmangel behafteter Ware[587].

Anders als der Begriff der Nachbesserung wird der Begriff der Ersatzlieferung in der Richtlinie nicht definiert[588]. Nach dem Wortsinn ist jedoch unter Ersatzlieferung ein Austausch des ursprünglich gelieferten Verbrauchsgutes gegen ein anderes zu verstehen[589].

Da die Regelungen in Art. 3 Abs. 2, 3 und 4 RL nicht nur für die Nachbesserung, sondern allgemein für die Abhilfe gelten, kann insoweit auf die zur Nachbesserung gemachten Ausführungen verwiesen werden[590].

---

586 Vgl. Regierungsbegründung, a.a.O.

587 Vorausgesetzt die Vertragsstaaten führen nicht gemäß Art. 5 Abs. 2 RL eine Rügeobliegenheit ein.

588 Zum Begriff der Nachbesserung oben S. 108.

589 Vgl. Grundmann/Bianca (*-Luna Serrano*), Art. 1 Rn. 49; AnwaltKomm (*-Pfeiffer*), Art. 1 Rn. 39; ferner KOM (93) 509 endg., S. 114.

590 Für die Ersatzlieferung gelten also auch dieselben Ausschlußgründe wie für die Nachbesserung. Anders als im Rahmen des UN-Kaufrechts gemäß Art. 82 Abs. 1 CISG ist die Ersatzlieferung also nicht ausgeschlossen, wenn der Verbraucher die Ware nicht zurückgeben kann, vgl. *Ernst/Gsell*, ZIP 2000, S. 1410, 1417.

2. Der Anspruch des Verbrauchers auf Ersatzlieferung wird gemeinsam mit dem Anspruch auf Nachbesserung unter dem Oberbegriff der Nacherfüllung durch die §§ 437 Nr. 1, 439 Abs. 1 BGB in deutsches Recht umgesetzt. Der Käufer, dem ein bei Gefahrübergang mit einem Sachmangel behafteter Kaufgegenstand geliefert worden ist, kann nach diesen Vorschriften als Nacherfüllung nicht nur die Beseitigung des Mangels, sondern (nach seiner Wahl) auch die Lieferung einer mangelfreien Sache verlangen. Die §§ 439 Abs. 2 und 3 S. 1 und 2, 275 BGB gelten auch für den Anspruch auf Lieferung einer mangelfreien Sache.

(3) Minderung, Art. 3 Abs. 2 und 5 RL

1. Gemäß Art. 3 Abs. 2 und 5 Alt. 1 RL kann der Verbraucher eine angemessene Minderung des Kaufpreises verlangen, wenn der Verbraucher keinen Anspruch auf Abhilfe hat oder der Verkäufer nicht innerhalb einer angemessenen Frist oder nicht ohne erhebliche Unannehmlichkeiten für den Verbraucher Abhilfe geschaffen hat. Abgesehen von den unter den Spiegelstrichen 1 – 3 genannten Voraussetzungen, die das Verhältnis der Minderung (und der Vertragsauflösung) zu den Ansprüchen auf Abhilfe betreffen[591], ist einzige Voraussetzung auch dieses Rechtsbehelfs die Lieferung vertragswidriger Ware.

Liegt diese Voraussetzung vor, so kann der Verbraucher gemäß Art. 3 Abs. 5 RL eine angemessene Minderung des Kaufpreises „verlangen“. Die Richtlinie räumt dem Verbraucher also nicht ein Gestaltungsrecht, sondern einen Anspruch auf Minderung ein[592]. Dies ergibt sich auch aus Art. 3 Abs. 2 RL, der von einem „Anspruch auf (...) angemessene Minderung des Kaufpreises“ spricht.

Hinsichtlich der Berechnung der Minderung bestimmt die Richtlinie ausdrücklich nur, daß diese „angemessen“ sein muß. Fraglich ist, ob eine Regelung, die sich am Verhältnis des Werts der mangelhaften zum Wert einer mangelfreien Sache orientiert[593], mit der Richtlinie vereinbar ist. Dagegen spricht Art. 3 Abs. 5 Spiegelstrich 3 RL, wonach der Verbraucher den Kaufpreis auch dann mindern kann, wenn der Mangel letztlich behoben worden ist[594]. Dieser

---

[591] Hierzu unten S. 116 ff.

[592] *Schlechtriem*, in: Ernst/Zimmermann, S. 205, 221; *Schurr*, ZfRV 1999, S. 222, 225; *Schwartze*, ZEuP 2000, S. 544, 563; a.A. Grundmann/Bianca (-*Bianca*), Art. 3 Rn. 66, der meint, die Richtlinie gebe dem Verbraucher ein Gestaltungsrecht; Art. 3 Abs. 5 RL sei lediglich „unsauber“ formuliert.

[593] So die Regelung in § 441 Abs. 3 S. 1 n.F. BGB.

[594] Zu dieser Regelung und zu der Frage, ob Art. 3 Abs. 5 Spiegelstrich 2 RL entsprechend zu verstehen ist, unten S. 116 ff.

Vorschrift kann jedoch auch dadurch Rechnung getragen werden, daß neben dem Anspruch auf Minderung ein Entschädigungsanspruch für immaterielle Beeinträchtigungen geschaffen wird[595]. Dies entspricht offenbar auch der Auffassung der Richtliniengeber, die auf das Vorbild des UN-Kaufrechts verweisen[596], nach dem der Preis gemäß Art. 50 S. 1 CISG in dem Verhältnis herabzusetzen ist, in dem der Wert, den die tatsächlich gelieferte Ware im Zeitpunkt der Lieferung hatte, zu dem Wert steht, den vertragsgemäße Ware zu diesem Zeitpunkt gehabt hätte.

2. Das Minderungsrecht des Käufers aus Art. 3 Abs. 2 und 5 RL wird durch die §§ 437 Nr. 2, 441 Abs. 1 S. 1 BGB in deutsches Recht umgesetzt. Nach dieser Vorschrift kann der Käufer einer bei Gefahrübergang mangelhaften Sache den Kaufpreis durch Erklärung gegenüber dem Verkäufer mindern[597]. Gemäß § 441 Abs. 3 S. 1 BGB ist bei der Minderung der Kaufpreis in dem Verhältnis herabzusetzen, in welchem zur Zeit des Vertragsschlusses der Wert der Sache in mangelfreiem Zustand zu dem wirklichen Wert gestanden haben würde.

(4) Vertragsauflösung, Art. 3 Abs. 2, 5 und 6 RL

1. Der Verbraucher kann schließlich gemäß Art. 3 Abs. 2 und 5 Alt. 2 RL unter der Voraussetzung, daß der Verkäufer ihm vertragswidrige Ware geliefert hat, die Vertragsauflösung verlangen[598]. Da der Käufer nach dem Wortlaut von Art. 3 Abs. 5 RL Vertragsauflösung „verlangen" kann und in Art. 3 Abs. 2 und 6 RL von dem Anspruch auf Vertragsaufhebung die Rede ist, ist das Vertragsauflösungsrecht, wie das Recht zur Kaufpreisminderung, als Anspruch und nicht als Gestaltungsrecht konzipiert[599].

---

595 Vgl. *Ernst/Gsell*, ZIP 2000, S. 1410, 1417 f.; *Roth*, in: Ernst/Zimmermann, S. 225, 243 ff.; weitergehend Grundmann/Bianca (*-Bianca*), Art. 3 Rn. 39 (der Preis muß „um dieselbe Prozentzahl gemindert werden, um die der Marktwert der Ware infolge des Mangels gemindert ist"); a.A. aber wohl AnwaltKomm (*-Pfeiffer*), Art. 3 Rn. 20.

596 KOM (95) 520 endg., S. 14; vgl. ferner KOM (93) 509 endg., S. 114.

597 Gemäß § 441 Abs. 1 S. 1 BGB kann der Käufer mindern „statt zurückzutreten". Dies bedeutet, daß der Käufer dem Verkäufer grundsätzlich zunächst erfolglos gemäß den §§ 437 Nr. 2, 323 Abs. 1 BGB eine Frist zur Nacherfüllung gesetzt haben muß, es sei denn, die Fristsetzung ist ausnahmsweise gemäß den §§ 437 Nr. 2, 323 Abs. 2, 326 Abs. 5 oder 440 BGB entbehrlich. Zu dieser Voraussetzung, die das Verhältnis der Minderung zu den anderen Rechtsbehelfen des Käufers betrifft, unten S. 119 f.

598 Daneben müssen die unter den Spiegelstrichen 1 – 3 genannten Voraussetzungen vorliegen, die das Verhältnis der Vertragsauflösung zu den anderen Käuferrechten regeln und deshalb unten S. 116 ff. behandelt werden.

599 *Schurr*, ZfRV 1999, S. 222, 225; a.A. AnwaltKomm (*-Pfeiffer*), Art. 3 Rn. 17 (Frage des nationalen Rechts); wohl ebenso *Ernst/Gsell*, ZIP 2000, S. 1410, 1418.

Gemäß Art. 3 Abs. 6 RL hat der Verbraucher jedoch bei einer geringfügigen Vertragswidrigkeit keinen Anspruch auf Vertragsauflösung. Fraglich ist, wann eine Vertragswidrigkeit als geringfügig zu qualifizieren ist. Das UN-Kaufrecht enthält eine dem Art. 3 Abs. 6 RL ähnliche Regelung. Bei Lieferung nicht vertragsgemäßer Ware kommt eine Vertragsaufhebung gemäß Art. 49 Abs. 1 a) CISG nur dann in Betracht, wenn der Sachmangel eine „wesentliche Vertragsverletzung" im Sinne von Art. 25 CISG darstellt[600]. Trotz der unterschiedlichen Wortwahl in den Regelungen wird zum Teil angenommen, daß eine geringfügige Vertragswidrigkeit immer dann vorliege, wenn ein Sachmangel nicht im Sinne von Art. 25 CISG wesentlich ist, so daß die Regelungen in Übereinkommen und Richtlinie inhaltlich letztlich übereinstimmen[601]. Dem kann nicht gefolgt werden. Der unterschiedliche Wortlaut weist vielmehr darauf hin, daß die Regelungen auch inhaltlich voneinander abweichen[602]. Gemäß Art. 25 CISG ist eine von einer Partei begangene Vertragsverletzung wesentlich, wenn sie für die andere Partei solchen Nachteil zur Folge hat, daß ihr im wesentlichen entgeht, was sie nach dem Vertrag hätte erwarten dürfen, es sei denn, daß die vertragsbrüchige Partei diese Folge nicht vorausgesehen hat und eine vernünftige Person der gleichen Art diese Folge unter den gleichen Umständen auch nicht vorausgesehen hätte. Besteht die Vertragsverletzung in der Lieferung nicht vertragsgemäßer Ware, so ist sie nach allgemeiner Ansicht in der Regel nur dann als wesentlich anzusehen, wenn der Mangel nur unter unzumutbaren Bedingungen zu beheben und die mangelhafte Ware nahezu völlig unbrauchbar und unverkäuflich ist[603]. Sieht die Richtlinie einen Ausschluß der Vertragsauflösung nur bei einer „geringfügigen Vertragswidrigkeit" vor, so müssen schon weniger schwerwiegende Mängel zur Vertragsauflösung berechtigen[604]. Jedoch ist damit noch immer unklar, wie der Begriff „geringfügig" zu verstehen ist[605]. Aus dem Umstand, daß im Rahmen der Richtlinie das Auflösungsrecht die Regel ist, die nur ausnahmsweise bei Geringfügigkeit des Sachmangels durchbrochen wird[606],

[600] Eingehend hierzu unten S. 131 f.

[601] Grundmann/Bianca (-*Bianca*), Art. 3 Rn. 41 ff. und insb. 45 a.E.; i. E. wohl auch *Grundmann*, AcP 202 (2002), S. 40, 51 f.; AnwaltKomm (-*Pfeiffer*), Art. 3 Rn. 25.

[602] *Hondius*, ZEuP 1997, S. 130, 135 f.; *Magnus*, in: Grundmann/Medicus/Rolland, S. 79, 89, wohl auch *Schlechtriem*, in: Ernst/Zimmermann, S. 205, 220 f.

[603] Staudinger (-*Magnus*), Art. 25 Rn. 26, Art. 49 Rn. 14.

[604] *Magnus*, in: Grundmann/Medicus/Rolland, S. 79, 89; wohl auch *Hondius*, ZEuP 1999, S. 130, 136; *Schlechtriem*, in: Ernst/Zimmermann, S. 205, 220.

[605] Kritisch zu dem Begriff auch *Micklitz*, EuZW 1997, S. 229, 233.

[606] Vgl. *Welser/Jud*, Reform des Gewährleistungsrechts, S. 88. Im Rahmen des UN-Kaufrechts besteht ein Aufhebungsrecht gemäß Art. 49 Abs. 1 a) CISG dagegen nur dann, wenn der Mangel eine wesentliche Vertragsverletzung darstellt; das Regel-Ausnahme-Verhältnis ist also umgekehrt.

kann jedoch geschlossen werden, daß Art. 3 Abs. 6 RL nur bei nahezu völlig unbeachtlichen Beeinträchtigungen eingreifen soll[607].

Die Richtlinie regelt nicht die Modalitäten der Durchführung der Vertragsauflösung. Diese richten sich vielmehr nach nationalem Recht[608].

2. Das Auflösungsrecht aus Art. 3 Abs. 2 und 5 RL wird im Rahmen des BGB durch die §§ 437, 323 Abs. 1 umgesetzt. Danach kann der Käufer einer bei Gefahrübergang mit einem Sachmangel behafteten Sache vom Vertrag zurücktreten[609]. Gemäß § 323 Abs. 5 S. 2 BGB kann der Gläubiger, wenn der Schuldner die Leistung nicht vertragsgemäß bewirkt hat, vom Vertrag nicht zurücktreten, wenn die Pflichtverletzung unerheblich ist. Durch diese Regelung wird Art. 3 Abs. 6 RL in deutsches Recht umgesetzt.

bb) Das Verhältnis der Rechtsbehelfe zueinander

1. Bereits aus den Rechtsfolgen der in Art. 3 RL geregelten Rechtsbehelfe ergibt sich, daß diese nicht kumuliert werden können, sich also gegenseitig ausschließen[610].

Die Richtlinie legt jedoch darüber hinaus ein Rangverhältnis zwischen den einzelnen Rechtsbehelfen fest. „Zunächst" kann der Verbraucher gemäß Art. 3 Abs. 3 Unterabs. 1 RL vom Verkäufer Nachbesserung oder Ersatzlieferung verlangen. Nach dem Wortlaut der Vorschrift („... kann ... oder ... verlangen ...") kann der Verbraucher zwischen beiden Formen der Abhilfe frei wählen[611], soweit nicht einer der Rechtsbehelfe gemäß Art. 3 Abs. 3 Unterabs. 1 und 2 RL wegen Unmöglichkeit oder Unverhältnismäßigkeit ausgeschlossen ist[612]. Der Verkäufer kann dem Verbraucher zwar eine Form der Abhilfe anbieten; der Verbraucher ist aber nicht dazu verpflichtet, die ihm angebotene Abhilfeform zu

---

607 Ähnlich *Schwartze*, ZEuP 2000, S. 544, 567.

608 Erwägungsgrund (15) S. 2 RL.

609 Ferner ist grundsätzlich gemäß den §§ 437 Nr. 2, 323 Abs. 1 BGB erforderlich, daß der Käufer dem Verkäufer erfolglos eine angemessene Frist zur Nacherfüllung bestimmt hat, wenn dies nicht ausnahmsweise gemäß den §§ 437 Nr. 2, 323 Abs. 2, 326 Abs. 5 oder 440 BGB entbehrlich ist. Zu dieser Voraussetzung, die das Verhältnis des Rücktritts zu den anderen Rechtsbehelfen betrifft, unten S. 119 f.

610 Ebenso *Schwartze*, ZEuP 2000, S. 544, 568. Einige Rechtsbehelfe können jedoch nacheinander ausgeübt werden. Dazu sogleich.

611 Vgl. Erwägungsgrund (10) Hs. 1 RL.

612 Ein Ausschluß beider Rechtsbehelfe kommt nur in Betracht, wenn beide unmöglich sind. Zur Begründung siehe nächster Absatz.

akzeptieren[613]. Indem die Vorschrift das Wahlrecht des Verbrauchers zunächst auf Nachbesserung und Ersatzlieferung beschränkt, räumt sie dem Verkäufer zugleich ein Recht zur zweiten Andienung ein[614].

Einen Anspruch auf Minderung oder Vertragsauflösung hat der Verbraucher nur unter den in Art. 3 Abs. 5 Spiegelstrich 1 – 3 RL genannten alternativen[615] Voraussetzungen. Gemäß Art. 3 Abs. 5 Spiegelstrich 1 RL kann er Minderung oder Vertragsauflösung verlangen, wenn er weder Anspruch auf Nachbesserung noch auf Ersatzlieferung hat. Wie bereits gesehen[616], können nicht beide Abhilfemöglichkeiten unverhältnismäßig sein. Ist nur eine der beiden Formen der Abhilfe wegen Unmöglichkeit ausgeschlossen, dann kann die alternative Abhilfemöglichkeit nicht unverhältnismäßig sein, weil sich die Unverhältnismäßigkeit gerade aus dem Vergleich der Kosten für diese Form der Abhilfe mit der (noch möglichen) alternativen Abhilfe ergeben muß[617]. Art. 3 Abs. 5 Spiegelstrich 1 RL kann also nur dann eingreifen, wenn beide Abhilfealternativen wegen Unmöglichkeit ausgeschlossen sind[618]. Liegen die Voraussetzungen von Art. 3 Abs. 5 Spiegelstrich 1 RL vor, kann der Verbraucher sofort Minderung oder Vertragsauflösung verlangen[619]. Der Verbraucher hat grundsätzlich die Wahl zwischen diesen beiden Ansprüchen („... kann ... oder ... verlangen ...")[620], es sei denn, die Vertragsauflösung ist gemäß Art. 3 Abs. 6 RL ausgeschlossen.

Gemäß Art. 3 Abs. 5 Spiegelstrich 2 RL kann der Verbraucher Minderung und Vertragsauflösung auch dann verlangen, wenn der Verkäufer nicht innerhalb einer angemessenen Frist Abhilfe geschaffen hat. Auf die angemessene Frist zur Abhilfe wurde oben[621] bereits eingegangen. Nach Fristablauf kann der Verbraucher mindern oder den Vertrag auflösen. Nach dem Wortlaut von Art. 3 Abs. 5 Spiegelstrich 2 RL genügt es, wenn der Verkäufer nicht fristgemäß Ab-

---

613 Erwägungsgrund (12) RL.

614 Vgl. *Ehmann/Rust*, JZ 1999, S. 853, 858.

615 *Micklitz*, EuZW 1999, S. 485, 488; *Staudenmayer*, NJW 1999, S. 2393, 2395.

616 Siehe oben S. 110.

617 Wie hier *Tenreiro/Gómez*, REDC 2000, S. 5, 23; a.A. wohl AnwaltKomm (-*Pfeiffer*), Art. 3 Rn. 12.

618 Ebenso *Tenreiro/Gómez*, REDC 2000, S. 5, 24; a.A. offenbar Grundmann/Bianca (-*Bianca*), Art. 3 Rn. 62 (Verbraucher kann Minderung oder Vertragsauflösung verlangen, wenn Reparatur und Ersatzlieferung unmöglich oder unangemessen sind).

619 AnwaltKomm (-*Pfeiffer*), Art. 3 Rn. 22.

620 Vgl. *Lehr/Wendel*, EWS 1999, S. 321, 325; *Schmidt-Räntsch*, ZEuP 1999, S. 294, 295 (zum gemeinsamen Standpunkt des Rates und der Kommission vom 24. September 1998); *Schurr*, ZfRV 1999, S. 222, 226; *Schwartze*, ZEuP 2000, S. 544, 569; *Tenreiro/Gómez*, REDC 2000, S. 5, 24.

621 S. 108 f.

hilfe geschaffen hat. Fraglich ist, ob die Vorschrift dem Verbraucher einen Anspruch auf Minderung oder Vertragsauflösung auch dann geben will, wenn der Verkäufer die Vertragswidrigkeit, wenn auch verspätet, beseitigt hat. Dagegen spricht, daß in diesem Fall der Verbraucher letztlich erhalten hat, was ihm vertraglich geschuldet wurde. Die Rechtsbehelfe würden dann nicht mehr, wie an sich in Art. 3 Abs. 1 RL vorausgesetzt, einen Sachmangel im Sinne von Art. 2 RL, sondern die Verletzung der Nebenpflicht aus Art. 3 Abs. 3 Unterabs. 3 RL sanktionieren[622]. Für die Anwendbarkeit von Art. 3 Abs. 5 Spiegelstrich 2 RL auch im Falle erfolgter Abhilfe spricht jedoch, daß Art. 3 Abs. 5 Spiegelstrich 3 RL dem Verbraucher ausdrücklich ein Minderungs- und Vertragsauflösungsrecht trotz erfolgter Abhilfe einräumt, wenn der Verkäufer dem Verbraucher bei der Mangelbeseitigung erhebliche Unannehmlichkeiten bereitet hat[623]. Kann der Verbraucher aber wegen erheblicher Unannehmlichkeiten mindern und den Vertrag auflösen, so ist nicht einzusehen, warum ihm diese Rechte nicht auch dann zustehen sollen, wenn der Verkäufer die Frist zur Abhilfe nicht eingehalten hat. Art. 3 Abs. 5 Spiegelstrich 2 RL greift also auch dann ein, wenn der Verkäufer nach Ablauf der angemessenen Frist die Vertragswidrigkeit noch beseitigt hat[624].

Der Verbraucher kann schließlich gemäß Art. 3 Abs. 5 Spiegelstrich 3 RL Minderung oder Vertragsauflösung verlangen, wenn der Verkäufer nicht ohne erhebliche Unannehmlichkeiten für den Verbraucher Abhilfe geschaffen hat. Ihrem Wortlaut nach räumt die Vorschrift dem Verbraucher einen Anspruch auf Minderung oder Vertragsauflösung nur ein, wenn eine tatsächlich erfolgte Ab-

---

622 Ähnlich *Roth*, in: Ernst/Zimmermann, S. 225, 245; *Schlechtriem*, in: Ernst/Zimmermann, S. 205, 219.

623 *Ernst/Gsell*, ZIP 2000, S. 1410, 1417 f.; *Roth*, in: Ernst/Zimmermann, S. 225. 244; a.A. *Welser/Jud*, Reform des Gewährleistungsrechts, S. 86. Näher zu Art. 3 Abs. 5 Spiegelstrich 3 RL sogleich.

624 I.E. ebenso *Roth*, in: Ernst/Zimmermann, S. 225, 245; a.A. *Schlechtriem*, in: Ernst/Zimmermann, S. 205, 219; *Tournafond*, D. 2000, Chron., S. 159, 160; *Welser/Jud*, Reform des Gewährleistungsrechts, S. 86. Man wird aber wohl nicht umhin können, die Regelung als unglücklich zu bezeichnen: Da die Richtlinie einen Anspruch auf Minderung auch dann vorsieht, wenn die Ware vertragsgemäß ist, muß das nationale Recht, wenn es sich bei der Berechnung der Minderung am Wert der vertragswidrigen Ware orientiert, einen Entschädigungsanspruch für verspätete (oder mit erheblichen Unannehmlichkeiten verbundene) Abhilfe schaffen (hierzu bereits oben S. 112 f.). Auch wird die Vertragsauflösung vielfach eine zu schwerwiegende Sanktion für relativ geringfügige Verfehlungen des Verkäufers sein. Art. 3 Abs. 6 RL führt in diesen Fällen wohl trotzdem nicht zu einem Ausschluß des Auflösungsrechts, da er sich auf geringfügige „Vertragswidrigkeiten" bezieht, also auf Sachmängel im Sinne von Art. 2 RL. Diese Probleme hat der Richtliniengeber offenbar nicht gesehen.

hilfe ihm erhebliche Unannehmlichkeiten bereitet hat[625]. Die Ansprüche müssen dem Verbraucher aber erst recht dann zustehen, wenn der Verkäufer ihm erhebliche Unannehmlichkeiten bereitet hat, ohne daß das Verbrauchsgut letztlich in vertragsgemäßen Zustand versetzt wurde. Denn es ist nicht einzusehen, warum der Verkäufer besser stehen soll, wenn er keine Abhilfe leistet[626]. Aus dem gleichen Grund genügt es, wenn erhebliche Unannehmlichkeiten zwar noch nicht eingetreten, aber doch mit Sicherheit zu erwarten sind[627].

Das Verhältnis der einzelnen Rechtsbehelfe zueinander stellt sich danach wie folgt dar: Zunächst kann der Verbraucher zwischen Nachbesserung und Ersatzlieferung wählen, wenn nicht einer oder beide Rechtsbehelfe ausgeschlossen sind. Hat der Verkäufer den Sachmangel fristgemäß und ohne erhebliche Unannehmlichkeiten für den Verbraucher beseitigt, so kommen keine Rechtsbehelfe mehr in Betracht. Ist die angemessene Frist abgelaufen oder hat der Verkäufer dem Verbraucher erhebliche Unannehmlichkeiten bereitet, ohne daß die Vertragswidrigkeit beseitigt ist, so kann der Verbraucher, vorbehaltlich Art. 3 Abs. 6 RL, zwischen Minderung und Vertragsauflösung wählen. Außerdem kann der Verbraucher (erneut) Nachbesserung oder Ersatzlieferung verlangen; die Richtlinie sieht dies zwar nicht ausdrücklich vor, schließt die Ansprüche auf Herstellung des vertragsgemäßen Zustands aber auch nicht aus[628]. Hat der Verkäufer die Vertragswidrigkeit dagegen, wenn auch verspätet oder verbunden mit erheblichen Unannehmlichkeiten für den Verbraucher, beseitigt, dann kommen die Ansprüche auf Nachbesserung und Ersatzlieferung naturgemäß nicht mehr in Betracht. Der Verbraucher kann aber mindern und den Vertrag, vorbehaltlich Art. 3 Abs. 6 RL, auflösen.

Fraglich ist, ob der Verbraucher, außer in den von Art. 3 Abs. 5 Spiegelstrich 2 und 3 RL geregelten Fällen, nach der Ausübung eines Rechtsbehelfs einen anderen Rechtsbehelf geltend machen kann[629]. Hat der Verbraucher eine Form der Abhilfe gewählt, so kann er nach dem Grundsatz von Treu und Glauben nicht Abhilfe in der anderen Form verlangen, soweit der Verkäufer seinen Anspruch gemäß Art. 3 Abs. 3 Unterabs. 3 RL innerhalb einer angemessenen

[625] A.A. offenbar *Tournafond*, D. 2000, Chron., S. 159, 160.

[626] I.E. ebenso *Ernst/Gsell*, ZIP 2000, S. 1410, 1417; *Roth*, in: Ernst/Zimmermann, S. 225, 244.

[627] AnwaltKomm (-*Pfeiffer*), Art. 3 Rn. 24; *Roth*, in: Ernst/Zimmermann, S. 225, 244.

[628] Grundmann/Bianca (-*Bianca*), Art. 3 Rn. 75.

[629] Denselben Rechtsbehelf kann der Verbraucher, solange er vom Verkäufer nicht erfüllt worden ist, ohne weiteres erneut geltend machen, vgl. Grundmann/Bianca (-*Bianca*), Art. 3 Rn. 76.

Frist und ohne erhebliche Unannehmlichkeiten für den Verbraucher erfüllt[630]. Keine ausdrückliche Regelung hat auch die Frage gefunden, ob und inwieweit der Verbraucher an die Rechtsbehelfe der Minderung und Vertragsauflösung gebunden ist. Hat der Verkäufer dem Anspruch des Verbrauchers jedoch entsprochen, so ist die Vertragswidrigkeit sanktioniert und Rechtsbehelfe kommen nicht mehr in Betracht[631]. Ist der Anspruch des Verbrauchers noch nicht erfüllt, so wird man gleichwohl für eine angemessene Dauer von einer Bindung des Verbrauchers ausgehen müssen.

2. Die Umsetzung der Regelungen über das Verhältnis der Rechtsbehelfe des Verbrauchers zueinander erfolgt im Rahmen der Vorschriften über die Voraussetzungen und Rechtsfolgen der Rechtsbehelfe. Ohne daß dies ausdrücklich geregelt wäre, kann der Käufer die Rechtsbehelfe aus den §§ 437 Nr. 1, 439 Abs. 1, 437 Nr. 2, 440 und 437 Nr. 2, 441 BGB nicht gleichzeitig geltend machen, da ihre Rechtsfolgen sich gegenseitig ausschließen[632]. Wie die Richtlinie stellt auch das BGB ein Rangverhältnis zwischen den einzelnen Rechtsbehelfen auf[633]: Die Ansprüche auf Mangelbeseitigung und auf Lieferung einer mangelfreien Sache kann der Käufer eines mit einem Sachmangel behafteten Gegenstandes gemäß den §§ 437 Nr. 1, 439 Abs. 1 BGB ohne weiteres nach seiner Wahl alternativ geltend machen, soweit nicht einer oder beide Rechtsbehelfe gemäß § 275 oder § 439 Abs. 3 BGB ausgeschlossen ist oder sind. Voraussetzung für den Rücktritt ist dagegen gemäß den §§ 437 Nr. 2, 323 Abs. 1 BGB grundsätzlich, daß der Käufer dem Verkäufer erfolglos eine angemessene Frist zur Nacherfüllung gesetzt hat. Gleiches gilt für die Minderung, da diese gemäß den §§ 437 Nr. 2, 441 Abs. 1 BGB „statt" eines Rücktritts möglich ist[634]. Die Rechte aus den §§ 437 Nr. 2, 323 Abs. 1 und 441 BGB können jedoch gemäß den §§ 437 Nr. 2, 323 Abs. 2, 326 Abs. 5, 440 BGB in einer Reihe von Fällen geltend gemacht werden, ohne daß eine Fristsetzung erforderlich ist. Die Regelung in Art. 3 Abs. 5 Spiegelstrich 1 RL wird durch § 326 Abs. 5 BGB in deutsches Recht umgesetzt[635]. Nach dieser Vorschrift kann der Käufer ohne Fristset-

---

[630] Ähnlich Grundmann/Bianca (*-Bianca*), Art. 3 Rn. 71 f. Für Minderung und Vertragsauflösung folgt dies bereits aus Art. 3 Abs. 5 Spiegelstrich 2 und 3 RL.

[631] Grundmann/Bianca (*-Bianca*), Art. 3 Rn. 69.

[632] Zum Teil bestimmt das Gesetz dies ausdrücklich: § 439 Abs. 1 BGB bestimmt, daß der Käufer nur Mängelbeseitigung „oder" Lieferung einer mangelfreien Sache verlangen kann, und gemäß § 441 Abs. 1 BGB kommt die Minderung nur „statt" des Rücktritts in Betracht.

[633] Vgl. Regierungsbegründung, BT-Drucks. 14/6040, S. 221 f.

[634] Vgl. Palandt (*-Putzo*), § 441 BGB Rn. 7.

[635] Vgl. Regierungsbegründung, BT-Drucks. 14/6040, S. 234. Die Regierungsbegründung geht im übrigen davon aus, daß die Richtlinie Minderung und Vertragsauflösung auch dann zuläßt, wenn beide Abhilfealternativen wegen Unverhältnismäßigkeit ausgeschlos-

zung nach § 323 BGB zurücktreten, wenn der Verkäufer nach § 275 BGB nicht zu leisten braucht. Die Umsetzung von Art. 3 Abs. 5 Spiegelstrich 2 und 3 RL erfolgt im Rahmen von § 440 S. 1 BGB. Die Bestimmung sieht vor, daß es einer Fristsetzung nicht bedarf, wenn die dem Käufer zustehende Art der Nacherfüllung fehlgeschlagen oder ihm unzumutbar ist. Als „fehlgeschlagen“ ist die Abhilfe anzusehen, wenn sie nicht innerhalb angemessener Frist erfolgt ist; wenn sie mit erheblichen Unannehmlichkeiten verbunden ist, so ist sie „unzumutbar“[636]. Ist die vom Käufer gesetzte Frist erfolglos verstrichen oder war eine Fristsetzung entbehrlich, so kann er gemäß § 437 Nr. 2, 323 Abs. 1 BGB vom Vertrag zurücktreten oder gemäß § 437 Nr. 2, 441 Abs. 1 BGB „statt zurückzutreten“ mindern. Er hat also die Wahl zwischen diesen beiden Rechtsbehelfen. Daneben kann der Käufer aber auch gemäß den §§ 437 Nr. 1, 439 Abs. 1 BGB Mängelbeseitigung oder Lieferung einer mangelfreien Sache verlangen, falls diese Rechtsbehelfe nicht wegen Unmöglichkeit ausgeschlossen sind, da den Regelungen des BGB nicht zu entnehmen ist, daß diese Rechtsbehelfe mit Entstehung des Rücktritts- und des Minderungsrechts erlöschen.

cc) Unabdingbarkeit, Art. 7 Abs. 1 Unterabs. 1 RL

1. Die Parteien können, bevor der Verbraucher dem Verkäufer die Vertragswidrigkeit mitgeteilt hat, gemäß Art. 7 Abs. 1 Unterabs. 1 RL im Rahmen einer Abrede von den Regelungen in Art. 3 RL nicht zulasten des Verbrauchers abweichen. Sie können also insbesondere weder die Voraussetzungen oder die Rechtsfolgen der einzelnen Rechtsbehelfe noch das Rangverhältnis zwischen den Rechtsbehelfen zum Nachteil des Verbrauchers verändern[637].

2. Die Vorschrift wird, soweit es um die Unabdingbarkeit der Art. 3 RL umsetzenden Bestimmungen des deutschen Rechts geht, durch § 475 Abs. 1 S. 1 BGB in deutsches Recht umgesetzt[638]. Nach dieser Vorschrift kann sich im Rahmen

---

sen sind. Dies beruht auf einer unzutreffenden Lesart der Richtlinie, siehe oben S. 110. Die Regelung in § 440 S. 1 BGB, nach der es einer Fristsetzung nicht bedarf, wenn der Verkäufer beide Arten der Nacherfüllung gemäß § 439 Abs. 3 BGB verweigert, ist dennoch konsequent, weil gemäß § 439 Abs. 3 BGB ein Vergleich zwischen den beiden Nacherfüllungsalternativen, anders als im Rahmen der Richtlinie, nicht vorgesehen ist.

636 Regierungsbegründung, BT-Drucks. 14/6040, S. 233 f. Die §§ 437 Nr. 2, 440 S. 1, 323 Abs. 1 BGB räumen dem Käufer ein Rücktrittsrecht wohl auch dann ein, wenn der Verkäufer, nach Ablauf einer angemessenen Frist oder verbunden mit erheblichen Unannehmlichkeiten, letztlich den vertragsgemäßen Zustand noch hergestellt hat.

637 Eingehend hierzu Grundmann/Bianca (-*Stijns/van Gerven*), Art. 7 Rn. 34 ff. Zu Art. 7 Abs. 1 Unterabs. 1 RL oben S. 88.

638 Regierungsbegründung, BT-Drucks. 14/6040, S. 244.

eines Verbrauchsgüterkaufs im Sinne von § 474 Abs. 1 S. 1 BGB der Unternehmer auf eine vor Mitteilung eines Mangels an ihn getroffene Vereinbarung nicht berufen, die zum Nachteil des Verbrauchers von den §§ 437, 439 – 441 BGB abweicht.

b) Verdrängung durch das UN-Kaufrecht und harmonisierende Auslegung

Das CISG regelt die Rechtsbehelfe des Käufers wegen Vertragsverletzung durch den Verkäufer im wesentlichen[639] im dritten Abschnitt (Art. 45 – 52 CISG) des zweiten Kapitels des dritten Teils. Gemäß Art. 45 Abs. 1 a) CISG kann der Käufer, wenn der Verkäufer eine seiner Pflichten nach dem Vertrag oder dem Übereinkommen nicht erfüllt, die in den Art. 46 – 52 CISG vorgesehen Rechte ausüben[640]. Es sind dies die Rechte des Käufers auf Ersatzlieferung, Nachbesserung, Vertragsauflösung und Minderung. Die Vorschriften befassen sich mit den Voraussetzungen und Rechtsfolgen der einzelnen Rechtsbehelfe. Das UN-Kaufrecht enthält aber auch Regelungen über das Verhältnis der einzelnen Rechtsbehelfe zueinander.

aa) Die einzelnen Rechtsbehelfe

Der Käufer kann vom Verkäufer gemäß Art. 46 Abs. 2 CISG Ersatzlieferung oder gemäß Art. 46 Abs. 3 CISG Nachbesserung verlangen, nach Art. 49 Abs. 1 CISG die Aufhebung des Vertrags erklären oder gemäß Art. 50 CISG den Kaufpreis mindern. Das UN-Kaufrecht räumt dem Käufer also grundsätzlich dieselben Rechte ein wie die auf Art. 3 RL beruhenden Bestimmungen des BGB[641]. Zwischen den Regelungen bestehen jedoch im einzelnen Unterschiede, die im folgenden zu ermitteln sind.

Gemeinsame Voraussetzung aller in den Art. 46 – 52 CISG geregelten Käuferrechte ist gemäß Art. 45 Abs. 1 Hs. 1 CISG eine Pflichtverletzung des Ver-

---

[639] Vorschriften über die Rechte des Käufers bei Vertragsverletzungen durch den Verkäufer finden sich auch außerhalb dieses Abschnittes, so etwa Art. 88 CISG über das Recht zum Selbsthilfeverkauf.

[640] Gemäß Art. 45 Abs. 1 b) CISG kann der Käufer daneben Schadensersatz nach den Art. 74 – 77 CISG verlangen. Da die Richtlinie Schadensersatzansprüche des Käufers aber nicht regelt, können diese Vorschriften hier außer Betracht bleiben.

[641] Vgl. *Grundmann*, AcP 202 (2002), S. 40, 50; *Magnus*, in: Grundmann/Medicus/Rolland, S. 79, 88.

käufers[642]. Gegen welche Pflicht der Verkäufer verstoßen hat, ist grundsätzlich gleichgültig[643]: Die Rechte stehen dem Käufer insbesondere auch dann zu, wenn der Verkäufer ihm vertragswidrige Ware im Sinne von Art. 35 CISG geliefert hat[644]. Dies entspricht der Regelung der Rechtsbehelfe in Art. 3 RL, die sämtlich an das Vorliegen eines vertragswidrigen Verbrauchsguts anknüpfen[645]. Während die Richtlinie nur eine Option zur Einführung einer Rügeobliegenheit enthält, von welcher der deutsche Gesetzgeber keinen Gebrauch gemacht hat, stehen dem Käufer die Rechtsbehelfe wegen Lieferung vertragswidriger Ware im Rahmen des UN-Kaufrechts grundsätzlich indessen nur dann zu, wenn der Käufer die Vertragswidrigkeit gemäß Art. 39 CISG ordnungsgemäß gerügt hat[646].

So wie im Rahmen der Richtlinie kommt es auf ein Verschulden des Verkäufers für die Rechte aus den Art. 46 – 52 CISG nicht an[647]. Eine Entlastung des Verkäufers gemäß Art. 79 CISG wegen eines Hinderungsgrundes, der außerhalb seines Einflußbereichs liegt, kommt grundsätzlich nicht in Betracht, weil diese Vorschrift gemäß Art. 79 Abs. 5 CISG nur die Schadensersatzhaftung ausschließt[648].

(1) Ersatzlieferung, Art. 46 Abs. 2 CISG

1. Ist die Ware nicht vertragsgemäß, so kann der Käufer gemäß Art. 46 Abs. 2 CISG Ersatzlieferung verlangen, wenn die Vertragswidrigkeit eine wesentliche

---

642 Schlechtriem (-*Huber*), Art. 45 Rn. 2; Staudinger (-*Magnus*), Art. 45 Rn. 8; *Piltz*, Internationales Kaufrecht, § 5 Rn. 3.

643 Manche Rechtsbehelfe gelten jedoch nur für bestimmte Arten von Pflichtverletzungen. So kommt Minderung gemäß Art. 50 CISG nur bei Lieferung nicht vertragsgemäßer Ware in Betracht. Streitig ist allerdings, ob die Vorschrift auch bei Rechtsmängeln eingreift, vgl. Staudinger (-*Magnus*), Art. 50 Rn. 9 f.

644 *Herber/Czerwenka*, Art. 45 Rn. 2; Schlechtriem (-*Huber*), Art. 45 Rn. 2 f.; Staudinger (-*Magnus*), Art. 45 Rn. 9; *Piltz*, Internationales Kaufrecht, § 5 Rn. 9. Zur Vertragswidrigkeit des Kaufgegenstandes oben S. 89 ff.

645 Siehe oben S. 107. Die Bestimmungen des BGB regeln neben dem Sachmangel auch den Rechtsmangel, gehen insoweit aber nicht auf die Richtlinie zurück.

646 Zur Mängelrüge eingehend oben S. 102 ff.

647 *Herber/Czerwenka*, Art. 45 Rn. 3; Schlechtriem (-*Huber*), Art. 45 Rn. 10; Staudinger (-*Magnus*), Art. 45 Rn. 11; Honsell (-*Schnyder/Straub*), Art. 45 Rn. 23; Bianca/Bonell (-*Will*), Art. 45 Anm. 2.1.2.

648 Schlechtriem (-*Huber*), Art. 45 Rn. 10; Staudinger (-*Magnus*), Art. 79 Rn. 11. Bestimmte Käuferrechte können jedoch gleichwohl nach dieser Vorschrift ausgeschlossen sein. Hierzu näher unten S. 125 f. Zum Ausschluß der Haftung des Verkäufers bei Verursachung des Sachmangels durch den Käufer bereits oben S. 98.

Vertragsverletzung darstellt und die Ersatzlieferung entweder zusammen mit einer Anzeige nach Artikel 39 oder innerhalb einer angemessenen Frist danach verlangt wird. Unter den in der Vorschrift genannten Voraussetzungen hat der Käufer also Anspruch darauf, daß der Verkäufer den vertragswidrigen gegen einen vertragsmäßigen Gegenstand austauscht. Dies entspricht in der Rechtsfolge dem Anspruch des Käufers aus Art. 3 Abs. 2 und 3 Unterabs. 1 Alt. 2 RL[649]. Der Verkäufer hat im übrigen auch im Rahmen des UN-Kaufrechts die mit der Ersatzlieferung verbundenen Kosten zu tragen[650].

Die Regelungen unterscheiden sich jedoch zum Teil in ihren Voraussetzungen[651]. Gemäß Art. 46 Abs. 2 CISG ist Voraussetzung für den Anspruch auf Ersatzlieferung zunächst, daß die Ware nicht vertragsgemäß, also zum maßgeblichen Zeitpunkt mit einem Sachmangel im Sinne von Art. 35 CISG behaftet ist[652]. Insoweit entspricht die Vorschrift der Regelung in Art. 3 Abs. 1, 2 und 3 Unterabs. 1 Alt. 2 RL[653]. Obwohl die Minuslieferung ein Sachmangel im Sinne von Art. 35 CISG ist, ist Art. 46 Abs. 2 CISG allerdings unanwendbar, wenn der Verkäufer einzelne von mehreren vertraglich geschuldeten Gegenständen nicht liefert. Gemäß Art. 51 Abs. 1 CISG gelten nämlich bei Lieferung nur eines Teils der Ware die Art. 46 – 50 CISG für diesen Teil. Hinsichtlich des nicht gelieferten Teils liegt jedoch Nichterfüllung vor, so daß der Käufer nur gemäß Art. 46 Abs. 1 CISG Lieferung der Fehlmenge verlangen kann[654]. Art. 3 Abs. 2 und 3 Unterabs. 1 Alt. 2 RL gilt dagegen auch für die Minuslieferung, da diese eine Vertragswidrigkeit im Sinne von Art. 2 RL begründet[655] und die Richtlinie keine Art. 51 CISG entsprechende Regelung enthält. Im Ergebnis besteht jedoch auch insoweit kein Unterschied zwischen den Regelungen, da der Anspruch des Käufers aus Art. 3 Abs. 2 und 3 Unterabs. 1 Alt. 2 RL ebenfalls nur auf Lieferung der Fehlmenge gehen kann.

Anders als Art. 3 Abs. 2 und 3 Unterabs. 1 Alt. 2 RL setzt Art. 46 Abs. 2 CISG weiter voraus, daß die Vertragswidrigkeit als wesentliche Vertragsverletzung zu qualifizieren ist. Das UN-Kaufrecht definiert den Begriff der wesentli-

---

649 Siehe oben S. 111.

650 Schlechtriem (-*Huber*), Art. 46 Rn. 54; Staudinger (-*Magnus*), Art. 46 Rn. 50; Honsell (-*Schnyder/Straub*), Art. 46 Rn. 41 f., 77.

651 Zu den Voraussetzungen des Anspruchs aus den §§ 437 Nr. 1, 439 Abs. 1 Alt. 2 BGB oben S. 112.

652 Schlechtriem (-*Huber*), Art. 46 Rn. 24; Staudinger (-*Magnus*), Art. 46 Rn. 35; *Piltz*, Internationales Kaufrecht, § 5 Rn. 154.

653 Siehe oben S. 107.

654 Schlechtriem (-*Huber*), Art. 46 Rn. 9, 25; Staudinger (-*Magnus*), Art. 45 Rn. 10; *Piltz*, Internationales Kaufrecht, § 4 Rn. 145.

655 Siehe oben S. 77.

chen Vertragsverletzung in Art. 25 CISG. Nach dieser Vorschrift ist eine von einer Partei begangene Vertragsverletzung wesentlich, wenn sie für die andere Partei einen solchen Nachteil zur Folge hat, daß ihr im wesentlichen entgeht, was sie nach dem Vertrag hätte erwarten dürfen, es sei denn, daß die vertragsbrüchige Partei diese Folge nicht vorausgesehen hat und eine vernünftige Person der gleichen Art diese Folge unter den gleichen Umständen auch nicht vorausgesehen hätte. Fraglich ist vor allem, unter welchen Voraussetzungen einer Partei, im hier untersuchten Zusammenhang dem Käufer, im wesentlichen entgeht, was sie nach dem Vertrag hätte erwarten dürfen. Einigkeit besteht wohl darüber, daß eine wesentliche Vertragsverletzung nur bei objektiv schwerwiegenden Mängeln in Betracht kommt[656]. Ist der Mangel durch Reparatur behebbar, so liegt nach ganz herrschender Meinung eine wesentliche Vertragsverletzung grundsätzlich nicht vor[657]. Ausnahmsweise ist jedoch auch die Lieferung von Ware mit behebbaren Mängeln eine wesentliche Vertragsverletzung, wenn dem Käufer die Reparatur nicht zugemutet werden kann[658]. Kann der Käufer die mangelhafte Ware weiterveräußern, so scheidet eine wesentliche Vertragsverletzung dagegen grundsätzlich aus[659].

Schließlich bestimmt Art. 46 Abs. 2 CISG, anders als Art. 3 Abs. 2 und 3 Unterabs. 1 Alt. 2 RL[660], eine Frist für die Geltendmachung des Anspruchs: Der Käufer muß die Ersatzlieferung mit der Mängelanzeige oder innerhalb einer angemessenen Frist danach verlangen. Welche Frist angemessen ist, richtet sich nach den Umständen des Einzelfalles[661].

Der Anspruch aus Art. 46 Abs. 2 CISG kann aus verschiedenen Gründen ausgeschlossen sein[662]. Gemäß Art. 82 Abs. 1 CISG verliert der Käufer das Recht, vom Verkäufer Ersatzlieferung zu verlangen, wenn es ihm unmöglich ist, die Ware im wesentlichen in dem Zustand zurückzugeben, in dem er sie erhal-

---

656 Vgl. Schlechtriem (*-Huber*), Art. 46 Rn. 31; Staudinger (*-Magnus*), Art. 46 Rn. 39.

657 Schlechtriem (*-Huber*), Art. 46 Rn. 42; Staudinger (*-Magnus*), Art. 46 Rn. 40; *Piltz*, Internationales Kaufrecht, § 5 Rn. 162; *Schlechtriem*, Internationales UN-Kaufrecht, Rn. 186; vgl. ferner Sekretariatskommentar, Art. 45 Anm. 6; a.A. Soergel (*-Lüderitz/Schüßler-Langeheine*), Art. 46 Rn. 5 (grundsätzlich unerheblich, ob die Ware reparierbar ist).

658 Schlechtriem (*-Huber*), Art. 46 Rn. 32; Staudinger (*-Magnus*), Art. 46 Rn. 39; *Piltz*, Internationales Kaufrecht, § 5 Rn. 165.

659 Staudinger (*-Magnus*), Art. 46 Rn. 39; *Schlechtriem*, Internationales UN-Kaufrecht, Rn. 186; zurückhaltend aber Schlechtriem (*-Huber*), Art. 46 Rn. 35 ff.

660 Vgl. Grundmann/Bianca (*-Bianca*), Art. 3 Rn. 68.

661 *Heuzé*, Vente internationale, Nr. 416 Fn. 180; Schlechtriem (*-Huber*), Art. 46 Rn. 52; Staudinger (*-Magnus*), Art. 46 Rn. 43; Honsell (*-Schnyder/Straub*), Art. 46 Rn. 66.

662 Zu dem für alle hier untersuchten Ansprüche geltenden Art. 80 CISG bereits oben S. 98. Andere Ausschlußgründe betreffen das Verhältnis von Art. 46 Abs. 2 CISG zu den anderen Käuferrechten. Hierzu näher unten S. 135 ff.

ten hat. Der Anspruch bleibt jedoch erhalten, wenn dem Käufer die Unmöglichkeit der Rückgabe im Sinne von Art. 82 Abs. 2 CISG nicht vorwerfbar ist[663]. Die Richtlinie sieht keinen entsprechenden Ausschlußgrund vor[664].

Der Anspruch aus Art. 46 Abs. 2 CISG entfällt ferner, wenn die Ersatzlieferung dem Verkäufer objektiv unmöglich ist. Zum Teil wird die Auffassung vertreten, diese Frage werde nicht durch das UN-Kaufrecht geregelt. Gemäß Art. 28 CISG seien aber nationale Gerichte zur Verurteilung des Verkäufers zur Ersatzlieferung nicht verpflichtet, wenn ihm diese objektiv unmöglich ist[665]. Nach ganz herrschender Meinung ergibt sich der Ausschluß des Anspruchs auf Ersatzlieferung bei objektiver Unmöglichkeit jedoch aus dem Übereinkommen selbst[666]. Dem ist zuzustimmen. Zwar kann bei objektiver Unmöglichkeit nicht angenommen werden, daß der Vertrag quasi automatisch aufgehoben ist, mit der Folge, daß auch keine Ansprüche mehr aus ihm abgeleitet werden können[667]. Denn eine solche Regelung sieht das UN-Kaufrecht nicht vor. Es macht vielmehr gemäß den Art. 49, 64 CISG die Vertragsaufhebung von einer entsprechenden Erklärung der berechtigten Partei abhängig[668]. Für den Ausschluß des Anspruchs aus Art. 46 Abs. 2 CISG spricht jedoch Art. 79 CISG. Gemäß Art. 79 Abs. 1 CISG hat nämlich eine Partei für die Nichterfüllung einer ihrer Pflichten nicht einzustehen, wenn sie beweist, daß die Nichterfüllung auf einem außerhalb ihres Einflußbereichs liegenden Hinderungsgrund beruht, und daß von ihr vernünftigerweise nicht erwartet werden konnte, den Hinderungsgrund bei Vertragsabschluß in Betracht zu ziehen oder den Hinderungsgrund oder seine Folgen zu vermeiden oder zu überwinden. Zwar bezieht sich diese Regelung an sich gemäß Art. 79 Abs. 5 CISG nur auf den Schadensersatzanspruch. Ist der Schuldner aber an der Erfüllung einer seiner Pflichten gehindert, so wäre es widersinnig, dem Gläubiger gleichwohl einen Anspruch auf Erfüllung einzuräumen[669]. Art. 79 CISG ist deshalb so zu verstehen, daß er unmittelbar nur den

---

663 Vgl. hierzu etwa Staudinger (-*Magnus*), Art. 82 Rn. 16 ff.

664 Vgl. *Ernst/Gsell*, ZIP 2000, S. 1410, 1417.

665 *Herber/Czerwenka*, Art. 46 Rn. 4, Art. 79 Rn. 23; *Schlechtriem*, Einheitliches UN-Kaufrecht, S. 51, 97; vgl. ferner Sekretariatskommentar, Art. 65 Anm. 9.

666 *Audit*, Vente internationale, Nr. 186; Schlechtriem (-*Huber*) Art. 46 Rn. 21; Soergel (-*Lüderitz/Dettmeier*), Art. 79 Rn. 25; Soergel (-*Lüderitz/Schüßler-Langeheine*), Art. 46 Rn. 15; Honsell (-*Magnus*), Art. 79 Rn. 26; Staudinger (-*Magnus*), Art. 46 Rn. 26, 31, Art. 79 Rn. 58; *Piltz*, Internationales Kaufrecht, § 4 Rn. 244, § 5 Rn. 133; Honsell (-*Schnyder/Straub*), Art. 46 Rn. 30; Schlechtriem (-*Stoll*), Art. 79 Rn. 56; Bianca/Bonell (-*Tallon*), Art. 79 Anm. 2.10.2.

667 So aber Bianca/Bonell (-*Tallon*), a.a.O.

668 Vgl. Staudinger (-*Magnus*), Art. 79 Rn. 59.

669 So ausdrücklich Schlechtriem (-*Huber*), Art. 46 Rn. 11; Soergel (-*Lüderitz/Dettmeier*), Art. 79 Rn. 25; Soergel (-*Lüderitz/Schüßler-Langeheine*), Art. 46 Rn. 15; Staudinger (-*Magnus*), Art. 46 Rn. 25, Art. 79 Rn. 59.

Ausschluß des Schadensersatzanspruches regeln will, einer Anwendung seines Rechtsgedankens auf andere Ansprüche aber nicht entgegensteht[670]. Da Art. 79 Abs. 1 CISG den Schuldner im übrigen bereits dann entlastet, wenn ein Hinderungsgrund außerhalb seines Einflußbereichs liegt und von ihm nicht erwartet werden konnte, diesen Hinderungsgrund in Betracht zu ziehen, zu vermeiden oder zu überwinden, die Regelung mit anderen Worten auch bei überwindbaren Hinderungsgründen und nicht nur bei objektiver Unmöglichkeit eingreift, ist ein Ausschluß des Anspruchs aus Art. 46 Abs. 2 CISG auch dann anzunehmen, wenn dem Verkäufer die Ersatzlieferung praktisch unmöglich ist; einfache subjektive Unmöglichkeit genügt dagegen nicht[671]. Auch im Rahmen der Richtlinie ist der Anspruch auf Ersatzlieferung gemäß Art. 3 Abs. 3 Unterabs. 1 RL bei objektiver Unmöglichkeit und erheblicher Leistungserschwerung ausgeschlossen[672].

Nicht dem Anspruch auf Ersatzlieferung selbst, wohl aber seiner Durchsetzbarkeit kann Art. 28 CISG entgegenstehen[673]. Nach dieser Vorschrift braucht ein Gericht eine Entscheidung auf Erfüllung in Natur nur zu fällen, wenn es dies auch nach seinem eigenen Recht bei gleichartigen Kaufverträgen täte, die nicht unter dieses Übereinkommen fallen. Die Richtlinie enthält keine entsprechende Regelung. Die praktische Bedeutung von Art. 28 CISG ist jedoch gering[674].

Ohne unmittelbare Entsprechung im UN-Kaufrecht ist der Ausschluß des Anspruchs auf Ersatzlieferung gemäß Art. 3 Abs. 3 Unterabs. 1 und 2 RL wegen unverhältnismäßiger Kosten. In den in Art. 3 Abs. 3 Unterabs. 1 und 2 RL geregelten Fällen scheidet aber auch ein Anspruch aus Art. 46 Abs. 2 CISG in aller Regel aus, weil ein Ausschluß der Ersatzlieferung wegen unverhältnismäßiger Kosten im Rahmen der Richtlinie nur dann in Betracht kommt, wenn Nachbesserung möglich ist[675]. Ist aber die Nachbesserung möglich, so fehlt es

---

670 Vgl. Schlechtriem (-*Stoll*), Art. 79 Rn. 55, der allerdings den Ausschluß des Erfüllungsanspruchs bei objektiver Unmöglichkeit aus den Gefahrtragungsregeln ableitet, vgl. Schlechtriem (-*Stoll*), Art. 79 Rn. 56 f.

671 Schlechtriem (-*Huber*), Art. 46 Rn. 17; Soergel (-*Lüderitz/Dettmeier*), Art. 79 Rn. 25; Soergel (*Lüderitz/Schüßler-Langeheine*), Art. 46 Rn. 15; Honsell (-*Magnus*), Art. 79 Rn. 27; Staudinger (-*Magnus*), Art. 46 Rn. 27, 31, Art. 79 Rn. 60; Honsell (-*Schnyder/Straub*), Art. 46 Rn. 30 f.; i.E. ebenso *Schlechtriem*, Einheitliches UN-Kaufrecht, S. 97; Schlechtriem (-*Stoll*), Art. 79 Rn. 57.

672 Siehe oben S. 109.

673 Sekretariatskommentar, Art. 26 Anm. 2; *Herber/Czerwenka*, Art. 28 Rn. 3; Schlechtriem (-*Huber*), Art. 28 Rn. 12, Art. 46 Rn. 3; Staudinger (-*Magnus*), Art. 28 Rn. 14, Art. 46 Rn. 31; *Piltz*, Internationales Kaufrecht, § 5 Rn. 179.

674 Vgl. Staudinger (-*Magnus*), Art. 28 Rn. 2.

675 Siehe oben S. 116.

regelmäßig an der im Rahmen von Art. 46 Abs. 2 CISG erforderlichen wesentlichen Vertragsverletzung. Anders ist es ausnahmsweise nur dann, wenn dem Käufer die Nachbesserung nicht zugemutet werden kann[676]. Dann wird man allerdings auch im Rahmen der Richtlinie die Ersatzlieferung nicht als unverhältnismäßig betrachten können.

2. 46 Abs. 2 CISG regelt also mit dem Anspruch auf Ersatzlieferung denselben Gegenstand wie die auf der Richtlinie beruhenden §§ 437 Nr. 1, 439 Abs. 1 Alt. 2, Abs. 2 und 3 BGB, auch wenn die Vorschriften zum Teil an unterschiedliche Voraussetzungen anknüpfen bzw. unter unterschiedlichen Voraussetzungen ausgeschlossen sind. Für eine Anwendung der §§ 437 Nr. 1, 439 Abs. 1 Alt. 2, Abs. 2 und 3 BGB neben den Bestimmungen des UN-Kaufrechts ist deshalb kein Raum[677].

Zu untersuchen ist aber, ob das UN-Kaufrecht im Licht der Richtlinie harmonisierend ausgelegt werden kann. Das Übereinkommen stellt mit den Erfordernissen der wesentlichen Vertragsverletzung und der Einhaltung einer angemessenen Frist zwei Voraussetzungen auf, die in der Richtlinie nicht vorgesehen sind und die die Geltendmachung eines Anspruchs auf Ersatzlieferung in seinem Anwendungsbereich im Verhältnis zur Richtlinie erschweren. Durch Auslegung können diese zusätzlichen Voraussetzungen des UN-Kaufrechts nicht beseitigt werden. Ist der Käufer jedoch als Verbraucher zu qualifizieren, so könnten geringere Anforderungen an die Wesentlichkeit der Vertragsverletzung und an die Angemessenheit der Frist gestellt werden, als wenn es sich um einen professionellen Käufer handelt. Da die Begriffe „wesentlich“ und „angemessen“ recht unbestimmt sind, wäre eine solche Auslegung auch mit ihrem Wortlaut vereinbar[678].

Soweit Art. 46 Abs. 2 CISG eine wesentliche Vertragsverletzung voraussetzt, soll im Interesse des Verkäufers sichergestellt werden, daß dieser vom Käufer nicht zu Ersetzung der zunächst gelieferten durch andere Ware gezwungen werden kann, wenn die Vertragsverletzung relativ unbedeutend ist. Denn die Ersatzlieferung ist besonders im internationalen Handel regelmäßig mit großem wirtschaftlichem Aufwand verbunden, der dem Verkäufer bei geringfügi-

---

676 Siehe oben S. 124.

677 Vgl. allgemein zum Verhältnis der in Art. 45 Abs. 1 CISG aufgezählten Rechtsbehelfe des Käufers zu Rechtsbehelfen des nationalen Rechts Schlechtriem (*-Huber*), Art. 45 Rn. 46 ff.; Staudinger (*-Magnus*), Art. 45 Rn. 2, 43; *Schlechtriem*, Internationales UN-Kaufrecht, Rn. 178; Soergel (*-Lüderitz/Schüßler-Langeheine*), Art. 45 Rn. 11.

678 Der Begriff der wesentlichen Vertragsverletzung wird zwar in Art. 25 CISG definiert, doch verwendet auch die Definition den Begriff „wesentlich“.

gen Vertragsverletzungen nicht zugemutet werden soll[679]. Das Interesse des professionellen Käufers, eine völlig mangelfreie Sache zu erhalten, wiegt dagegen relativ gering, denn er erwirbt die Ware in der Regel zum Weiterverkauf. Da die Ware für ihn deshalb letztlich nur einen wirtschaftlichen Wert hat, kann seine Beeinträchtigung durch andere Rechtsbehelfe, insbesondere durch Minderung oder Schadensersatz, voll ausgeglichen werden. Der Verbraucher erwirbt die Ware dagegen grundsätzlich, um sie selbst zu nutzen. Minderung und Schadensersatz können seine Beeinträchtigung nicht voll ausgleichen, da er auch nach Ausübung dieser Rechtsbehelfe nicht hat, was er nach dem Vertrag erwartet hat und erwarten durfte, denn die Ware ist nach wie vor mangelhaft. Die Richtlinie trägt dieser besonderen Interessenlage Rechnung, indem sie die Ersatzlieferung ohne Einschränkung zuläßt. Das Interesse des Verbrauchers an der Lieferung einer mangelfreien Sache kann jedoch auch im Rahmen des UN-Kaufrechts berücksichtigt werden, indem verhältnismäßig geringe Anforderungen an die Wesentlichkeit der Vertragswidrigkeit gestellt werden, wenn der Käufer als Verbraucher zu qualifizieren ist. Die Erwägungen, die für eine „verbraucherfreundliche" Auslegung von Art. 46 Abs. 2 CISG sprechen, gelten im übrigen gleichermaßen für den professionellen Käufer, wenn dieser die Ware ausnahmsweise nicht für den Weiterverkauf erwirbt.

Mit dem Erfordernis der Geltendmachung des Anspruchs aus Art. 46 Abs. 2 CISG gleichzeitig mit einer Anzeige nach Artikel 39 oder innerhalb einer angemessenen Frist danach soll sichergestellt werden, daß der Verkäufer schnell erfährt, welches Recht der Käufer wegen der Vertragswidrigkeit geltend zu machen gedenkt[680]. Die Richtlinie übernimmt diese Regelung nicht und begünstigt dadurch den Verbraucher, der die Ersatzlieferung so lange verlangen kann, bis der Anspruch verjährt[681]. Auch wenn der Käufer ein Verbraucher ist, hat der Verkäufer ein berechtigtes Interesse, zu erfahren, welches Recht der Käufer ausüben will. Der Verbraucher wird jedoch, anders als der professionelle Käufer, in der Regel keine Erfahrung mit der Geltendmachung von Rechtsbehelfen haben, die sich insbesondere bei grenzüberschreitenden Käufen als schwierig erweisen kann. Es sollte deshalb im Rahmen von Art. 46 Abs. 2 CISG eine nicht allzu kurze Frist bereits als unangemessen angesehen werden, um dem Verbraucher eine gewisse Überlegungsfrist einzuräumen.

Auch hinsichtlich der Ausschlußgründe bestehen Unterschiede. Anders als die Richtlinie schließt das Übereinkommen den Anspruch aus Art. 46 Abs. 2 CISG gemäß Art. 82 CISG grundsätzlich aus, wenn es dem Käufer unmöglich

---

679 Sekretariatskommentar, Art. 42 Anm. 12.

680 Vgl. Schlechtriem (-*Huber*), Art. 46 Rn. 52.

681 Vgl. Grundmann/Bianca (-*Bianca*), Art. 3 Rn. 68.

ist, die Ware im wesentlichen in dem Zustand zurückzugeben, in dem er sie erhalten hat. Für eine Annäherung der Regelungen durch Auslegung bietet der Wortlaut von Art. 82 CISG jedoch keinen Ansatz.

Werden geringere Anforderungen an die Wesentlichkeit der Vertragsverletzung gestellt, wenn der Käufer ein Verbraucher ist und wird deshalb etwa ein Sachmangel auch dann als „wesentlich" im Sinne von Art. 46 Abs. 2 CISG betrachtet, wenn die Nachbesserung möglich ist, so ist fraglich, ob die Ersatzlieferung im Rahmen des UN-Kaufrechts bei Unverhältnismäßigkeit im Sinne von Art. 3 Abs. 3 Unterabs. 1 und 2 RL ausgeschlossen ist. Meines Erachtens ist dies in der Regel zu verneinen, weil das Übereinkommen keinen der Richtlinienbestimmung entsprechenden Ausschlußgrund vorsieht. Nur wenn die Kosten der Ersatzlieferung so hoch sind, daß sie dem Verkäufer die Erfüllung des Anspruchs aus Art. 46 Abs. 2 CISG praktisch unmöglich machen, kann aus dem Rechtsgedanken des Art. 79 Abs. 1 CISG ein Ausschluß des Anspruchs abgeleitet werden[682]. Eine darüber hinausgehende Annäherung der Regelung des Übereinkommens an die Richtlinie ist nicht möglich.

(2) Nachbesserung, 46 Abs. 3 CISG

1. Gemäß Art. 46 Abs. 3 CISG kann der Käufer, wenn die Ware nicht vertragsgemäß ist, den Verkäufer auffordern, die Vertragswidrigkeit durch Nachbesserung zu beheben, es sei denn, daß dies unter Berücksichtigung aller Umstände unzumutbar ist. Nachbesserung muß entweder zusammen mit einer Anzeige nach Art. 39 CISG oder in einer angemessenen Frist danach verlangt werden. Die Vorschrift gibt dem Käufer einen Anspruch[683] auf Reparatur der ursprünglich gelieferten Ware, die auch im Auswechseln von defekten Teilen oder in der Lieferung von Ersatzteilen bestehen kann[684]. Die Kosten der Reparatur hat der Verkäufer zu tragen[685]. Art. 46 Abs. 3 CISG entspricht also in seiner Rechtsfolge der Regelung in Art. 3 Abs. 2 und 3 Unterabs. 1 Alt. 1 RL.

In den Voraussetzungen unterscheiden sich die Ansprüche allerdings geringfügig: Beide Regelungen setzen zwar eine zum jeweils maßgeblichen Zeitpunkt vertragswidrige Ware voraus[686]. Anders als im Rahmen der Richtlinie muß der

---

[682] Zu diesem Rechtsgedanken oben S. 125 f.

[683] Staudinger (-*Magnus*), Art. 46 Rn. 55.

[684] Schlechtriem (-*Huber*), Art. 46 Rn. 62; Staudinger (-*Magnus*), Art. 46 Rn. 54; *Schlechtriem*, Internationales UN-Kaufrecht, Rn. 187.

[685] Schlechtriem (-*Huber*), Art. 46 Rn. 65; Staudinger (-*Magnus*), Art. 46 Rn. 65; *Schlechtriem*, Internationales UN-Kaufrecht, a.a.O.

[686] Hierzu oben S. 121 f. und die Ausführungen zu Art. 46 Abs. 2 CISG auf S. 122 f.

Anspruch auf Nachbesserung nach UN-Kaufrecht aber darüber hinaus gemäß Art. 46 Abs. 3 S. 2 CISG entweder zusammen mit einer Anzeige nach Art. 39 CISG oder innerhalb einer angemessenen Frist danach geltend gemacht werden[687].

Hinsichtlich der Ausschlußgründe bestehen kaum Unterschiede[688]. Der Anspruch auf Ersatzlieferung ist gemäß Art. 46 Abs. 3 S. 1 Hs. 2 CISG ausgeschlossen, wenn die Nachbesserung unter Berücksichtigung aller Umstände unzumutbar ist. Maßgeblich ist die objektive Unzumutbarkeit für den Verkäufer[689]. Unzumutbar ist die Nachbesserung, wenn sie mit unverhältnismäßig großem wirtschaftlichem Aufwand verbunden ist[690] und insbesondere, wenn die Kosten der Nachbesserung die Kosten der Ersatzlieferung erheblich übersteigen[691]. Sie kann aber auch aus anderen Gründen unzumutbar sein. Zum Teil wird etwa die Auffassung vertreten, dem Verkäufer sei die Nachbesserung bereits dann unzumutbar, wenn er selbst zu ihr nicht in der Lage ist und auch nicht ohne weiteres einen Dritten mit der Nachbesserung betrauen kann[692]. Ist das Nachbesserungsverlangen des Verbrauchers unverhältnismäßig im Sinne von Art. 3 Abs. 3 Unterabs. 1 und 2 RL[693], so ist dem Verkäufer die Nachbesserung also auch im Sinne von Art. 46 Abs. 3 S. 1 Hs. 2 CISG unzumutbar. Unzumutbarkeit kann unter Umständen aber auch dann anzunehmen sein, wenn die Voraussetzungen von Art. 3 Abs. 3 Unterabs. 1 und 2 RL nicht vorliegen.

---

687 Das oben S. 124 zu Art. 46 Abs. 2 CISG Gesagte gilt für Art. 46 Abs. 3 CISG entsprechend.

688 Zu Art. 80 CISG bereits oben S. 98. Auf die das Verhältnis der verschiedenen Käuferrechte zueinander betreffenden Ausschlußgründe wird unten S. 134 ff. näher eingegangen.

689 *Herber/Czerwenka*, Art. 46 Rn. 10; Schlechtriem (-*Huber*), Art. 46 Rn. 58; Staudinger (-*Magnus*), Art. 46 Rn. 60; *Schlechtriem*, Internationales UN-Kaufrecht, a.a.O.

690 *Herber/Czerwenka*, a.a.O.; Schlechtriem (-*Huber*), Art. 46 Rn. 58; Staudinger (-*Magnus*), Art. 46 Rn. 61; *Piltz*, Internationales Kaufrecht, § 5 Rn. 151 f.; Honsell (-*Schnyder/Straub*), Art. 46 Rn. 96 f.; Bianca/Bonell (-*Will*), Art. 46 Anm. 2.2.2.2.

691 Schlechtriem (-*Huber*), a.a.O.; ähnlich Soergel (-*Lüderitz/Schüßler-Langeheine*), Art. 46 Rn. 9; Staudinger (-*Magnus*), a.a.O.; Honsell (-*Schnyder/Straub*), Art. 46 Rn. 97.

692 Soergel (-*Lüderitz/Schüßler-Langeheine*), a.a.O.; Staudinger (-*Magnus*), Art. 46 Rn. 62; *Piltz*, Internationales Kaufrecht, § 5 Rn. 151; wohl auch *Schlechtriem*, Internationales UN-Kaufrecht, Rn. 187; zurückhaltender *Herber/Czerwenka*, Art. 46 Rn. 10; Honsell (-*Schnyder/Straub*), Art. 46 Rn. 98; Bianca/Bonell (-*Will*), Art. 46 Anm. 2.2.2.2.

693 Siehe oben S. 109 f.

2. Da Art. 46 Abs. 3 CISG damit denselben Gegenstand regelt wie die §§ 437 Nr. 1, 439 Abs. 1 Alt. 1, Abs. 2 und 3 BGB werden letztere im Anwendungsbereich des UN-Kaufrechts durch dieses verdrängt[694].

Hinsichtlich der Voraussetzungen besteht ein Unterschied zwischen den Regelungen nur insoweit, als gemäß Art. 46 Abs. 3 S. 2 CISG der Anspruch auf Nachbesserung mit der Mängelanzeige oder in einer angemessenen Frist danach geltend gemacht werden muß, während die Richtlinie keine entsprechende Regelung enthält. Die Ausführungen zu Art. 46 Abs. 2 CISG[695] gelten insoweit im Rahmen von Art. 46 Abs. 3 CISG entsprechend.

Nicht ganz deckungsgleich sind auch die Begriffe der „Unzumutbarkeit" in Art. 46 Abs. 3 S. 1 Hs. 2 CISG und der „Unverhältnismäßigkeit" in Art. 3 Abs. 3 Unterabs. 1 und 2 RL. Es wäre mit dem Wortlaut der Übereinkommensbestimmung jedoch vereinbar, eine Nachbesserung nur dann als unzumutbar zu betrachten, wenn sie mit unverhältnismäßig hohen Kosten verbunden ist. Auch sachlich ist dies meines Erachtens gerechtfertigt. Der Verkäufer sollte insbesondere nicht schon dann von seiner Pflicht zur Nachbesserung befreit werden, wenn er zu ihr lediglich nicht ohne gewissen Aufwand in der Lage ist. Der Begriff der „Unzumutbarkeit" sollte im Rahmen des Übereinkommens deshalb so ausgelegt werden wie der Begriff der „Unverhältnismäßigkeit" im Rahmen der Richtlinie.

(3) Vertragsaufhebung, Art. 49 CISG

1. Gemäß Art. 49 Abs. 1 a) CISG kann der Käufer die Aufhebung des Vertrages erklären, wenn die Nichterfüllung einer dem Verkäufer nach dem Vertrag oder dem Übereinkommen obliegenden Pflicht eine wesentliche Vertragsverletzung darstellt[696]. Mit der Erklärung der Aufhebung[697] werden beide Parteien gemäß Art. 81 Abs. 1 S. 1 CISG von ihren Vertragspflichten, mit Ausnahme etwaiger Schadensersatzpflichten, befreit. Hat eine Partei den Vertrag ganz oder teilweise erfüllt, so kann sie gemäß Art. 81 Abs. 2 S. 1 CISG Rückgabe des von ihr Ge-

---

694 Vgl. allgemein zum Verhältnis der in Art. 45 Abs. 1 CISG aufgezählten Rechtsbehelfe des Käufers zu Rechtsbehelfen des nationalen Rechts die oben auf S. 127 in Fn. 677 Genannten.

695 Siehe oben S. 128.

696 Art. 49 Abs. 1 b) CISG gilt nur für den Fall der Nichtlieferung und kann hier deshalb außer Betracht bleiben.

697 Die Vertragsaufhebung gemäß Art. 49 CISG ist ein Gestaltungsrecht, vgl. *Herber/Czerwenka*, Art. 49 Rn. 11 Soergel (*-Lüderitz/Schüßler-Langeheine*), Art. 49 Rn. 12; Staudinger (*-Magnus*), Art. 49 Rn. 26; *Piltz*, Internationales Kaufrecht, § 5 Rn. 273.

leisteten von der anderen Partei verlangen. Dies entspricht den Wirkungen der Vertragsauflösung, so wie sie in Art. 3 Abs. 2 und 5 Alt. 2 RL geregelt ist.

Auch die Voraussetzungen der Aufhebung gemäß Art. 49 Abs. 1 a) CISG decken sich weitgehend mit den Voraussetzungen einer Vertragsauflösung nach der Richtlinie. So wie die Richtlinie die Lieferung eines mit Sachmängeln behafteten Kaufgegenstandes voraussetzt, setzt auch die Vertragsaufhebung gemäß Art. 49 Abs. 1 a) CISG voraus, daß der Verkäufer eine ihm nach dem Vertrag oder dem Übereinkommen obliegende Pflicht, also etwa die Pflicht zur Lieferung vertragsgemäßer Ware gemäß Art. 35 CISG, verletzt hat[698]. Beide Rechte bestehen ferner nur bei nicht ganz unbeachtlichen Sachmängeln. Während jedoch die Vertragsverletzung für ein Aufhebungsrecht nach Art. 49 Abs. 1 a) CISG im Sinne von Art. 25 CISG wesentlich sein muß[699], hat der Verbraucher einen Anspruch auf Vertragsauflösung gemäß Art. 3 Abs. 6 RL nur dann nicht, wenn es sich um eine geringfügige Vertragswidrigkeit handelt. Art. 49 Abs. 1 a) CISG setzt weiter eine Aufhebungserklärung voraus, die gemäß Art. 26 CISG dem Verkäufer mitzuteilen ist. Die Vertragsauflösung nach Art. 3 Abs. 2 und 5 Alt. 2 RL ist dagegen ein Anspruch, den der Verbraucher gegenüber dem Verkäufer geltend machen muß. Schließlich muß der Käufer, wenn der Verkäufer die Ware geliefert hat, die Vertragsaufhebung gemäß Art. 49 Abs. 2 b) CISG innerhalb einer angemessenen Frist erklären[700]. Der Fristbeginn ist in Art. 49 Abs. 2 b) i) – iii) CISG geregelt. Für die Dauer der Frist gilt das oben[701] zu Art. 46 Abs. 2 CISG Gesagte entsprechend. Die Richtlinie bestimmt dagegen keine Frist für die Erklärung des Rücktritts[702].

Gemäß Art. 82 CISG verliert der Käufer grundsätzlich[703] das Recht, die Aufhebung des Vertrags zu erklären, wenn es ihm unmöglich ist, die Ware im wesentlichen in dem Zustand zurückzugeben, in dem er sie erhalten hat[704]. Die Regelung findet in der Richtlinie keine Entsprechung.

---

698 Hierzu bereits oben S. 121 f.

699 Der Begriff der wesentlichen Vertragsverletzung wird hier so wie in Art. 46 Abs. 2 CISG verwendet. Auf die Ausführungen zu letzterem auf S. 123 f. kann insoweit also verwiesen werden.

700 Art. 49 Abs. 2 a) CISG gilt nur für die verspätete Lieferung und kann deshalb hier außer Betracht bleiben.

701 S. 124.

702 Vgl. *Ernst/Gsell*, ZIP 2000, S. 1410, 1418.

703 Ausnahmen sind in Art. 82 Abs. 2 CISG geregelt.

704 Die Vertragsaufhebung kann noch aufgrund verschiedener anderer Regelungen ausgeschlossen sein: Zu Art. 80 CISG oben S. 98. Zu den Ausschlußgründen, die das Verhältnis der Käuferrechte zueinander betreffen, unten S. 135 ff.

2. Da Art. 49 CISG trotz geringfügiger Unterschiede in den Voraussetzungen und Ausschlußgründen denselben Gegenstand wie die §§ 437 Nr. 2, 323 Abs. 1 BGB regelt, werden letztere im Anwendungsbereich des UN-Kaufrecht durch dieses verdrängt[705].

Zu erwägen ist aber eine harmonisierende Auslegung von Art. 49 CISG. Während Art. 49 Abs. 1 a) CISG für die Vertragsaufhebung eine wesentliche Vertragsverletzung voraussetzt, ist das Auflösungsrecht nach der Richtlinie gemäß Art. 3 Abs. 6 RL nur ausnahmsweise ausgeschlossen, wenn die Vertragswidrigkeit geringfügig ist. Die Richtlinie stellt also geringere Anforderungen an eine Vertragsauflösung als das UN-Kaufrecht[706]. Die Vertragsaufhebung belastet den Verkäufer stärker, als die Pflicht zur Ersatzlieferung, da er nicht nur die Kosten der Rückabwicklung zu tragen hat[707], sondern auch seinen Kaufpreisanspruch verliert. Der Ausschluß des Aufhebungsrechts ist deshalb bei eher geringfügigen Vertragsverletzungen in noch größerem Maße gerechtfertigt als der Ausschluß des Ersatzlieferungsanspruchs. Andererseits ist auch das Interesse des Verbrauchers an der Lieferung vertragsgemäßer Ware zu berücksichtigen[708]. Die Richtlinie trägt beiden Interessen Rechnung, indem sie die Vertragsauflösung grundsätzlich zuläßt, bei geringfügigen Vertragsverletzungen aber ausschließt. Auch im Rahmen von Art. 49 Abs. 1 a) CISG kann dem Verbraucherinteresse an der Lieferung vertragsgemäßer Ware Rechnung getragen werden, indem die Anforderungen an eine wesentliche Vertragsverletzung reduziert werden. In Anbetracht der starken Belastung des Verkäufers durch eine Vertragsaufhebung sollten jedoch etwas strengere Anforderungen an die Wesentlichkeit der Vertragsverletzung gestellt werden als bei der Ersatzlieferung. Auf diese Weise wird den gegenläufigen Interessen von Verkäufer und Käufer Rechnung getragen und zugleich eine Annäherung von Übereinkommen und Richtlinie erreicht.

Anders als die Richtlinie setzt das Übereinkommen ferner die Einhaltung einer angemessenen Frist für die Erklärung der Vertragsaufhebung voraus. Insoweit kann auf das oben[709] zu Art. 46 Abs. 2 CISG Gesagte verwiesen werden.

---

[705] Vgl. allgemein zum Verhältnis der in Art. 45 Abs. 1 CISG aufgezählten Rechtsbehelfe des Käufers zu Rechtsbehelfen des nationalen Rechts die oben auf S. 127 in Fn. 677 Genannten.

[706] Hierzu oben S. 114 f.

[707] Vgl. *Herber/Czerwenka*, Art. 81 Rn. 14; Schlechtriem (*-Leser/Hornung*), Art. 81 Rn. 19; Staudinger (*-Magnus*), Art. 81 Rn. 17; *Piltz*, Internationales Kaufrecht, § 5 Rn. 293; Bianca/Bonell (*-Tallon*), Art. 81 Anm. 2.6; vgl. ferner Sekretariatskommentar, Art. 66 Anm. 11.

[708] Hierzu oben S. 127 f.

[709] S. 127.

(4) Minderung, Art. 50 CISG

1. Ist die Ware nicht vertragsgemäß, so kann der Käufer schließlich gemäß Art. 50 S. 1 CISG den Kaufpreis herabsetzen. Dies entspricht der Regelung in Art. 3 Abs. 2 und 5 Alt. 1 RL. Während die Richtlinie jedoch nur eine „angemessene“ Minderung vorsieht, bestimmt das Übereinkommen in Art. 50 S. 1 CISG, daß der Kaufpreis in dem Verhältnis herabzusetzen ist, in dem der Wert, den die tatsächlich gelieferte Ware im Zeitpunkt der Lieferung hatte, zu dem Wert steht, den vertragsmäßige Ware zu diesem Zeitpunkt gehabt hätte. Diese Berechnungsmethode ist jedoch mit der Richtlinie vereinbar[710].

Voraussetzung[711] für das Minderungsrecht des Käufers aus Art. 50 CISG ist zunächst, daß die Ware nicht vertragsgemäß ist. Dies entspricht der Regelung in der Richtlinie[712]. Nach ganz herrschender Meinung ist die Minderung im Sinne des UN-Kaufrecht ein Gestaltungsrecht; zu seiner Ausübung bedarf es einer entsprechenden Erklärung des Käufers[713]. Im Rahmen der Richtlinie ist die Minderung dagegen als Anspruch ausgestaltet, den der Verbraucher gegenüber dem Verkäufer ausüben muß[714].

2. Die §§ 437 Nr. 2, 441 BGB regeln denselben Gegenstand wie Art. 50 CISG und werden deshalb in dessen Anwendungsbereich von diesem verdrängt[715]. Eine harmonisierende Auslegung von Art. 50 CISG ist nicht notwendig, da die Vorschrift mit der Regelung der Richtlinie übereinstimmt.

---

710 Siehe oben S. 112 f.

711 Die Minderung kann gemäß Art. 80 CISG ausgeschlossen sein. Hierzu oben S. 98. Andere Ausschlußgründe betreffen das Verhältnis der Minderung zu anderen Käuferrechten. Dazu sogleich.

712 Siehe hierzu oben S. 121 f.

713 Soergel (*-Lüderitz/Schüßler-Langeheine*), Art. 50 Rn. 13; Staudinger (*-Magnus*), Art. 50 Rn. 15; *Piltz*, Internationales Kaufrecht, § 5 Rn. 307; *Schlechtriem*, Internationales UN-Kaufrecht, Rn. 204; vgl. auch *Audit*, Vente internationale, Nr. 138; *Herber/Czerwenka*, Art. 50 Rn. 4; Honsell (*-Schnyder/Straub*), Art. 50 Rn. 25; a.A. Schlechtriem (*-Huber*), Art. 45 Rn. 30.

714 Siehe oben S. 112.

715 Vgl. allgemein zum Verhältnis der in Art. 45 Abs. 1 CISG aufgezählten Rechtsbehelfe des Käufers zu Rechtsbehelfen des nationalen Rechts die oben auf S. 127 in Fn. 677 Genannten.

bb) Das Verhältnis der Rechtsbehelfe zueinander

1. Der Käufer kann die in den Art. 45 – 52 CISG geregelten Rechtsbehelfe zwar ebenso wenig kumulieren wie die in Art. 3 RL geregelten Rechte, er hat zwischen ihnen aber in der Regel, anders als im Rahmen der Richtlinie, die freie Wahl[716]. Insbesondere besteht zwischen den Rechtsbehelfen des UN-Kaufrechts grundsätzlich kein Rangverhältnis.

Das Wahlrecht des Käufers ist jedoch auch im UN-Kaufrecht vielfach eingeschränkt. Bei Lieferung vor dem festgesetzten Termin weichen die Regelungen des UN-Kaufrechts nur geringfügig von denjenigen der Richtlinie ab[717]. Hat der Käufer die Ware abgenommen (wozu er jedoch gemäß Art. 52 Abs. 1 CISG vor dem Liefertermin nicht verpflichtet ist) und erweist sie sich als vertragswidrig im Sinne von Art. 35 CISG, dann hat der Verkäufer, so wie auch im Rahmen der Richtlinie[718], gemäß Art. 37 CISG ein „Recht zur zweiten Andienung"[719]. Gemäß Art. 37 S. 1 CISG behält der Verkäufer bei vorzeitiger Lieferung der Ware bis zu dem für die Lieferung festgesetzten Zeitpunkt das Recht, fehlende Teile nachzuliefern, eine fehlende Menge auszugleichen, für nicht vertragsgemäße Ware Ersatz zu liefern oder die Vertragswidrigkeit der gelieferten Ware zu beheben, wenn die Ausübung dieses Rechts dem Käufer nicht unzumutbare Unannehmlichkeiten oder unverhältnismäßige Kosten verursacht. Der Verkäufer kann also, anders als im Rahmen der Richtlinie nach seiner Wahl[720], nachbessern oder Ersatz liefern. Bis zum festgesetzten Liefertermin kann der Käufer grundsätzlich, so wie im Rahmen der Richtlinie, keine Rechtsbehelfe wegen Vertragswidrigkeit ausüben[721]. Für die Minderung ergibt sich dies aus Art. 50 S. 2 CISG. Nach dieser Vorschrift kann der Käufer den Preis nicht herabsetzen, wenn der Verkäufer nach Art. 37 CISG einen Mangel in der Erfüllung seiner Pflichten behebt oder der Käufer sich weigert, Erfüllung durch den Ver-

---

716 *Herber/Czerwenka*, Art. 45 Rn. 4; Schlechtriem (-*Huber*), Art. 45 Rn. 19; Soergel (-*Lüderitz/Schüßler-Langeheine*), Art. 45 Rn. 11; Staudinger (-*Magnus*), Art. 45 Rn. 16; *Schlechtriem*, Internationales UN-Kaufrecht, Rn. 178. Zwischen allen vier Rechtsbehelfen kann der Käufer aber nur wählen, wenn die Vertragswidrigkeit der Ware eine wesentliche Vertragsverletzung darstellt.

717 Die Richtlinie knüpft an die Lieferung vertragswidriger Ware an, ohne danach zu differenzieren, ob die Lieferung vor oder nach dem vereinbarten Liefertermin erfolgt.

718 Siehe oben S. 115 f.

719 Vgl. *Herber/Czerwenka*, Art. 37 Rn. 2; Honsell (-*Magnus*), Art. 37 Rn. 1; Staudinger (-*Magnus*), Art. 37 Rn. 1; Schlechtriem (-*Schwenzer*), Art. 37 Rn. 2.

720 *Herber/Czerwenka*, Art. 37 Rn. 4; Staudinger (-*Magnus*), Art. 37 Rn. 12; Schlechtriem (-*Schwenzer*), Art. 37 Rn. 7.

721 *Herber/Czerwenka*, Art. 37 Rn. 4; Soergel (-*Lüderitz/Schüßler-Langeheine*), Art. 37 Rn. 8; Honsell (-*Magnus*), Art. 37 Rn. 13; Staudinger (-*Magnus*), Art. 37 Rn. 19; Schlechtriem (-*Schwenzer*), Art. 37 Rn. 15.

käufer nach dieser Vorschrift anzunehmen. Für die Vertragsaufhebung folgt dies im Umkehrschluß aus Art. 72 CISG. Gemäß Art. 72 Abs. 1 CISG kann der Käufer nämlich nach Maßgabe von Art. 72 Abs. 2 und 3 CISG die Aufhebung des Vertrags vor dem Liefertermin nur dann erklären, wenn offensichtlich ist, daß der Verkäufer eine wesentliche Vertragsverletzung begehen wird. Das Übereinkommen enthält keine Art. 3 Abs. 5 Spiegelstrich 1 RL entsprechende Bestimmung. Ist dem Verkäufer die Beseitigung einer wesentlichen Vertragsverletzung jedoch unmöglich, so wird wohl auch Offensichtlichkeit im Sinne von Art. 72 Abs. 1 CISG anzunehmen sein. Ferner wird man auch die Minderung bereits vor dem Liefertermin zulassen müssen, wenn dem Verkäufer die Nacherfüllung unmöglich ist, so daß die Regelungen im Ergebnis im wesentlichen übereinstimmen[722]. Die Dauer der dem Verkäufer durch Art. 37 CISG eingeräumten Frist für die Nacherfüllung hängt davon ab, wie lange vor dem festgesetzten Termin der Verkäufer geliefert hat. Insoweit weicht die Regelung von der Richtlinie ab, die dem Verbraucher gemäß Art. 3 Abs. 3 Unterabs. 3, Abs. 5 Spiegelstrich 2 RL eine „angemessene" Frist zur Nacherfüllung läßt. Der Käufer kann die Rechte aus den Art. 45 ff. CISG schließlich gemäß Art. 37 S. 1 Hs. 2 CISG bereits vor dem festgesetzten Liefertermin ausüben, wenn die Nacherfüllung dem Käufer unzumutbare Unannehmlichkeiten oder unverhältnismäßige Kosten verursacht. Dies entspricht der Regelung in Art. 3 Abs. 3 Unterabs. 3, Abs. 5 Spiegelstrich 3 RL; so wie dort[723] müssen die Unannehmlichkeiten nicht tatsächlich eingetreten sein[724]. Behebt der Verkäufer die Vertragswidrigkeit vor dem festgesetzten Liefertermin, so kann der Käufer ihretwegen grundsätzlich keine Rechtsbehelfe mehr geltend machen. Anders als im Rahmen der Richtlinie[725] kann er also insbesondere nicht mehr mindern oder den Vertrag aufheben. Er kann jedoch gemäß Art. 37 S. 2 CISG Schadensersatz etwa für die ihm eventuell entstandenen Unannehmlichkeiten verlangen[726]. Hat der Verkäufer die Vertragswidrigkeit nicht bis zum festgesetzten Liefertermin beseitigt, kann der Käufer, anders als im Rahmen der Richtlinie, nicht ohne weiteres mindern oder den Vertrag aufheben. Vielmehr kann sich eine Einschränkung des Wahlrechts noch aus den Art. 47, 48 CISG ergeben[727].

---

722 Anders als in der Richtlinie muß der Käufer jedoch grundsätzlich gemäß Art. 72 Abs. 2 CISG, wenn es die Zeit erlaubt und nach den Umständen vernünftig ist, dem Verkäufer seine Absicht anzeigen, die Aufhebung des Vertrags zu erklären, um ihm zu ermöglichen, für die Erfüllung seiner Pflicht ausreichend Gewähr zu geben. Diese Pflicht entfällt gemäß Art. 72 Abs. 3 CISG nur dann, wenn der Verkäufer erklärt hat, daß er seine Pflichten nicht erfüllen wird.

723 Siehe oben S. 118.

724 Bianca/Bonell (*-Bianca*), Art. 37 Anm. 2.5.

725 Siehe oben S. 117 f.

726 *Schlechtriem*, Internationales UN-Kaufrecht, Rn. 148.

727 Zu diesen Vorschriften sogleich.

Gemäß Art. 47 Abs. 1 CISG kann der Käufer, wenn der Liefertermin verstrichen ist[728], dem Verkäufer eine angemessene Nachfrist zur Erfüllung seiner Pflichten setzen. Tut er dies, so gelten im Rahmen des Übereinkommens wiederum ähnliche Regeln wie im Rahmen der Richtlinie[729]. Hat der Käufer, so wie gemäß Art. 3 Abs. 3 Unterabs. 1 RL[730] nach seiner Wahl, unter Fristsetzung Nachbesserung oder Ersatzlieferung verlangt, dann kann er gemäß Art. 47 Abs. 2 S. 1 CISG vor Ablauf dieser Frist grundsätzlich keinen Rechtsbehelf wegen Vertragsverletzung ausüben[731]. Auch wenn der Käufer eine unangemessen kurze Frist gesetzt hat, bleibt er nach herrschender Meinung für eine angemessene Frist gebunden[732]. Erfüllt der Verkäufer innerhalb der Nachfrist, so kann der Verkäufer nur gemäß Art. 47 Abs. 2 S. 2 CISG den Verzögerungsschaden ersetzt verlangen; weitere Rechtsbehelfe stehen ihm nicht zu[733]. Dies entspricht grundsätzlich der Regelung der Richtlinie; anders als im Rahmen der Richtlinie gemäß Art. 3 Abs. 5 Spiegelstrich 3 RL kann der Käufer aber auch bei Verursachung erheblicher Unannehmlichkeiten durch den Verkäufer nicht mindern oder den Vertrag aufheben[734]. Die Bindung des Käufers endet gemäß Art. 47 Abs. 2 S. 1 Hs. 2 CISG bereits vor Ablauf der angemessenen Frist, wenn er vom Verkäufer die Anzeige erhalten hat, daß dieser seine Pflichten nicht innerhalb der so gesetzten Frist erfüllen wird. Die Richtlinie enthält zwar keine entsprechende Regelung, jedoch wird der Verbraucher in einem solchen Fall auch im Rahmen der Richtlinie unmittelbar Minderung oder Vertragsauflösung verlangen können[735]. Nach fruchtlosem Ablauf der Frist stehen dem Käufer grundsätzlich wieder alle Rechtsbehelfe zur Verfügung. Dies entspricht in etwa der Regelung der Richtlinie in Art. 3 Abs. 5 Spiegelstrich 2 RL. Anders als dort kann das Wahlrecht des Käufers aber noch eingeschränkt sein, und zwar gemäß Art. 48

---

728 Staudinger (-*Magnus*), Art. 47 Rn. 14; Honsell (-*Schnyder/Straub*), Art. 47 Rn. 9; ähnlich *Piltz*, Internationales Kaufrecht, § 5 Rn. 234 (Frist kann vorher gesetzt werden, beginnt aber erst ab dem Liefertermin zu laufen).

729 Allerdings hat der Käufer an einer Fristsetzung, die seinen Handlungsspielraum einschränkt, nur bei Nichtlieferung der Ware ein Interesse, um sich gemäß Art. 49 Abs. 1 b) CISG das Recht zur Vertragsaufhebung zu erschließen, vgl. *Herber/Czerwenka*, Art. 47 Rn. 2; Staudinger (-*Magnus*), Art. 47 Rn. 2; Honsell (-*Schnyder/Straub*), Art. 47 Rn. 5.

730 Siehe oben S. 115.

731 Zu Art. 47 Abs. 2 S. 1 Hs. 2 und S. 2 CISG sogleich.

732 *Herber/Czerwenka*, Art. 47 Rn. 4; Soergel (-*Lüderitz/Schüßler-Langeheine*), Art. 47 Rn. 3; Staudinger (-*Magnus*), Art. 47 Rn. 20; *Piltz*, Internationales Kaufrecht, § 5 Rn. 234; a.A. Schlechtriem (-*Huber*), Art. 47 Rn. 11; Honsell (-*Schnyder/Straub*), Art. 47 Rn. 24.

733 Staudinger (-*Magnus*), Art. 47 Rn. 26.

734 Er kann jedoch analog Art. 47 Abs. 2 S. 2 CISG Schadensersatz wegen dieser Unannehmlichkeiten verlangen, vgl. *Herber/Czerwenka*, Art. 47 Rn. 8; Staudinger (-*Magnus*), Art. 47 Rn. 28; Honsell (-*Schnyder/Straub*), Art. 47 Rn. 29.

735 Vgl. AnwaltKomm (-*Pfeiffer*), Art. 3 Rn. 23.

CISG[736]. Keine unmittelbare Entsprechung im Übereinkommen findet die Regelung in Art. 3 Abs. 5 Spiegelstrich 1 RL. Eine Nachfristsetzung kommt jedoch nach wohl allgemeiner Ansicht nur dann in Betracht, wenn der Käufer einen Erfüllungsanspruch gemäß Art. 46 CISG hat[737]. Im Ergebnis stimmen die Regelungen also insoweit überein.

Art. 48 CISG räumt dem Käufer schließlich nach dem festgesetzten Liefertermin ein Recht zur zweiten Andienung ein[738]. Gemäß Art. 48 Abs. 1 S. 1 CISG kann der Verkäufer, vorbehaltlich des Art. 49 CISG, einen Mangel in der Erfüllung seiner Pflichten auch nach dem Liefertermin auf eigene Kosten beheben, wenn dies keine unzumutbare Verzögerung nach sich zieht und dem Käufer weder unzumutbare Unannehmlichkeiten noch Ungewißheit über die Erstattung seiner Auslagen durch den Verkäufer verursacht. Nach ganz herrschender Meinung hat der Verkäufer die Wahl, ob er die Vertragswidrigkeit durch Nachbesserung oder durch Ersatzlieferung beseitigt[739]. Dem Wortlaut der Vorschrift ist jedoch nicht zu entnehmen, daß abweichend von der Regel der Verkäufer die Wahl haben soll. Auch der Zweck der Vorschrift zwingt nicht zu einer entsprechenden Auslegung. Dem Verkäufer soll lediglich die Möglichkeit gegeben werden, die Vertragswidrigkeit zu beseitigen. Diese Möglichkeit hat er jedoch auch dann, wenn der Käufer die Art der Nacherfüllung wählt. Schließlich spricht auch die Entstehungsgeschichte der Vorschrift gegen die überwiegend vertretene Auffassung. Ein Antrag der Vereinigten Staaten, dem Verkäufer in Art. 48 Abs. 1 CISG ein Wahlrecht einzuräumen, ist auf der Wiener Konferenz abgelehnt worden[740]. So wie im Rahmen der Richtlinie hat der Käufer also auch unter den Voraussetzungen des Art. 48 Abs. 1 S. 1 CISG die Wahl zwischen Nacherfüllung und Ersatzlieferung[741]. Statt Nachbesserung oder Ersatzlieferung zu verlangen, kann der Käufer jedoch nach ganz herrschender Meinung auch unmittelbar die Vertragsaufhebung erklären. Dies folgt aus dem Vorbehalt in Art. 48 Abs. 1 S. 1 CISG zugunsten von Art. 49 CISG[742]. Insoweit weichen UN-Kaufrecht und Richtlinie also voneinander ab. Das Verhältnis des

---

736 Zu dieser Vorschrift sogleich.

737 Soergel (-*Lüderitz/Schüßler-Langeheine*), Art. 47 Rn. 2; Staudinger (-*Magnus*), Art. 47 Rn. 9; Honsell (-*Schnyder/Straub*), Art. 47 Rn. 12.

738 *Herber/Czerwenka*, Art. 48 Rn. 2; Schlechtriem (-*Huber*), Art. 48 Rn. 1; Staudinger (-*Magnus*), Art. 48 Rn. 1.

739 Schlechtriem (-*Huber*), Art. 48 Rn. 9; Bianca/Bonell (-*Will*), Art. 48 Anm. 3.1; wohl auch *Audit*, Vente internationale, Nr. 133; *Heuzé*, Vente internationale, Nr. 422.

740 O.R., S. 114 f., 352.

741 Vgl. *Herber/Czerwenka*, Art. 48 Rn. 11; Staudinger (-*Magnus*), Art. 48 Rn. 32.

742 *Audit*, Vente internationale, Nr. 133; *Herber/Czerwenka*, Art. 48 Rn. 9; Staudinger (-*Magnus*), Art. 48 Rn. 17; *Piltz*, Internationales Kaufrecht, § 4 Rn. 65 f.; vgl. ferner Sekretariatskommentar, Art. 44 Anm. 3; a.A. Bianca/Bonell (-*Will*), Art. 48 Anm. 2.1.1.1.1.

Nacherfüllungsrechts zur Minderung ergibt sich aus Art. 50 S. 2 CISG. Nach dieser Vorschrift kann der Käufer den Preis nicht herabsetzen, wenn der Verkäufer nach Art. 48 CISG einen Mangel in der Erfüllung seiner Pflichten behebt oder der Käufer sich weigert, Erfüllung durch den Verkäufer nach dieser Vorschrift anzunehmen. So wie auch im Rahmen der Richtlinie geht also das Nacherfüllungsrecht des Verkäufers der Minderung grundsätzlich vor[743]. Der Käufer kann jedoch mindern, wenn die Nacherfüllung gemäß Art. 48 Abs. 1 S. 1 Hs. 2 CISG nicht zulässig ist, weil sie eine unzumutbare Verzögerung nach sich zieht oder dem Käufer unzumutbare Unannehmlichkeiten verursacht[744]. Dies entspricht der Regelung in Art. 3 Abs. 5 Spiegelstrich 2 und 3 RL[745]. Das Nacherfüllungsrecht des Verkäufers ist ferner gemäß Art. 48 Abs. 1 S. 1 Hs. 2 CISG auch dann ausgeschlossen, wenn es dem Käufer Ungewißheit über die Erstattung seiner Auslagen durch den Verkäufer verursacht. Diese Regel findet in der Richtlinie keine Entsprechung. Umgekehrt findet sich in dem Übereinkommen auch kein Pendant zu Art. 3 Abs. 5 Spiegelstrich 1 RL. Ist der Mangel jedoch nicht behebbar, so ist das Nacherfüllungsrecht auch im Rahmen des UN-Kaufrechts ausgeschlossen[746]. Hat der Verkäufer die Vertragswidrigkeit beseitigt, so kann der Käufer grundsätzlich keine Rechtsbehelfe mehr geltend machen[747]. Er kann also, anders als unter der Richtlinie, auch wegen unzumutbarer Verzögerungen oder Unannehmlichkeiten nicht mindern oder den Vertrag aufheben. Gemäß Art. 48 Abs. 1 S. 2 CISG behält er jedoch das Recht, Schadensersatz zu verlangen.

Gemäß Art. 48 Abs. 2 S. 1 CISG kann der Verkäufer, wenn er den Käufer aufgefordert hat, ihm mitzuteilen, ob er die Erfüllung annehmen will und der Käufer dieser Aufforderung nicht innerhalb einer angemessenen Frist entsprochen hat, innerhalb der in seiner Aufforderung angegebenen Frist erfüllen. Zeigt der Verkäufer dem Käufer an, daß er innerhalb einer bestimmten Frist erfüllen wird, so wird gemäß Art. 48 Abs. 3 CISG vermutet, daß die Anzeige eine Aufforderung an den Käufer nach Abs. 2 enthält, seine Entscheidung mitzuteilen.

---

743 *Herber/Czerwenka*, Art. 50 Rn. 9; Schlechtriem (-*Huber*), Art. 50 Rn. 6; Soergel (-*Lüderitz/Schüßler-Langeheine*), Art. 50 Rn. 9; Staudinger (-*Magnus*), Art. 50, Rn. 27; *Piltz*, Internationales Kaufrecht, § 5 Rn. 301; Honsell (-*Schnyder/Straub*), Art. 50 Rn. 21 f.; Bianca/Bonell (-*Will*), Art. 50 Anm. 2.3; Sekretariatskommentar, Art. 46 Anm. 14.

744 Schlechtriem (-*Huber*), a.a.O.; Staudinger (-*Magnus*), a.a.O.; Honsell (-*Schnyder/Straub*), Art. 50 Rn. 23.

745 Man wird wohl die Begriffe „angemessen" und „zumutbar" sowie die Begriffe „erheblich" und „unzumutbar" gleichsetzen können, so daß davon auszugehen ist, daß nach Ablauf einer angemessenen Frist eine unzumutbare Verzögerung eingetreten ist und erhebliche Unannehmlichkeiten als unzumutbar zu betrachten sind.

746 Vgl. Schlechtriem (-*Huber*), Art. 48 Rn. 8; Honsell (-*Schnyder/Straub*), Art. 48 Rn. 8.

747 Staudinger (-*Magnus*), Art. 48 Rn. 33.

Der Käufer kann innerhalb der in der Aufforderung angegebenen Frist gemäß Art. 48 Abs. 2 S. 2 CISG keinen mit der Erfüllung unvereinbaren Rechtsbehelf ausüben. Er kann also weder den Vertrag aufheben noch den Kaufpreis mindern[748]. Dies entspricht in etwa der Regelung der Richtlinie in Art. 3 Abs. 5 Spiegelstrich 2 RL[749]. Anders als im Rahmen der Richtlinie hat der Käufer nicht die Wahl zwischen Nachbesserung und Ersatzlieferung, sondern muß die ihm vom Verkäufer angebotene Form der Nacherfüllung annehmen[750]. Ist dem Verkäufer die Mangelbeseitigung unmöglich, so ist das Recht zur zweiten Andienung, so wie auch im Rahmen der Richtlinie gemäß Art. 3 Abs. 5 Spiegelstrich 1 RL, ausgeschlossen[751]. Keine Entsprechung im Übereinkommen hat Art. 3 Abs. 5 Spiegelstrich 3 RL.

Fraglich ist, ob der Käufer außer in den in den Art. 47 und 48 CISG geregelten Fällen nach der Ausübung seines Wahlrechts noch einen anderen Rechtsbehelf ausüben kann. Hat der Käufer Nachbesserung oder Ersatzlieferung gewählt, so ist er an seine Wahl nicht gebunden[752]. So wie im Rahmen der Richtlinie wird man aber wohl aus dem Grundsatz von Treu und Glauben eine Bindung für eine angemessene Zeit annehmen müssen. Das Recht des Käufers zur Vertragsaufhebung ist ein Gestaltungsrecht[753]. Hat der Käufer die Vertragsaufhebung erklärt, kommt ein anderer Rechtsbehelf also nicht mehr in Betracht[754]. Das gleiche gilt nach ganz herrschender Meinung auch für die Minderung[755]. Insoweit weicht das Übereinkommen also von der Richtlinie ab.

2. Das UN-Kaufrecht regelt selbst das Verhältnis der Rechtsbehelfe zueinander. Zu einer Verdrängung der diesen Fragenkreis ebenfalls regelnden Bestimmungen des BGB kommt es gleichwohl nicht, weil diese sich ausschließlich mit den Rechten des Käufers nach BGB befassen. Was eine Auslegung des Übereinkommens im Lichte der Richtlinie betrifft, so hat die vorstehende Untersuchung

---

[748] *Herber/Czerwenka*, Art. 48 Rn. 6; Schlechtriem (-*Huber*), Art. 48 Rn. 32; Staudinger (-*Magnus*), Art. 48 Rn. 41; *Schlechtriem*, Internationales UN-Kaufrecht, Rn. 179.

[749] Anders als im Rahmen der Richtlinie handelt es sich aber nicht um eine „angemessene" Frist. Der Verkäufer legt die Länge der Frist vielmehr selbst in seiner Aufforderung fest.

[750] Staudinger (-*Magnus*), Art. 48 Rn. 32; *Piltz*, Internationales Kaufrecht, § 5 Rn. 138; Bianca/Bonell (-*Will*), Art. 48 Anm. 3.1.

[751] Siehe oben S. 116.

[752] Vgl. Schlechtriem (-*Huber*), Art. 45 Rn 24 ff. (auch zu möglichen Einschränkungen des Wahlrechts).

[753] Siehe oben S. 131 Fn. 697.

[754] Schlechtriem (-*Huber*), Art. 45 Rn. 28; Soergel (-*Lüderitz/Schüßler-Langeheine*), Art. 49 Rn. 12; Staudinger (-*Magnus*), Art. 45 Rn. 17; *Piltz*, Internationales Kaufrecht, § 5 Rn. 273.

[755] Siehe oben S. 134.

ergeben, daß es zwischen den Regelungen über das Verhältnis der Rechtsbehelfe zueinander in UN-Kaufrecht und Richtlinie mehr Übereinstimmungen gibt als es zunächst den Anschein hat[756]. Soweit die Art. 37 oder 47 CISG einschlägig sind, bestehen zwischen beiden Regelwerken kaum Unterschiede. Diese Vorschriften regeln freilich nur Ausnahmefälle. In der Regel hat der Käufer im Rahmen des UN-Kaufrechts die freie Wahl zwischen den einzelnen Rechtsbehelfen. Um das Wahlrecht des Käufers einzuschränken muß der Verkäufer, anders als im Rahmen der Richtlinie, gemäß Art. 48 CISG selbst aktiv werden. Für eine harmonisierende Auslegung ist freilich meines Erachtens kein Raum. Das Rechtsbehelfssystem des UN-Kaufrecht beruht auf einer rechtspolitischen Entscheidung der Konventionsgeber. Über diese Entscheidung würde man sich hinwegsetzen, wollte man versuchen, durch Auslegung die Regeln des Übereinkommens denjenigen der Richtlinie anzupassen. Die Regelungen der Richtlinie schränken das Wahlrecht des Verbrauchers im übrigen im Vergleich zum Übereinkommen ein, so daß letzteres sich insoweit eher als verbraucherfreundlicher erweist als die Richtlinie.

cc) Unabdingbarkeit

Von den Bestimmungen des UN-Kaufrechts kann nicht abgewichen werden, soweit sie zwingende Bestimmungen des nationalen Verbraucherschutzrechts verdrängen[757]. Die Bestimmungen des Übereinkommens über die Rechtsbehelfe des Käufers verdrängen nur die im Rahmen von Verbraucherkäufen im Sinne von § 474 Abs. 1 S. 1 BGB zwingenden Bestimmungen über die einzelnen Rechtsbehelfe, nicht auch die Bestimmungen über das Verhältnis dieser Rechtsbehelfe zueinander. Gleichwohl sind die Art. 45 ff. CISG, soweit sie auf Verbraucherkäufe zur Anwendung kommen, insgesamt unabdingbar. Denn die Bestimmungen des deutschen Verbrauchsgüterkaufrechts dienen der Umsetzung der Verbrauchsgüterkauf-Richtlinie, die die Regelung in Art. 3 RL insgesamt für unabdingbar erklärt und der eine Beschränkung auf Sachverhalte, die nicht dem UN-Kaufrecht unterliegen, nicht zu entnehmen ist.

4. Ausschluß- und Verjährungsfrist

In Art. 5 Abs. 1 regelt die Richtlinie die Frist, innerhalb derer der Verbraucher seine Rechte gegen den Verkäufer geltend machen muß. Die grundsätzliche

---

756 Vgl. *Grundmann*, AcP 202 (2002), S. 40, 52; ähnlich aber zurückhaltender *Magnus*, in: Grundmann/Medicus/Rolland, S. 79, 89.

757 Siehe oben S. 50 f.

Unabdingbarkeit der Regelung ergibt sich aus Art. 7 Abs. 1 Unterabs. 1 RL. Für gebrauchte Güter sieht die Richtlinie jedoch in Art. 7 Abs. 1 Unterabs. 2 eine abweichende Regelung vor. Das UN-Kaufrecht regelt in Art. 39 Abs. 2 CISG eine zweijährige Ausschlußfrist.

a) Regelungsgehalt des Verbraucherkaufrechts

aa) Ausschluß- oder Verjährungsfrist, Art. 5 Abs. 1 RL

1. Gemäß Art. 5 Abs. 1 S. 1 RL haftet der Verkäufer nach Art. 3 RL, wenn die Vertragswidrigkeit binnen zwei Jahren nach der Lieferung des Verbrauchsgutes offenbar wird. Die Rechte des Verbrauchers gegen den Verkäufer bestehen also nur innerhalb einer Zweijahresfrist, die mit der Lieferung[758] eines vertragswidrigen[759] Verbrauchsgutes durch den Verkäufer beginnt und dadurch gewahrt wird, daß die Vertragswidrigkeit vor Fristablauf „offenbar“ wird. Zur Fristwahrung genügt es also, daß die Vertragswidrigkeit zu Tage tritt; auf ein Verhalten des Verbrauchers kommt es nicht an[760]. Wird die Vertragswidrigkeit nicht innerhalb von zwei Jahren erkennbar, so enden die Ansprüche des Verbrauchers gegen den Verkäufer ipso facto[761]. Es handelt sich also um eine Art Ausschlußfrist[762].

Art. 5 Abs. 1 S. 2 RL bestimmt ferner, daß, wenn nach innerstaatlichem Recht für die Ansprüche des Verbrauchers nach Art. 3 Abs. 2 RL eine Verjährungsfrist gilt, diese nicht vor Ablauf eines Zeitraums von zwei Jahren ab dem Zeitpunkt der Lieferung endet. Die Mitgliedstaaten können also anstelle oder zusätzlich zu einer Ausschlußfrist nach Maßgabe dieser Vorschrift die Ansprüche des Verbrauchers der Verjährung unterwerfen[763]. Die Richtlinie enthält

---

758 Zum Begriff der Lieferung oben S. 84.

759 Nur dann kommt gemäß Art. 3 Abs. 1 RL eine Haftung des Verkäufers in Betracht.

760 Grundmann/Bianca (-*Hondius*), Art. 5 Rn. 7; AnwaltKomm (-*Pfeiffer*), Art. 5 Rn. 4; *Schwartze*, ZEuP 2000, S. 544, 570; *Staudenmayer*, NJW 1999, S. 2393, 2396; a.A. *Raynard*, RTD civ. 2000, S. 440, 444 (Vertragswidrigkeit muß dem Verkäufer mitgeteilt werden).

761 Kritisch zu dieser Regelung *Schwartze*, ZEuP 2000, S. 544, 570.

762 Vgl. Grundmann/Bianca (-*Hondius*), Art. 5 Rn. 5; *Kruisinga*, ERPL 2001, S. 177, 184; *Schwartze*, ZEuP 2000, S. 544, 570; ähnlich *Reich*, NJW 1999, S. 2397, 2401 und *Staudenmayer*, NJW 1999, S. 2393, 2396 (materielle Frist). Bei einer Ausschlußfrist endet das Recht nach Fristablauf, vgl. Palandt (-*Heinrichs*), Überbl. v. § 194 BGB Rn. 13.

763 AnwaltKomm (-*Pfeiffer*), Art. 5 Rn. 4; *Reich*, NJW 1999, S. 2397, 2401; *Schwartze*, ZEuP 2000, S. 544, 570 f.; wohl auch *Staudenmayer*, NJW 1999, S. 2393, 2396; vgl. auch Erwägungsgrund (17) S. 2 RL („ferner“).

keine Vorgaben über die Hemmung oder Unterbrechung der Verjährung[764]. Die Mitgliedstaaten können also die Fristwahrung von bestimmten Maßnahmen des Verbrauchers abhängig machen. Die daraus folgende Schlechterstellung des Verbrauchers gegenüber einer Art. 5 Abs. 1 S. 1 RL nachgebildeten Regelung ist deshalb mit der Richtlinie vereinbar[765].

2. Der deutsche Gesetzgeber hat sich dafür entschieden, die Ansprüche des Verbrauchers auf Nachbesserung und Ersatzlieferung nicht einer Ausschlußfrist, sondern der Verjährung zu unterwerfen. Hinsichtlich dieser Ansprüche wird Art. 5 Abs. 1 RL durch § 438 Abs. 1 Nr. 3, Abs. 2 BGB in deutsches Recht umgesetzt[766]. Gemäß § 438 Abs. 1 Nr. 3 BGB verjähren die in § 437 Nr. 1 BGB bezeichneten Ansprüche des Käufers in zwei Jahren. Verjährungsbeginn ist gemäß § 438 Abs. 2 BGB der Zeitpunkt der Ablieferung der Sache. Hinsichtlich der Vertragsauflösung, die als Gestaltungsrecht umgesetzt worden ist und deshalb nicht der Verjährung unterliegt[767], wird Art. 5 Abs. 1 RL durch die §§ 438 Abs. 4 S. 1 i.V.m. 218 Abs. 1 S. 1 BGB in deutsches Recht umgesetzt. Gemäß § 438 Abs. 4 S. 1 BGB gilt für das in § 437 Nr. 2 BGB bezeichnete Rücktrittsrecht § 218 BGB. Gemäß § 218 Abs. 1 S. 1 BGB ist der Rücktritt wegen nicht oder nicht vertragsgemäß erbrachter Leistung unwirksam, wenn der Anspruch auf die Leistung oder der Nacherfüllungsanspruch verjährt ist und der Schuldner sich hierauf beruft. Für die Minderung gilt das zur Vertragsauflösung Gesagte entsprechend. Die Umsetzung von Art. 5 Abs. 1 RL erfolgt insoweit durch § 438 Abs. 5 BGB, der wie § 438 Abs. 4 S. 1 BGB auf § 218 BGB verweist.

bb) Unabdingbarkeit, Art. 7 Abs. 1 RL

1. Die Regelungen in Art. 5 Abs. 1 RL sind gemäß Art. 7 Abs. 1 Unterabs. 1 RL vor Unterrichtung des Verkäufers von einer Vertragswidrigkeit in dem Sinne zwingend, daß von ihnen zulasten des Verbrauchers nicht abgewichen werden kann[768]. Gemäß Art. 7 Abs. 1 Unterabs. 2 RL können die Mitgliedstaaten aber im Fall gebrauchter Güter vorsehen, daß der Verkäufer und der Verbraucher sich auf Vertragsklauseln oder Vereinbarungen einigen können, denen zufolge

---

764 Vgl. Erwägungsgrund (18) RL.

765 Vgl. AnwaltKomm (-*Pfeiffer*), Art. 5 Rn. 4; *Schwartze*, ZEuP 2000, S. 544, 571; *Staudenmayer*, NJW 1999, S. 2393, 2396.

766 Regierungsbegründung, BT-Drucks. 14/6040, S. 228 f.

767 Vgl. Palandt (-*Heinrichs*), § 194 BGB Rn. 3.

768 Grundmann/Bianca (-*Stijns/van Gerven*), Art. 7 Rn. 40 f.

der Verkäufer weniger lange haftet als in Art. 5 Abs. 1 RL vorgesehen. Die kürzere Haftungsdauer darf ein Jahr jedoch nicht unterschreiten.

2. Der deutsche Gesetzgeber hat von der Option in Art. 7 Abs. 1 Unterabs. 2 RL Gebrauch gemacht. Die Umsetzung sowohl von Art. 7 Abs. 1 Unterabs. 1 in bezug auf Art. 5 Abs. 1 RL als auch von Art. 7 Abs. 1 Unterabs. 2 RL erfolgt durch die Einführung von § 475 Abs. 2 n.F. in das BGB[769]. Nach dieser Vorschrift kann die Verjährung der in § 437 bezeichneten Ansprüche vor Mitteilung eines Mangels an den Unternehmer nicht durch Rechtsgeschäft erleichtert werden, wenn die Vereinbarung zu einer Verjährungsfrist ab dem gesetzlichen Verjährungsbeginn von weniger als zwei Jahren, bei gebrauchten Sachen von weniger als einem Jahr führt.

b) Verdrängung durch das UN-Kaufrecht und harmonisierende Auslegung

Die die Art. 5 Abs. 1 und 7 Abs. 1 Unterabs. 1 RL in bezug auf Art. 5 Abs. 1 RL sowie Art. 7 Abs. 1 Unterabs. 2 RL umsetzenden Bestimmungen regeln nicht Ausschluß-, sondern Verjährungsfristen. Da das UN-Kaufrecht die Verjährung nicht regelt[770], kommt es zu keiner Überschneidung mit den Bestimmungen des BGB und somit auch zu keiner Verdrängung[771]. Das UN-Kaufrecht regelt jedoch in Art. 39 Abs. 2 CISG eine zweijährige Ausschlußfrist. Zu prüfen ist also die Möglichkeit einer harmonisierenden Auslegung dieser Regelung im Hinblick auf die Richtlinie.

---

769 Regierungsbegründung, BT-Drucks. 14/6040, S. 244 f.

770 Die Verjährung ist dagegen nicht im UN-Kaufrecht geregelt und richtet sich deshalb in Deutschland nach dem mit Hilfe des IPR bestimmten nationalen Recht, vgl. Staudinger (-*Magnus*), Art. 4 Rn. 38 f. Nicht in der Bundesrepublik Deutschland, wohl aber in derzeit siebzehn anderen Vertragsstaaten des UN-Kaufrechts gilt jedoch das Übereinkommen über die Verjährung beim internationalen Warenkauf vom 14. Juni 1974. Es ist abgedruckt und kommentiert in Schlechtriem, Kommentar zum Einheitlichen UN-Kaufrecht, S. 879 ff. (bearbeitet von *Müller-Chen*). Zum Ratifikationsstand siehe die oben in Fn. 12 auf S. 2 genannte Fundstelle.

771 Die Bestimmungen des BGB über die Verjährung kaufrechtlicher Ansprüche kommen jedoch auf die im UN-Kaufrecht geregelten Ansprüche zur Anwendung, wenn die Regeln des Internationalen Privatrechts auf das deutsche Recht verweisen. Zum Verhältnis des neuen deutschen Verjährungsrechts zum UN-Kaufrecht eingehend, *Magnus*, RIW 2002, S. 577.

aa) Ausschlußfrist, Art. 39 Abs. 2 CISG

1. Gemäß Art. 39 Abs. 2 CISG verliert der Käufer das Recht, sich auf die Vertragswidrigkeit zu berufen, wenn er sie nicht spätestens innerhalb von zwei Jahren, nachdem ihm die Ware tatsächlich übergeben worden ist, dem Verkäufer anzeigt. Die Ausschlußfrist[772] beginnt gemäß Art. 39 Abs. 2 CISG mit tatsächlicher Übergabe der Ware an den Käufer, also mit der physischen Aushändigung[773]. Dies entspricht praktisch der Regelung der Richtlinie, die auf die Lieferung abstellt[774]. Um seine Rechte zu wahren muß der Käufer im Rahmen von Art. 39 Abs. 2 CISG dem Verkäufer die Vertragswidrigkeit „anzeigen". Dies bedeutet, daß er den Mangel ordnungsgemäß im Sinne von Art. 39 Abs. 1 CISG rügen muß[775]. Die Richtlinie läßt es dagegen genügen, wenn der Mangel innerhalb der Zweijahresfrist „offenbar" wird, erfordert also anders als das Übereinkommen kein Tätigwerden des Verbrauchers. Nach Ablauf der Ausschlußfrist kann der Käufer in der Regel[776] keine Rechte mehr gegen den Verkäufer geltend machen. Dies entspricht der in Art. 5 Abs. 1 S. 1 RL vorgesehenen Rechtsfolge.

Gemäß Art. 40 CISG kann der Verkäufer sich auf Art. 39 CISG nicht berufen, wenn die Vertragswidrigkeit auf Tatsachen beruht, die er kannte oder über die er nicht in Unkenntnis sein konnte und die er dem Käufer nicht offenbart hat. Diese Regelung findet keine Entsprechung in der Richtlinie[777].

2. Da zur Wahrung der zweijährigen Ausschlußfrist eine Mängelanzeige gemäß Art. 39 Abs. 1 CISG erforderlich ist, an deren Inhalt aber keine besonders strengen Anforderungen zu stellen sind, wenn der Käufer ein Verbraucher ist[778], wirkt sich eine verbraucherfreundliche Auslegung von Art. 39 Abs. 1 CISG auch im Rahmen von Art. 39 Abs. 2 CISG aus. Eine weitergehende harmonisierende Auslegung von Art. 39 Abs. 2 CISG ist weder möglich noch notwendig. Die Regelung in Art. 40 CISG ist verbraucherfreundlich und sachgerecht[779], so daß auch insoweit zu einer harmonisierenden Auslegung keine Veranlassung besteht.

---

772 *Herber/Czerwenka*, Art. 39 Rn. 10; Soergel (-*Lüderitz/Schüßler-Langeheine*), Art. 39 Rn. 7; Honsell (-*Magnus*), Art. 39 Rn. 29; Staudinger (-*Magnus*), Art. 39 Rn. 63; *Piltz*, Internationales Kaufrecht, § 5 Rn. 66; Schlechtriem (-*Schwenzer*), Art. 39 Rn. 22.

773 Staudinger (-*Magnus*), Art. 64; Schlechtriem (-*Schwenzer*), Art. 39 Rn. 24.

774 Siehe oben S. 142.

775 Staudinger (-*Magnus*), Art. 39 Rn. 63; Schlechtriem (-*Schwenzer*), Art. 39 Rn. 22.

776 Zu Art. 40 CISG im nächsten Absatz, zur Vereinbarung einer Garantiefrist unten S. 152.

777 Vgl. *Kruisinga*, ERPL 2001, S. 177, 185

778 Siehe oben S. 106.

779 Siehe oben S. 106.

bb) Unabdingbarkeit

1. Von den Bestimmungen des UN-Kaufrechts kann zulasten des Käufers nicht abgewichen werden, soweit sie zwingende Bestimmungen des deutschen Verbrauchsgüterkaufrechts verdrängen[780]. In dem Umfang, in dem die Bestimmungen über die Verjährung der Ansprüche des Käufers im Rahmen eines Verbrauchsgüterkaufs zwingend sind, kann also auch von Art. 39 Abs. 2 CISG nicht zulasten des Verbrauchers abgewichen werden.

Die Parteien weichen jedoch nach dem Wortlaut von Art. 39 Abs. 2 CISG von seiner Regelung nicht ab, wenn sie eine Ausschlußfrist von weniger als zwei Jahren vereinbaren. Denn gemäß Art. 39 Abs. 2 a.E. CISG kann von der zweijährigen Ausschlußfrist durch die vertragliche Vereinbarung einer Garantiefrist abgewichen werden. Diese Garantiefrist kann nach wohl allgemeiner Ansicht die Ausschlußfrist nicht nur verlängern sondern auch verkürzen[781]. Die Regelung in Art. 39 Abs. 2 a.E. CISG ist jedoch nur eine spezielle Formulierung des in Art. 6 CISG festgeschriebenen Grundsatzes der Abdingbarkeit der Bestimmungen des UN-Kaufrechts[782]. Die Gründe, die für eine Unabdingbarkeit der Bestimmungen des Übereinkommens sprechen, wenn dieses zwingendes Verbraucherschutzrecht verdrängt, gelten hier also gleichermaßen. Eine Verkürzung der Ausschlußfrist ist deshalb nur bei gebrauchten Waren möglich; die Frist darf ein Jahr nicht unterschreiten. Die Regelungen in Richtlinie und Übereinkommen stimmen also hinsichtlich ihrer Unabdingbarkeit überein.

2. Zu einer Verdrängung von § 475 Abs. 2 BGB durch das UN-Kaufrecht kommt es indes trotzdem nicht, weil sich § 475 Abs. 2 BGB nur auf die im BGB geregelten Ansprüche des Käufers bezieht. Zu einer harmonisierenden Auslegung besteht keine Veranlassung.

5. Garantien

Die Richtlinie regelt in Art. 6 Abs. 1 RL die Bindung des Herstellers oder des Verkäufers an eine Garantieerklärung sowie in Art. 6 Abs. 2 – 5 RL die Form einer solchen Erklärung. Eine Garantie im Sinne der Richtlinie ist eine Verpflichtung des Garantiegebers, in irgendeiner Form Abhilfe zu schaffen, wenn

---

780 Siehe oben S. 50 f.

781 So ausdrücklich Honsell (-*Magnus*), Art. 39 Rn. 33; *Schlechtriem*, Internationales UN-Kaufrecht, Rn. 160; Schlechtriem (-*Schwenzer*), Art. 39 Rn. 26.

782 Vgl. Honsell (-*Magnus*), a.a.O.

das Verbrauchsgut bestimmte Eigenschaften nicht aufweist[783]. Ob die die Richtlinie umsetzenden Bestimmungen des deutschen Rechts durch das UN-Kaufrecht in dessen Anwendungsbereich verdrängt werden, ist fraglich. Das Übereinkommen enthält nämlich nur punktuelle Regelungen über die Wirkung von Garantien in den Art. 36 Abs. 2 Hs. 2 und Art. 39 Abs. 2 Hs. 2 CISG, die mit den Regelungen in Art. 6 RL auf den ersten Blick nicht unvereinbar sind. Um feststellen zu können, ob es gleichwohl zu einer Verdrängung kommt, ist wiederum der Regelungsbereich der beiden Normenkomplexe zu bestimmen.

a) Regelungsgehalt des Verbraucherkaufrechts

aa) Bindungswirkung, Art. 6 Abs. 1 RL

1. Gemäß Art. 6 Abs. 1 RL muß die Garantie denjenigen, der sie anbietet, zu den in der Garantieerklärung und der einschlägigen Werbung angegebenen Bedingungen binden. Garantie im Sinne von Art. 6 RL ist gemäß Art. 1 Abs. 2 e) RL jede von einem Verkäufer oder Hersteller gegenüber dem Verbraucher ohne Aufpreis eingegangene Verpflichtung, den Kaufpreis zu erstatten, das Verbrauchsgut zu ersetzen oder nachzubessern oder in sonstiger Weise Abhilfe zu schaffen, wenn das Verbrauchsgut nicht den in der Garantieerklärung oder in der einschlägigen Werbung genannten Eigenschaften entspricht. Art. 6 Abs. 1 RL schreibt also zum einen den für den Garantiegeber verbindlichen Charakter der Garantie vor und regelt zum anderen den Umfang dieser Bindung[784].

Die Garantie bindet gemäß Art. 6 Abs. 1 RL denjenigen, der sie anbietet. Als Garantiegeber kommen gemäß Art. 1 Abs. 2 e) RL der Hersteller oder der Verkäufer, als Begünstigter kommt nur der Verbraucher in Betracht, der ein Verbrauchsgut von dem Verkäufer erwirbt. Fraglich ist, ob aus Art. 6 Abs. 1 RL folgt, daß der Garantiegeber an sein Garantieangebot gebunden ist, ohne daß der Verbraucher dieses annehmen muß[785]. Der Wortlaut der Vorschrift, nach dem die Garantie denjenigen bindet, der sie „anbietet", scheint dafür zu sprechen. Art. 6 Abs. 1 RL kann jedoch auch so gelesen werden, daß er lediglich die grundsätzliche Bindung des Garantiegebers an sein Angebot statuiert, die Re-

---

783 Zur genauen Definition der Richtlinie in Art. 1 Abs. 2 e) RL sogleich.

784 Vgl. *Ehmann/Rust*, JZ 1999, S. 853, 863; *Ernst/Gsell*, ZIP 2000, S. 1410, 1414; Grundmann/Bianca (*-Malinvaud*), Art. 6 Rn. 12; *Micklitz*, EuZW 1999, S. 485, 488; AnwaltKomm (*-Pfeiffer*), Art. 6 Rn. 3.

785 In diesem Sinne *Micklitz*, EuZW 1999, S. 485, 488, 490; etwas zurückhaltender *Ernst/Gsell*, ZIP 2000, S. 1410, 1414 („Es dürfte ... der Richtlinie entsprechen ...").

gelung der Frage, unter welchen Voraussetzungen die Bindung eintritt, jedoch den Mitgliedstaaten überläßt. Die Vorschrift ordnet dann zwar aus deutscher Sicht eine Selbstverständlichkeit an. Sie wäre aber gleichwohl zweckmäßig, weil in den Mitgliedstaaten des Common Law Rechtskreises Verpflichtungen ohne Gegenleistung grundsätzlich unverbindlich sind[786]. Die Entstehungsgeschichte der Vorschrift zeigt, daß letztere Lesart der Intention des Richtliniengebers entspricht. Aus der Begründung zum Richtlinienentwurf der Kommission vom 18. Juni 1996 ergibt sich nämlich, daß der Richtliniengeber die rechtliche Einordnung der Garantie als Vertrag oder einseitiges Rechtsgeschäft nicht vorgeben wollte[787]. Art. 6 Abs. 1 RL kann daher nur entnommen werden, daß die Garantie für den Garantiegeber verbindlich ist; die Regelung der Frage, ob das Angebot allein den Garantiegeber bindet oder ob der Verbraucher dieses Angebot annehmen muß, bleibt den Mitgliedstaaten überlassen[788].

Die Garantie bindet den Garantiegeber gemäß Art. 6 Abs. 1 RL „zu den in der Garantieerklärung und der einschlägigen Werbung angegebenen Bedingungen". Fraglich ist, ob die Bedingungen, wenn sie sich nicht aus der Garantieerklärung ergeben, sich aus der „einschlägigen Werbung" des Garantiegebers ergeben müssen oder ob der Garantiegeber, wenn er selbst der Verkäufer ist, auch an die Werbung des Herstellers gebunden ist. Da der Verkäufer gemäß Art. 2 Abs. 2 d) RL im Rahmen des Kaufvertrags auch für die (konkreten) Eigenschaften einzustehen hat, über die sich der Hersteller (oder sein Vertreter) öffentlich geäußert hat, ist der Richtlinie eine Einstandspflicht des Verkäufers für Aussagen Dritter nicht fremd. Gegen eine Bindung des Verkäufers an die einschlägige Werbung des Herstellers spricht jedoch, daß Art. 6 Abs. 1 RL, anders als Art. 2 Abs. 2 d) RL, nicht ausdrücklich klarstellt, daß der Garantiegeber auch für die Äußerungen Dritter einzustehen hat. Die Entstehungsgeschichte der Vorschrift spricht ferner dafür, daß der Garantiegeber für Werbung nur dann einstehen soll, wenn er sie sich zueigen gemacht hat. Der Richtliniengeber wollte mit Art. 6 Abs. 1 RL eine Regelung schaffen, die derjenigen in Art. 3 Abs. 2 der Pauschalreise-Richtlinie[789] vergleichbar ist[790]. Diese Vorschrift setzt

---

786 Vgl. *Grundmann*, AcP 202 (2002), S. 40, 54.

787 KOM (95) 520 endg., S. 16.

788 AnwaltKomm (*-Pfeiffer*), Art. 1 Rn. 33; *Reich*, NJW 1999, S. 2397, 2399; *Tenreiro/Gómez*, REDC 2000, S. 5, 31; *Micklitz*, EuZW 1997, S. 229, 234 (zum Richtlinienentwurf der Kommission); a.A. Grundmann/Bianca (*-Malinvaud*), Art. 6 Rn. 14 (Fn. 1) (Art. 6 RL sieht vertragliche Bindung vor); *Welser/Jud*, Reform des Gewährleistungsrechts, S. 164. Erforderlich ist aber nach dem klaren Wortlaut von Art. 6 Abs. 1 RL in jedem Fall ein Angebot des Garantiegebers. Die Werbung begründet deshalb für sich genommen noch keine Garantie, vgl. AnwaltKomm (*-Pfeiffer*), a.a.O.

789 Richtlinie 90/314/EWG des Rates vom 13. Juni 1990 über Pauschalreisen, ABl. EG 1990 Nr. L 158, S. 59.

jedoch voraus, daß dem Verbraucher ein Prospekt „zur Verfügung gestellt" wird. Der Veranstalter oder Vermittler muß also durch sein Verhalten zum Ausdruck gebracht haben, daß er zu den Angaben im Prospekt stehen wolle. Dies entspricht schließlich auch dem Zweck von Art. 6 RL. Die Vorschrift soll eine Irreführung des Verbrauchers unterbinden[791]. Von einem Irreführen durch die Werbung kann jedoch nur ausgegangen werden, wenn der Garantiegeber sich diese in irgendeiner Weise zunutze gemacht hat[792]. Auch im Rahmen von Art. 6 Abs. 1 RL wird man deshalb verlangen müssen, daß die Werbung entweder auf den Garantiegeber selbst zurückgeht, oder dieser zumindest in irgendeiner Form zum Ausdruck gebracht hat, daß er sich die Werbung des Herstellers zurechnen lassen wolle[793]. Die Werbung muß ferner „einschlägig" sein, sich also auf das fragliche Verbrauchsgut beziehen[794].

Inhalt der Garantie ist gemäß Art. 1 Abs. 2 e) RL die „ohne Aufpreis eingegangene Verpflichtung, den Kaufpreis zu erstatten, das Verbrauchsgut zu ersetzen oder nachzubessern oder in sonstiger Weise Abhilfe zu schaffen, wenn das Verbrauchsgut nicht den in der Garantieerklärung oder in der einschlägigen Werbung genannten Eigenschaften entspricht". Es müssen dem Verbraucher also unentgeltlich[795] bestimmte auf Abhilfe gerichtete Rechtsbehelfe für den Fall eingeräumt werden, daß das Verbrauchsgut bestimmte Eigenschaften nicht aufweist[796]. Die dem Verbraucher in der Garantie eingeräumten Rechte müssen neben die gesetzlichen Gewährleistungsrechte aus der Richtlinie treten. Dies folgt zum einen aus dem zwingenden Charakter der Käuferrechte und zum anderen aus Art. 6 Abs. 2 Spiegelstrich 1 RL, wonach die Garantie den Verbraucher auf das Bestehen dieser Rechte hinweisen muß[797]. Nicht notwendig ist, daß die Garantie den Verbraucher im Vergleich zu den gesetzlichen Rechtsbehelfen besser stellt[798].

---

790 KOM (95) 520 endg., S. 16.

791 Erwägungsgrund (21) RL.

792 Vgl. *Ehmann/Rust*, JZ 1999, S. 853, 863.

793 Bereits im Grünbuch wird die Bindung des Garantiegebers an die Werbung damit begründet, daß „die für die Werbung Verantwortlichen", die den Verbraucher in die Irre geführt haben, die Garantie auch tatsächlich gewähren sollen, vgl. KOM (93) 509 endg., S. 126.

794 AnwaltKomm (-*Pfeiffer*), Art. 6 Rn. 5.

795 Die entgeltliche Garantie wird nicht von der Richtlinie erfaßt, vgl. AnwaltKomm (-*Pfeiffer*), Art. 1 Rn. 35; a.A. *Tenreiro/Gómez*, REDC 2000, S. 5, 29 (die Richtlinie verbietet ihre Bezeichnung als „Garantie").

796 AnwaltKomm (-*Pfeiffer*), Art. 1 Rn. 34.

797 Vgl. AnwaltKomm (-*Pfeiffer*), Art. 6 Rn. 2.

798 *Micklitz*, EuZW 1999, S. 485, 488; *Schurr*, ZfRV 1999, S. 222, 228; a.A. *Lehr/Wendel*, EWS 1999, S. 321, 326; Grundmann/Bianca (-*Stijns/van Gerven*), Art. 7 Rn. 50. Anders noch die Art. 1 Abs. 2 d) und 5 Abs. 1 des Richtlinienentwurfs vom 18. Juni 1996, vgl. KOM (95) 520 endg., S. 21, 23.

2. Art. 6 Abs. 1 RL wird durch § 443 Abs. 1 BGB in deutsches Recht umgesetzt[799]. Danach stehen dem Käufer, wenn der Verkäufer oder ein Dritter eine Garantie für die Beschaffenheit der Sache oder dafür übernimmt, daß die Sache für eine bestimmte Dauer eine bestimmte Beschaffenheit behält, unbeschadet der gesetzlichen Ansprüche die Rechte aus der Garantie zu den in der Garantieerklärung und der einschlägigen Werbung angegebenen Bedingungen gegenüber demjenigen zu, der die Garantie eingeräumt hat.

bb) Form, Art. 6 Abs. 2 – 5 RL

1. Die Regelungen in Art. 6 Abs. 2 – 4 RL betreffen die Form der Garantie und dienen der Information des Verbrauchers: Gemäß Art. 6 Abs. 2 muß die Garantie darlegen, daß der Verbraucher im Rahmen der geltenden innerstaatlichen Rechtsvorschriften über den Verbrauchsgüterkauf gesetzliche Rechte hat und klarstellen, daß diese Rechte von der Garantie nicht berührt werden. Sie muß ferner in einfachen und verständlichen Formulierungen den Inhalt der Garantie und die wesentlichen Angaben enthalten, die für die Inanspruchnahme der Garantie notwendig sind, insbesondere die Dauer und den räumlichen Geltungsbereich des Garantieschutzes sowie Namen und Anschrift des Garantiegebers.

Der Verbraucher hat außerdem gemäß Art. 6 Abs. 3 RL einen Anspruch darauf, daß ihm die Garantie schriftlich zur Verfügung gestellt oder auf einem anderen dauerhaften Datenträger zur Verfügung gestellt und zugänglich gemacht wird. Aus dieser Regelung folgt im Umkehrschluß, daß die Schriftform keine Wirksamkeitsvoraussetzung der Garantie ist[800].

Schließlich können die Mitgliedstaaten, in denen das Verbrauchsgut in Verkehr gebracht wird, gemäß Art. 6 Abs. 4 RL für ihr Gebiet vorschreiben, daß die Garantie in einer oder in mehreren Amtssprachen der Gemeinschaft ihrer Wahl abgefaßt ist, soweit dies mit den Vorschriften des EG-Vertrags vereinbar ist.

Die in Art. 6 Abs. 2 – 4 RL geregelten Formerfordernisse sind keine Wirksamkeitsvoraussetzungen für die Garantie. Dies ergibt sich aus Art. 6 Abs. 5 RL. Die Vorschrift bestimmt, daß, wenn die Anforderungen der Abs. 2 – 4 nicht erfüllt werden, die Gültigkeit der Garantie unberührt bleibt. Ein Verstoß gegen die Regelungen in Art. 6 Abs. 2 – 4 RL wird also grundsätzlich nicht sanktio-

---

799 Regierungsbegründung, BT-Drucks. 14/6040, S. 238.

800 *Schurr*, ZfRV 1999, S. 222, 228; a.A. Grundmann/Bianca (-*Malinvaud*), Art. 6 Rn. 14 (Dokument muß erstellt werden).

niert[801]. Es kommt lediglich eine Unterlassungsklage in Betracht, weil die Verbrauchsgüterkauf-Richtlinie gemäß Art. 10 RL in den Anhang der Unterlassungsklagen-Richtlinie[802] aufgenommen wird[803].

2. Die Abs. 2, 3 und 5 von Art. 6 RL werden durch § 477 BGB in deutsches Recht umgesetzt. Von der Option in Art. 6 Abs. 4 RL hat der deutsche Gesetzgeber keinen Gebrauch gemacht[804].

cc) Unabdingbarkeit, Art. 7 Abs. 1 Unterabs. 1 RL

1. Nach Art. 7 Abs. 1 Unterabs. 1 RL kann vor Mitteilung des Mangels an den Verkäufer durch Vereinbarung nicht von den durch die Richtlinie gewährten Verbraucherrechten abgewichen werden. Damit sind auch die Regelungen in Art. 6 RL in dem von Art. 7 Abs. 1 Unterabs. 1 RL vorgegebenen Umfang unabdingbar[805].

2. Auch insoweit wird Art. 7 Abs. 1 Unterabs. 1 RL durch § 475 Abs. 1 S. 1 BGB umgesetzt. Danach kann sich bei einem Verbrauchsgüterkauf im Sinne von § 474 Abs. 1 S. 1 BGB der Unternehmer auf eine vor Mitteilung eines Mangels getroffene Vereinbarung, die zum Nachteil des Verbrauchers unter anderem von den §§ 443 und 477 BGB abweicht , nicht berufen.

b) Verdrängung durch das UN-Kaufrecht und harmonisierende Auslegung

Fraglich ist, ob die §§ 443 Abs. 1, 477 BGB im Anwendungsbereich des UN-Kaufrechts verdrängt werden und ob eine harmonisierende Auslegung des Übereinkommens in Betracht kommt. Da das UN-Kaufrecht nur das Verhältnis zwischen Verkäufer und Käufer regelt, können die §§ 443 Abs. 1, 477 BGB jedenfalls nur insoweit verdrängt sein, als sie Garantien regeln, die der Verkäufer dem Verbraucher einräumt.

---

801 *Ehmann/Rust*, JZ 1999, S. 853, 863; *Ernst/Gsell*, ZIP 2000, S. 1410, 1414.

802 Richtlinie 98/27/EG des Europäischen Parlaments und des Rates vom 19. Mai 1998 über Unterlassungsklagen zum Schutz der Verbraucherinteressen, ABl. EG 1998 Nr. L 166, S. 51.

803 *Micklitz*, EuZW 1999, S. 485, 488 f.; AnwaltKomm (*-Pfeiffer*), Art. 6 Rn. 13; *Staudenmayer*, NJW 1999, S. 2393, 2396.

804 Regierungsbegründung, BT-Drucks. 14/6040, S. 245 f.

805 Grundmann/Bianca (*-Stijns/van Gerven*), Art. 7 Rn. 47.

aa) Bindungswirkung einer Garantie im Sinne der Richtlinie

1. Das UN-Kaufrecht regelt gemäß Art. 4 S. 1 CISG in erster Linie das Zustandekommen des Kaufvertrags sowie die Rechte und Pflichten der Parteien aus diesem Vertrag. Über Garantien enthält es dagegen nur wenige Regelungen. Garantiert der Verkäufer dem Käufer, daß die von ihm gelieferte Ware für eine bestimmte Zeit für den üblichen Zweck oder für einen bestimmten Zweck geeignet bleiben oder besondere Eigenschaften oder Merkmale behalten wird, so haftet er dem Käufer gemäß Art. 36 Abs. 2 Hs. 2 CISG für eine Vertragswidrigkeit in dem in der Garantie vorgesehen Umfang auch dann, wenn die Vertragswidrigkeit nach Gefahrübergang eintritt. Die Garantie bewirkt also nach dieser Vorschrift eine Verschiebung des für die Beurteilung des Vorliegens einer Vertragswidrigkeit maßgeblichen Zeitpunktes. Haben die Vertragsparteien eine Garantiefrist vereinbart, so kann der Käufer gemäß Art. 39 Abs. 2 Hs. 2 CISG Ansprüche wegen einer Vertragswidrigkeit innerhalb der Garantiefrist geltend machen. Ausdrückliche Regelungen über die Bindungswirkung von Garantien, mit denen sich der Verkäufer gegenüber dem Käufer dazu verpflichtet, in irgendeiner Form Abhilfe zu schaffen, wenn die Ware nicht den in der Garantieerklärung oder in der einschlägigen Werbung genannten Eigenschaften entspricht, enthält das UN-Kaufrecht dagegen nicht.

Das Übereinkommen regelt jedoch die Vertragsmäßigkeit der Ware und die Rechtsbehelfe des Käufers bei Lieferung vertragswidriger Ware durch den Verkäufer. Räumt der Verkäufer dem Käufer eine Garantie im Sinne von Art. 1 Abs. 2 e) RL ein, so legt er den Maßstab der Vertragsmäßigkeit sowie die Rechtsbehelfe des Käufers fest[806], auch wenn er dies in einem äußerlich vom Kaufvertrag verschiedenen Garantievertrag tut[807].

Gemäß Art. 35 Abs. 1 CISG hat der Verkäufer Ware zu liefern, die den Anforderungen des Vertrages entspricht. Wie bei einer Garantie im Sinne der Richtlinie können die Parteien des Kaufvertrags nach dieser Vorschrift also im Rahmen des Kaufvertrags verbindlich festlegen, welchen sachlichen Anforderungen der Kaufgegenstand genügen muß. Gemäß den Art. 36 Abs. 2 Hs. 2 und 39 Abs. 2 Hs. 2 CISG können die Parteien darüber hinaus den für die Beurteilung der Vertragswidrigkeit maßgeblichen Zeitpunkt sowie die Frist festlegen, innerhalb derer der Käufer dem Verkäufer eine Vertragswidrigkeit anzeigen muß.

---

806 Je nachdem, welche Auffassung man vertritt, durch einseitige Garantieerklärung oder durch Abschluß eines Garantievertrags mit dem Käufer, siehe oben S. 147 f.

807 Siehe hierzu oben S. 149.

Die Rechtsbehelfe des Käufers bei Lieferung vertragswidriger Ware durch den Verkäufer werden in den Art. 45 ff. CISG geregelt. Die Ausgestaltung der Rechtsbehelfe und ihr Verhältnis zueinander ist grundsätzlich vom Willen der Parteien unabhängig. Gemäß Art. 6 CISG können die Parteien aber von den Bestimmungen des Übereinkommens abweichen oder deren Wirkung ändern. Auch die Regelungen in Art. 45 ff. CISG stehen zur Parteidisposition[808]. Erforderlich ist nach allgemeiner Ansicht eine Vereinbarung[809], deren Zustandekommen sich, zumindest soweit es um die Abweichung von Vorschriften in Teil III des Übereinkommens geht, nach den Art. 14 – 24 CISG richtet[810]. Das Übereinkommen stimmt also auch insoweit inhaltlich mit der Richtlinie überein.

Fraglich ist aber, ob der Inhalt der Parteivereinbarungen über die sachliche Beschaffenheit der Ware und die Rechtsbehelfe des Käufers im UN-Kaufrecht wie im Rahmen der Richtlinie durch die „einschlägige Werbung" bestimmt wird. Vereinbarungen gemäß Art. 6 und 35 Abs. 1 CISG kommen gemäß den Art. 14 – 24 CISG durch Angebot und Annahme zustande. Es fragt sich deshalb vor allem, ob der Inhalt des Angebotes durch die einschlägige Werbung bestimmt wird. Ist dies der Fall, so wird nämlich die Werbung durch die Annahme des Käufers zum Inhalt der Vereinbarung. Das Angebot gemäß Art. 14 CISG ist eine Willenserklärung, deren Auslegung sich nach Art. 8 CISG richtet. Gemäß Art. 8 Abs. 1 CISG sind die Erklärungen einer Partei nach deren Willen auszulegen, wenn die andere Partei diesen Willen kannte oder darüber nicht in Unkenntnis sein konnte. Um den Willen einer Partei festzustellen sind gemäß Art. 8 Abs. 3 CISG alle erheblichen Umstände zu berücksichtigen. Ein solcher Umstand ist meines Erachtens auch die einschlägige Werbung, wenn sie vom Verkäufer ausgeht oder er sich eine fremde Werbung zumindest zueigen gemacht hat. Will der Verkäufer dem Käufer Ware zu den in der einschlägigen Werbung genannten Bedingungen verkaufen, so wird der Inhalt der Werbung deshalb Bestandteil des Angebotes, wenn der Käufer den Willen des Verkäufers kannte oder über ihn nicht in Unkenntnis sein konnte. Dies entspricht der Regelung in Art. 6 Abs. 1 RL. Will der Verkäufer dagegen nur an den Inhalt seiner Erklärung gebunden sein, so ist die Werbung bei der Ermittlung des Inhalts des Angebotes im Rahmen des UN-Kaufrechts nicht zu berücksichtigen, wenn der Käufer den Willen des Verkäufers kannte oder über ihn nicht in Unkenntnis sein konnte. Die Richtlinie enthält keine entsprechende Regelung. Da Art. 6

808 Schlechtriem (*-Huber*), Art. 45 Rn. 67; Soergel (*-Lüderitz/Schüßler-Langeheine*), Art. 45 Rn. 13; Staudinger (*-Magnus*), Art. 45 Rn. 45.

809 Bianca/Bonell (*-Bonell*), Art. 6 Anm. 2.4; Schlechtriem (*-Ferrari*), Art. 6 Rn. 12; Staudinger (*-Magnus*), Art. 6 Rn. 10.

810 *Herber/Czerwenka*, Art. 6 Rn. 8; Schlechtriem (*-Ferrari*), Art. 6 Rn. 13; Staudinger (*-Magnus*), Art. 6 Rn. 10; wohl auch Honsell (*-Siehr*), Art. 6 Rn. 4.

Abs. 1 RL jedoch bezweckt, den Verbraucher zu schützen, der auf den Inhalt der Werbung vertraut[811], ist auch im Rahmen von Art. 6 Abs. 1 RL davon auszugehen, daß der Verkäufer nur an den Inhalt seiner Erklärung gebunden ist, wenn der Verbraucher diesen Willen des Verkäufers kannte oder über ihn nicht in Unkenntnis sein konnte. In einem solchen Fall ist der Verbraucher nämlich nicht schutzwürdig. Hatte der Käufer jedoch keine Kenntnis von dem Willen des Verkäufers und konnte er auch in Unkenntnis über ihn sein, so richtet sich die Auslegung der Willenserklärung nicht nach Art. 8 Abs. 1 CISG, sondern nach Art. 8 Abs. 2 CISG[812]. Nach dieser Vorschrift sind die Erklärungen einer Partei so auszulegen, wie eine vernünftige Person der gleichen Art wie die andere Partei sie unter den gleichen Umständen aufgefaßt hätte. Auch insoweit sind gemäß Art. 8 Abs. 3 CISG bei der Auslegung alle erheblichen Umstände, also auch die einschlägige Werbung, zu berücksichtigen. Wie im Rahmen der Richtlinie wird deshalb auch in diesem Fall der Inhalt des Angebots durch die einschlägige Werbung bestimmt.

2. Da das UN-Kaufrecht also die Verbindlichkeit einer Garantie im Sinne der Richtlinie sowie den Umfang der Bindung selbst regelt, ist § 443 Abs. 1 BGB im Anwendungsbereich des UN-Kaufrechts verdrängt. Zu einer harmonisierenden Auslegung besteht keine Veranlassung, weil die Regelungen inhaltlich übereinstimmen.

bb) Form einer Garantie im Sinne der Richtlinie

1. Gemäß Art. 11 S. 1 CISG braucht der Kaufvertrag nicht schriftlich geschlossen oder nachgewiesen zu werden und unterliegt auch sonst keinen Formvorschriften. Das Gleiche gilt gemäß Art. 29 Abs. 1 CISG für die Vertragsänderung und die Vertragsaufhebung. Damit unterliegt auch die Beschaffenheitsvereinbarung gemäß Art. 35 Abs. 1 CISG, anders als die Garantie im Rahmen der Richtlinie, keiner Form.

Das Übereinkommen trifft keine ausdrückliche Regelung über die Form einer Vereinbarung gemäß Art. 6 CISG. Den Art. 11 S. 1 CISG und Art. 29 CISG kann aber der allgemeine Grundsatz entnommen werden, daß alle dem Übereinkommen unterliegenden Parteierklärungen in jeder Form abgegeben werden können[813]. Da sich die Vereinbarung gemäß Art. 6 CISG nach den Art. 14 – 24

811 KOM (95) 520 endg., S. 16.
812 Vgl. Staudinger (-*Magnus*), Art. 8 Rn. 17.
813 Staudinger (-*Magnus*), Art. 11 Rn. 7; Bianca/Bonell (-*Rajski*), Art. 11 Anm. 1.1; Schlechtriem (-*Schlechtriem*), Art. 11 Rn. 9.

CISG richtet[814], unterliegt also auch sie keiner Form[815], so daß die Regelung des UN-Kaufrechts auch insoweit von der Regelung der Richtlinie abweicht.

Art. 12 S. 1 CISG bestimmt jedoch, daß die Bestimmungen der Art. 11 und 29 oder des Teils II des Übereinkommens, die für den Abschluß eines Kaufvertrages, seine Änderung oder Aufhebung durch Vereinbarung oder für ein Angebot, eine Annahme oder eine sonstige Willenserklärung eine andere als die schriftliche Form gestatten, nicht gelten, wenn eine Partei ihre Niederlassung in einem Vertragsstaat hat, der eine Erklärung nach Art. 96 CISG abgegeben hat. Die Vertragsparteien dürfen gemäß Art. 12 S. 2 CISG von der Regelung in Art. 12 S. 1 CISG weder abweichen noch ihre Wirkung ändern. Art. 12 S. 1 CISG bewirkt, daß sich die Form der in dieser Vorschrift genannten Erklärungen nicht nach dem UN-Kaufrecht richtet.

2. Da das UN-Kaufrecht also die Form von Vereinbarungen über die Sachbeschaffenheit des Kaufgegenstandes regelt, wird § 477 BGB durch das UN-Kaufrecht grundsätzlich verdrängt. Eine harmonisierende Auslegung ist insoweit nicht möglich. Ist eine oder sind beide Parteien in einem Staat niedergelassen, der einen Vorbehalt nach Art. 96 CISG erklärt hat[816], so richtet sich die Form nach dem von den Regeln des Internationalen Privatrechts bestimmten Recht[817], bei Geltung deutschen Rechts also nach § 477 BGB.

cc) Unabdingbarkeit

Von den Regelungen des UN-Kaufrechts kann nicht zulasten des Käufers abgewichen werden, soweit sie zwingendes nationales Verbraucherrecht verdrängen[818]. Die Art. 6 und 35 Abs. 1 CISG sowie die Bestimmungen über die Form einer Vereinbarung nach diesen Vorschriften sind also, soweit es um die Vereinbarung einer Garantie im Sinne von Art. 1 Abs. 2 e) RL geht, im gleichen Umfang wie die Richtlinienbestimmungen zwingend. Zu einer Verdrängung

---

814 Siehe oben S. 153.

815 Vgl. Honsell (*-Siehr*), Art. 6 Rn. 2 (zum vollständigen Ausschluß).

816 Einen Vorbehalt nach Art. 96 CISG haben Argentinien, Belarußland, Chile, China, Estland, Lettland, Litauen, die Russische Föderation, Ungarn, die Ukraine und Weißrußland erklärt, vgl. die Fundstelle in Fn. 2 auf S. 12.

817 Ganz h.M. *Audit*, Vente internationale, Nr. 75; *Herber/Czerwenka*, Art. 12 Rn. 4; *Heuzé*, Vente internationale, Nr. 206; Staudinger (*-Magnus*), Art. 12 Rn. 8; Honsell (*-Melis*), Art. 12 Rn. 4; Bianca/Bonell (*-Rajski*), Art. 12 Anm. 2.3; Schlechtriem (*-Schlechtriem*), Art. 12 Rn. 2.

818 Siehe oben S. 50 f.

von § 475 Abs. 1 BGB kommt es nicht, weil diese Vorschrift sich nur auf Bestimmungen des BGB bezieht.

II. Die von der Richtlinie erfaßten Handelskäufe

Die Richtlinie regelt nicht ausschließlich die vertraglichen Beziehungen zwischen Verbrauchern und professionellen Verkäufern, sondern befaßt sich darüber hinaus in Art. 4 RL mit den Rechten, die dem Verkäufer, der von einem Verbraucher in Anspruch genommen worden ist, gegen Dritte zustehen[819]. Art. 4 S. 1 RL bestimmt, daß der Letztverkäufer, wenn er dem Verbraucher aufgrund einer Vertragswidrigkeit infolge eines Handelns oder Unterlassens des Herstellers, eines früheren Verkäufers innerhalb der Vertragskette oder einer anderen Zwischenperson haftet, den oder die Haftenden innerhalb der Vertragskette in Regreß nehmen kann. Der Händlerregreß wird in der Richtlinie freilich jedoch nicht abschließend geregelt. Gemäß Art. 4 S. 2 RL bestimmt das innerstaatliche Recht den oder die Haftenden, den oder die der Letztverkäufer in Regreß nehmen kann, sowie das entsprechende Vorgehen und die Modalitäten. Das UN-Kaufrecht enthält keine entsprechende Regelung[820]. Gleichwohl überschneiden sich Übereinkommen und Richtlinie, weil der Letztverkäufer die Ware in aller Regel selbst im Rahmen eines Kaufvertrags erwirbt, der, wenn die Parteien in verschiedenen Staaten niedergelassen sind, in den Anwendungsbereich des UN-Kaufrechts fällt[821]. Der in Art. 4 RL behandelte Regreß richtet sich dann nach dem Übereinkommen. Zu ermitteln ist zunächst der Regelungsgehalt des Verbrauchsgüterkaufrechts. Im Anwendungs- und Regelungsbereich des UN-Kaufrechts ist für seine Anwendung kein Raum[822]. Es ist dann aber zu prüfen, ob eine harmonisierende Auslegung des UN-Kaufrechts in Betracht kommt.

1. Regelungsgehalt des Verbraucherkaufrechts

Zunächst wird der Regelungsgehalt von Art. 4 RL zu bestimmt[823], um dann einen kurzen Blick auf die §§ 478, 479 BGB zu werfen, durch welche die Richtlinienbestimmung in deutsches Recht umgesetzt wird.

---

[819] Auch Art. 6 RL geht über die Regelung der Beziehungen zwischen Verbraucher und Verkäufer hinaus. Zu dieser Vorschrift oben S. 146 ff.

[820] Vgl. Grundmann/Bianca (*-Bridge*), Art. 4 Rn. 50; *Grundmann*, AcP 202 (2002), S. 40, 53.

[821] Vgl. Grundmann/Bianca (*-Bridge*), Art. 4 Rn. 50; *Jud*, ÖJZ 2000, S. 661, 662; *v. Sachsen Gessaphe*, RIW 2001, S. 721, 734.

[822] Zum Vorrang des UN-Kaufrechts oben S. 47 ff.

[823] Zum Teil wird behauptet, die Vorschrift habe keinen Regelungsgehalt, vgl. Grundmann/Bianca (*-Bridge*), Art. 4 Rn. 27. Das ist nicht zutreffend, wie die nachfolgende Un-

a) Art. 4 RL

Art. 4 RL nennt zwei Voraussetzungen für das Rückgriffsrecht des Letztverkäufers[824]. Unklar ist, welche Rechtsfolgen die Vorschrift anordnet.

aa) Voraussetzungen

Voraussetzung für ein Rückgriffsrecht des Letztverkäufers ist gemäß Art. 4 S. 1 RL zunächst, daß er dem Verbraucher aufgrund einer Vertragswidrigkeit haftet. Da nicht einzusehen ist, warum dem Letztverkäufer ein Rückgriffsrecht gegen Dritte eingeräumt werden sollte, wenn nur die theoretische Möglichkeit einer Inanspruchnahme durch den Verbraucher besteht, setzt die Vorschrift voraus, daß der Letztverkäufer vom Verbraucher wegen der Vertragsverletzung auch tatsächlich in Anspruch genommen wurde[825].

Ferner muß der Letztverkäufer dem Verbraucher aufgrund einer Vertragswidrigkeit „infolge" eines Handelns oder Unterlassens des Herstellers, eines früheren Verkäufers innerhalb der Vertragskette oder einer anderen Zwischenperson haften. Der Letztverkäufer soll also nur dann Rückgriff nehmen können, wenn die Vertragswidrigkeit, für welche er dem Verbraucher haftet, durch das Verhalten eines Vormannes verursacht worden ist[826]. Wie die Kausalität des Verhaltens für die Vertragswidrigkeit zu bestimmen ist, wird zwar durch die Vorschrift nicht ausdrücklich geregelt[827]. Man wird aber wohl nicht jedes Verhalten, das im Sinne der Bedingungstheorie[828] nicht hinweggedacht werden kann ohne daß die Vertragswidrigkeit entfiele, im Sinne von Art. 4 RL als ursächlich für die Vertragswidrigkeit betrachten können. Anderenfalls könnte nämlich der Letztverkäufer stets gemäß Art. 4 RL Rückgriff nehmen, wenn der Vormann Ware liefert, die nicht den Anforderungen des Vertrags zwischen Letztverkäufer und Verbraucher entspricht. Dies ist jedoch nicht ohne weiteres gerechtfertigt, weil der Vormann keinen Einfluß auf die Vereinbarungen zwi-

---

tersuchung zeigen wird. *Bridge* ist jedoch zuzugeben, daß der genaue Regelungsgehalt der Vorschrift nur sehr schwer zu ermitteln ist.

824 Vgl. *v. Sachsen Gessaphe*, RIW 2001, S. 721, 726; *Jud*, ÖJZ 2000, S. 661, 662.

825 *Magnus*, in: FS Siehr, S. 429, 438.

826 *Jud*, ZfRV 2001, S. 201, 207; *Magnus*, in: FS Siehr, S. 429, 438; *Schmidt-Kessel*, ÖJZ 2000, S. 668, 670; *Welser/Jud*, Reform des Gewährleistungsrechts, S. 156.

827 Vgl. AnwaltKomm (*-Pfeiffer*), Art. 4 Rn. 5.

828 Im Sinne der Bedingungstheorie ist ein Ereignis für einen Erfolg ursächlich, wenn es nicht hinweggedacht werden kann, ohne daß der Erfolg entfiele, vgl. Palandt (*-Heinrichs*), Vorb. v. § 249 BGB Rn. 57.

schen Letztverkäufer und Verbraucher hat[829]. Ein so weitgehendes Rückgriffsrecht entspricht im übrigen auch nicht dem Zweck von Art. 4 RL. Die Vorschrift beruht auf der Erwägung, daß es ungerecht ist, wenn der Letztverkäufer für eine Vertragswidrigkeit einzustehen hat, die an sich in den Verantwortungsbereich eines anderen Glieds in der Vertragskette fällt. Sie will dem Letztverkäufer also nur dann ein Rückgriffsrecht einräumen, wenn die Vertragswidrigkeit einem Vormann zuzuschreiben ist[830]. Die Vertragsmäßigkeit muß deshalb die Folge eines dem Vormann vorwerfbaren, pflichtwidrigen Verhaltens sein. Dies ist vor allem dann der Fall, wenn der Vormann selbst Ware geliefert hat, die nicht den Anforderungen des Vertrages entspricht, den er mit dem Letztverkäufer oder einem anderen Vormann geschlossen hat[831]. Aber auch wenn er selbst vertragsgemäße Ware geliefert hat, kann die Vertragswidrigkeit durch ein ihm vorwerfbares Verhalten verursacht sein. So insbesondere dann, wenn er sich öffentlich über konkrete Eigenschaften der Ware geäußert hat und der Letztverkäufer gegenüber dem Verbraucher für das Fehlen dieser Eigenschaften gemäß Art. 2 Abs. 2 d) RL einzustehen hat[832].

bb) Rechtsfolgen

Unter den in Art. 4 S. 1 RL genannten Voraussetzungen „kann der Letztverkäufer den oder die Haftenden innerhalb der Vertragskette in Regreß nehmen". Fraglich ist, ob der Letztverkäufer stets Rückgriff nehmen können muß und gegen wen sich das Rückgriffsrecht richtet.

---

829 Da der Letztverkäufer den Maßstab der Vertragsmäßigkeit mit dem Verbraucher festlegt, könnte man auch argumentieren, er verursache die Vertragswidrigkeit selbst, vgl. *Jud*, ÖJZ 2000, S. 661, 662 f.; *Welser/Jud*, Reform des Gewährleistungsrechts, S. 156 f., die diese Argumentation aber als „ zu formal" verwerfen.

830 Vgl. insbesondere Erwägungsgrund (9) S. 3 RL sowie besonders deutlich KOM (95) 520 endg., S. 15, allerdings zum noch anders formulierten Richtlinienentwurf vom 18. Juni 1996; ferner *Ernst/Gsell*, ZIP 2000, S. 1410, 1423; *Jud*, ZfRV 2001, S. 201, 202; *Lehmann*, JZ 2000, S. 280, 289; *Magnus*, in: FS Siehr, S. 429, 431; *Roth*, in: Ernst/Zimmermann, S. 225, 250; *v. Sachsen Gessaphe*, RIW 2001, S. 721, 726; *Welser/Jud*, Reform des Gewährleistungsrechts, S. 156; zu möglichen anderen Zwecken Grundmann/Bianca (-*Bridge*), Art. 4 Rn. 7.

831 *Jud*, ÖJZ 2000, S. 661, 663; *dies.*, ZfRV 2001, S. 201, 207; *Schmidt-Kessel*, ÖJZ 2000, S. 668, 671; *Welser/Jud*, Reform des Gewährleistungsrechts, S. 157; etwas anders *Magnus*, in: FS Siehr, S. 429, 438 (bei reiner Zwischenveräußerung regelmäßig keine Verursachung); a.A. *Lehmann*, JZ 2000, S. 280, 290.

832 *Jud*, a.a.O.; *Lehmann*, JZ 2000, S. 280, 290 f.; *Schmidt-Kessel*, ÖJZ 2000, a.a.O.; *Welser/Jud*, Reform des Gewährleistungsrechts, a.a.O.

(1) Umfang des Regreßanspruchs

Gemäß Art. 4 S. 1 RL „kann“ der Letztverkäufer, wenn die in der Vorschrift genannten Voraussetzungen erfüllt sind, den oder die Haftenden innerhalb der Vertragskette „in Regreß nehmen“. Über den Regelungsgehalt der Vorschrift gehen die Meinungen im Grundsatz weit auseinander, wenn auch hinsichtlich einzelner Fragen zum Teil recht weitgehende Übereinstimmung herrscht. Manche Autoren vertreten die Auffassung, der Letztverkäufer müsse stets Rückgriff nehmen können, wenn die Voraussetzungen von Art. 4 RL vorliegen[833]. Andere Autoren meinen, der Vorschrift könne lediglich entnommen werden, daß der Letztverkäufer überhaupt irgendein Rückgriffsrecht haben müsse[834]. Schließlich wird vermittelnd die Ansicht vertreten, der Letztverkäufer müsse zwar an sich Rückgriff nehmen können, Art. 4 RL wolle jedoch nicht alle Regreßfallen verhindern[835].

Der Wortlaut von Art. 4 RL spricht dafür, daß der Letztverkäufer stets Rückgriff nehmen können muß, denn die Vorschrift bestimmt lediglich, daß der Letztverkäufer Regreß nehmen kann, ohne dieses Recht in irgendeiner Form einzuschränken[836]. Bei der Ermittlung des Umfangs des Rückgriffsrechts ist aber auch der Zweck von Art. 4 RL zu berücksichtigen, dem Letztverkäufer einen Anspruch gegen seine Vorleute immer dann einzuräumen, wenn die Vertragswidrigkeit nicht ihm, sondern seinen Vorleuten zuzurechnen ist. Es kann deshalb nicht genügen, wenn der Letztverkäufer irgendeinen Rückgriffsanspruch hat, der im Einzelfall aber möglicherweise ausgeschlossen ist. Art. 4 RL verpflichtet die Mitgliedstaaten vielmehr dazu, dem durch den Verbraucher in Anspruch genommenen Letztverkäufer ein effektives Rückgriffsrecht einzuräumen[837]. Die Vorschrift bezweckt andererseits aber nicht die Vermeidung al-

---

833 *Ernst/Gsell*, ZIP 2000, S. 1410, 1423; *Lehmann*, JZ 2000, S. 280, 290; wohl auch *Schmidt-Kessel*, ÖJZ 2000, S. 668, 672.

834 *Ehmann/Rust*, JZ 1999, S. 853, 862; *Schmidt-Räntsch*, ZIP 1998, S. 849, 850; *ders.*, ZEuP, 1999, S. 294, 298 (Letzterer jeweils zum Gemeinsamen Standpunkt des Rates und der Kommission vom 24. September 1998); *Staudenmayer*, NJW 1999, S. 2393, 2396.

835 Grundmann/Bianca (*-Bridge*), Art. 4 Rn. 27 ff.; *Jud*, ÖJZ 2000, S. 661, 663 f.; *dies.*, ZfRV 2001, S. 201, 211 f.; *Magnus*, in: FS Siehr, S. 429, 433 ff.; *Roth*, in: Ernst/Zimmermann, S. 225, 250 ff.; *v. Sachsen Gessaphe*, RIW 2001, S. 721, 726; wohl auch *Medicus*, ZIP 1996, S. 1925, 1928 f. (zum Richtlinienentwurf vom 18. Juni 1996).

836 Vgl. *Ernst/Gsell*, ZIP 2000, S. 1410, 1423; *Lehmann*, JZ 2000, S. 280, 290; ähnlich *Roth*, in: Ernst/Zimmermann, S. 225, 249 f.

837 So auch Grundmann/Bianca (*-Bridge*), Art. 4 Rn. 29; *Jud*, ZfRV 2001, S. 201, 203; *Magnus*, in: FS Siehr, S. 429, 433 f.; *Micklitz*, EuZW 1999, S. 485, 490; AnwaltKomm (-*Pfeiffer*), Art. 4 Rn. 9; *Reich*, NJW 1999, S. 2393, 2399; *Roth*, in: Ernst/Zimmermann, S. 225, 250; *v. Sachsen Gessaphe*, RIW 2001, S. 721, 726; *Schmidt-Kessel*, ÖJZ 2000, S. 668, 671 (Fn. 31), 672; *Schmidt-Räntsch*, ZIP 2000, S. 1639.

ler Regreßfallen[838]. Der Letztverkäufer muß nur dann Rückgriff nehmen können, wenn ein anderes Glied in der Vertragskette für die Vertragswidrigkeit verantwortlich ist.

Nach Ansicht von *Roth* ergibt sich eine Einschränkung des Rückgriffsrechts ferner aus der Entstehungsgeschichte der Richtlinie. Da diese in Kenntnis des UN-Kaufrechts ausgearbeitet worden sei und sich der Rückgriff des Letztverkäufers vielfach nach diesem Übereinkommen richte, sei „davon auszugehen, daß die im UN-Kaufrecht getroffene Ausgestaltung der Rückgriffsrechte des Käufers dem effet utile des Art. 4 der Richtlinie genügt“[839]. Dieser Auffassung kann nicht gefolgt werden. Es ist zwar zutreffend, daß die Verfasser der Richtlinie das UN-Kaufrecht kannten, denn sie haben vielfach seine Regelungen zum Vorbild genommen. Es gibt jedoch (leider) keinen klaren Hinweis darauf, daß ihnen bewußt war, daß sich der Rückgriff des Letztverkäufers vielfach nach dem UN-Kaufrecht richten wird. Der Umstand, daß sich die Verfasser über das Verhältnis zwischen Richtlinie und Übereinkommen nicht geäußert haben, spricht vielmehr dafür, daß ihnen das Konkurrenzproblem nicht bewußt war[840]. Es kann somit nicht davon ausgegangen werden, daß die Bestimmungen des Übereinkommens ohne weiteres mit dem Regelungsgehalt der Richtlinie vereinbar sind.

Zu untersuchen ist also im folgenden, welche Regreßfallen Art. 4 RL vermeiden soll[841]. Eine Haftungsinkongruenz kann sich zunächst daraus ergeben, daß die Voraussetzungen des Rückgriffsrechts nicht vorliegen. Dies wäre dadurch zu vermeiden, daß dem Letztverkäufer unter den Voraussetzungen von Art. 4 RL eine Regreßmöglichkeit gegen seinen Vorlieferanten eingeräumt wird[842]. Ein so weitgehendes Gebot ist Art. 4 RL jedoch nicht zu entnehmen. Grundsätzlich reicht es aus, wenn das Rückgriffsrecht an dieselben Tatbestandsvoraussetzungen anknüpft wie der Anspruch des Verbrauchers gegen den Letztverkäufer. Voraussetzung für das Rückgriffsrecht muß also eine Vertragswidrigkeit im Sinne von Art. 2 RL sein[843]. Dadurch werden zwar nicht alle Haftungsinkongruenzen vermieden, weil die Vertragsparteien im Rahmen von Art. 2 RL selbst Einfluß auf den Maßstab der Vertragswidrigkeit nehmen und des-

---

838 Vgl. *v. Sachsen Gessaphe*, RIW 2001, S. 721, 726.

839 *Roth*, in: Ernst/Zimmermann, S. 225, 250 f.; ähnliche Argumentationen finden sich bei *Jud*, ZfRV 2001, S. 201, 217; *Magnus*, in FS Siehr, S. 429, 434 f.; *v. Sachsen Gessaphe*, RIW 2001, S. 721, 733.

840 Siehe oben S. 48.

841 Zum folgenden eingehend *Magnus*, in: FS Siehr, S. 429, 434 ff.

842 Vgl. *Ernst/Gsell*, ZIP 2000, S. 1410, 1423 sowie den Regelungsvorschlag in § 480 Abs. 1 S. 1 auf S. 1463.

843 *Reich*, NJW 1999, S. 2397, 2403; *Magnus*, in: FS Siehr, S. 429, 436.

halb Divergenzen zwischen den Verträgen in der Lieferkette auftreten können[844]. Solche Inkongruenzen fallen jedoch nicht in den Verantwortungsbereich des Vormannes. Der Letztverkäufer hat sie sich vielmehr selbst zuzuschreiben und muß insoweit nicht Rückgriff nehmen können. Art. 4 RL verpflichtet allerdings die Mitgliedstaaten dazu, dem Letztverkäufer auch dann ein Rückgriffsrecht einzuräumen, wenn der Vormann die die Haftung des Letztverkäufers begründende Vertragswidrigkeit verursacht hat, ohne selbst vertragswidrige Ware geliefert zu haben.

Vielfach wird der Rückgriff des Letztverkäufers jedoch daran scheitern, daß dieser den Mangel gegenüber seinem Lieferanten nicht ordnungsgemäß gerügt hat. So hat etwa der Käufer im Rahmen eines beiderseitigen Handelsgeschäfts bei Geltung deutschen Rechts gemäß § 377 HGB einen bei einer Untersuchung festgestellten Mangel dem Verkäufer unverzüglich anzuzeigen, um seiner Rechte gegen diesen nicht verlustig zu gehen. Nach allgemeiner Ansicht ist aber auch diese Rückgriffsfalle grundsätzlich mit Art. 4 RL vereinbar[845]. Dieser Auffassung ist zuzustimmen. Gemäß Art. 5 Abs. 2 Unterabs. 1 RL können die Mitgliedstaaten vorsehen, daß der Verbraucher dem Verkäufer zur Inanspruchnahme seiner Rechte über die Vertragswidrigkeit binnen zwei Monaten nach dem Zeitpunkt, zu dem er die Vertragswidrigkeit festgestellt hat, unterrichten muß. Ist es den Mitgliedstaaten nach dieser Vorschrift freigestellt, bei erkennbaren Mängeln eine Rügeobliegenheit sogar für den Verbraucher einzuführen, so kann dem Richtliniengeber nicht unterstellt werden, daß er die Mitgliedstaaten dazu verpflichten wollte, entsprechende Regelungen für professionelle Geschäftsbeziehungen aufzugeben[846].

Eine Regreßfalle kann sich weiter aufgrund unterschiedlicher Beweislastregeln ergeben, wenn für den Rückgriffsanspruch nicht die Beweislastregelungen gelten, die in den Art. 2 Abs. 4 und 5 Abs. 3 RL für den Anspruch des Verbrauchers gegen den Letztverkäufer vorgesehen sind. Soll der Letztverkäufer ein effektives Rückgriffsrecht gegen seine Vorleute haben, so müssen entsprechende Beweislastregelungen auch in seinem Verhältnis zu seinen Vorleuten eingreifen. Aus Art. 4 RL ergibt sich deshalb, daß die Regelungen in Art. 2 Abs. 4 und 5 Abs. 3 RL auch für den Rückgriffsanspruch des Letztverkäufers gelten

---

844 Gedacht ist hier insbesondere an unterschiedliche Beschaffenheitsvereinbarungen.

845 Vgl. Grundmann/Bianca (-*Bridge*), Art. 4 Rn. 35; *Jud*, ZfRV 2001, S. 201, 217; *Magnus*, in: FS Siehr, S. 429, 434 f.; *Roth*, in: Ernst/Zimmermann, S. 225, 252 f.; *v. Sachsen Gessaphe*, RIW 2001, S. 721, 732 f.; *Schmidt-Kessel*, ÖJZ 2000, S. 668, 672; *Schurr*, ZfRV 1999, S. 222, 228; zweifelnd *Micklitz*, EuZW 1999, S. 485, 490; a.A. aber wohl *Reich*, NJW 1999, S. 2397, 2402 f.

846 Vgl. *Jud*, ZfRV 2001, S. 201, 217; *Magnus*, in: FS Siehr, S. 429, 435; *Schmidt-Kessel*, ÖJZ 2000, S. 668, 672.

müssen[847]. Regreßfallen ließen sich aber nur dann gänzlich vermeiden, wenn die in Art. 5 Abs. 3 RL geregelte Frist auch für den Rückgriffsanspruch im Zeitpunkt der Lieferung an den Verbraucher beginnen würde[848]. Eine entsprechende Regelung ist jedoch durch Art. 4 RL nicht geboten. Der Letztverkäufer hat es selbst in der Hand, zu welchem Zeitpunkt er die Ware an den Verbraucher liefert. Eventuelle Haftungsinkongruenzen fallen deshalb in seinen Verantwortungsbereich.

Liegen die Voraussetzungen des Rückgriffsrechts vor, muß der Letztverkäufer in vollem Umfang Regreß nehmen können[849]; eine Einschränkung ist Art. 4 RL insoweit nicht zu entnehmen. Der Rückgriffsanspruch kann jedoch aus verschiedenen Gründen ausgeschlossen sein und es fragt sich, ob Art. 4 RL die sich daraus ergebenden Haftungsinkongruenzen vermeiden will.

Nach dem Willen des Richtliniengebers soll Art. 4 RL „den Grundsatz der Vertragsfreiheit in den Beziehungen zwischen dem Verkäufer, dem Hersteller, einem früheren Verkäufer oder einer anderen Zwischenperson“ nicht berühren[850]. Es besteht deshalb Einigkeit darüber, daß der Rückgriffsanspruch wirksam abbedungen werden kann[851], jedenfalls durch Individualvereinbarung[852]. Die sich daraus ergebenden Haftungsinkongruenzen sind mit Art. 4 RL vereinbar.

Umstritten ist dagegen, inwieweit die Regreßfalle, die sich aus einer Verjährung des Rückgriffsanspruchs vor Inanspruchnahme des Letztverkäufers durch den Verbraucher ergibt, durch Art. 4 RL vermieden werden soll. Gemäß Art. 5 Abs. 1 S. 1 RL haftet der Verkäufer dem Verbraucher, wenn die Vertragswidrigkeit binnen zwei Jahren nach der Lieferung offenbar wird. Einige Autoren vertreten deshalb die Auffassung, der Letztverkäufer müsse so lange Rückgriff

---

847 Grundmann/Bianca (*-Bridge*), Art. 4 Rn. 35 (anders aber *ders.* in Rn. 32); *Magnus*, in: FS Siehr, S. 429, 437; *Roth*, in: Ernst/Zimmermann, S. 225, 254; a.A. *Jud*, ZfRV 2001, S. 201, 208.

848 Vgl. *Roth*, in: Ernst/Zimmermann, S. 225, 254 f.

849 Vgl. *Roth*, in: Ernst/Zimmermann, S. 225, 254.

850 Erwägungsgrund Nr. 9 S. 4 RL.

851 Grundmann/Bianca (*-Bridge*), Art. 4 Rn. 33; *Ernst/Gsell*, ZIP 2000, S. 1410, 1425; *Magnus*, in: FS Siehr, S. 429, 434; AnwaltKomm (*-Pfeiffer*), Art. 5 Rn. 10; *Schurr*, ZfRV 1999, S. 222, 228; *Staudenmayer*, NJW 1999, S. 2393, 2396; *Welser/Jud*, Reform des Gewährleistungsrechts, S. 158; etwas anders *Jud*, ZfRV 2001, S. 201, 216 (der Letztverkäufer darf nicht durch Parteivereinbarung völlig rechtlos gestellt werden können).

852 *v. Sachsen Gessaphe*, RIW 2001, S. 721, 727; wohl auch *Ehmann/Rust*, JZ 1999, S. 853, 861; *Ernst/Gsell*, ZIP 2000, S. 1410, 1425; *Micklitz*, EuZW 1999, S. 485, 487; *Reich*, NJW 1999, S. 2397, 2400; *Roth*, in: Ernst/Zimmermann, S. 225, 249 f. (Fn. 82).

nehmen können, wie er selbst durch den Verbraucher in Anspruch genommen werden kann[853]. Andere Autoren sind dagegen der Ansicht, Art. 4 RL könne lediglich entnommen werden, daß das Rückgriffsrecht nicht vor Ablauf von zwei Jahren nach Lieferung an den Letztverkäufer verjährt sein darf[854]. Dieser zweiten Auffassung ist grundsätzlich zuzustimmen. Zwar kann es trotz einer Angleichung der Verjährungsfristen zu Haftungsinkongruenzen kommen, wenn der Letztverkäufer die Ware einige Zeit zwischenlagert, bevor er sie an den Verbraucher weiterveräußert. Der Letztverkäufer hat es jedoch selbst in der Hand, diese Inkongruenzen zu vermeiden, indem er die Ware unverzüglich weiterveräußert[855]. Die für den Letztverkäufer nicht vermeidbare Verzögerung darf jedoch nicht dazu führen daß sein Rückgriffsanspruch bereits verjährt ist, wenn er vom Verbraucher in Anspruch genommen wird. Art. 4 RL gebietet deshalb, den unvermeidbaren Verzögerungen bei der Bemessung der Frist oder bei der Bestimmung des Fristbeginns Rechnung zu tragen.

Aus dem Umstand, daß Art. 4 S. 2 RL dem innerstaatlichen Recht die Bestimmung des oder der Haftenden überläßt kann schließlich entnommen werden, daß die sich aus der Insolvenz eines Vormannes ergebende Haftungsinkongruenz hingenommen wird[856].

Fraglich ist schließlich, ob der Letztverkäufer auch dann Rückgriff nehmen können muß, wenn er vom Verbraucher aufgrund einer Garantie im Sinne von Art. 6 RL in Anspruch genommen worden ist. Dies ist meines Erachtens zu verneinen. Die Garantie bindet gemäß Art. 6 Abs. 1 RL nur denjenigen „der sie anbietet". Eine Pflicht zur Abgabe eines Garantieangebotes besteht nicht[857]. Ist der Letztverkäufer deshalb immer nur aufgrund seiner eigenen, privatautonomen Entscheidung durch eine Garantie gebunden, besteht auch kein Grund, ihm im Falle der Inanspruchnahme durch den Verbraucher einen Rückgriffsanspruch gegen seine Vorleute einzuräumen.

Ist damit der Umfang des Rückgriffsrechts geklärt, so fragt sich nunmehr, gegen wen der Letztverkäufer Rückgriff nehmen können muß.

---

853 *Ernst/Gsell*, ZIP 2000, S. 1410, 1423; *Jud*, ÖJZ 2000, S. 661, 666, 667; *dies.*, ZfRV 2001, S. 201, 215; *Lehmann*, JZ 2000, S. 280, 290; *v. Sachsen Gessaphe*, RIW 2001, S. 721, 731 f.; wohl auch *Reich*, NJW 1999, S. 2397, 2403; *Schurr*, ZfRV 1999, S. 222, 227.

854 *Magnus*, in: FS Siehr, S. 429, 435; *Roth*, in: Ernst/Zimmermann, S. 225, 250 f.; *Schmidt-Kessel*, ÖJZ 2000, S. 668, 672; wohl auch Grundmann/Bianca (-*Bridge*), Art. 4 Rn. 35.

855 *Roth*, in: Ernst/Zimmermann, S. 225, 251.

856 Grundmann/Bianca (-*Bridge*), Art. 4 Rn. 34; *Ernst/Gsell*, ZIP 2000, S. 1410, 1425.

857 Vgl. Grundmann/Bianca (-*Malinvaud*), Art. 6 Rn. 11; *Micklitz*, EuZW 1999, S. 485, 492.

(2) Anspruchsgegner

Gemäß Art. 4 S. 1 RL kann der Letztverkäufer, der dem Verbraucher aufgrund einer Vertragswidrigkeit infolge eines Handelns oder Unterlassens des Herstellers, eines früheren Verkäufers innerhalb derselben Vertragskette oder einer anderen Zwischenperson haftet, „den oder die Haftenden innerhalb der Vertragskette" in Regreß nehmen. Der Wortlaut dieser Vorschrift läßt vermuten, daß der Letztverkäufer gegen den Verursacher Rückgriff nehmen können muß[858]. Hat der Hersteller die Vertragswidrigkeit verursacht, so müßte der Letztverkäufer dann einen Direktanspruch gegen diesen haben. Aus Art. 4 S. 2 RL ergibt sich jedoch, daß das innerstaatliche Recht den oder die Haftenden bestimmt. Daß die Vorschrift nicht zur Schaffung eines Direktanspruchs gegen den Hersteller verpflichtet, folgt im übrigen im Umkehrschluß aus Art. 12 S. 2 Hs. 1 RL. Nach dieser Vorschrift ist in dem Bericht, den die Kommission dem Europäischen Parlament und dem Rat über die Anwendung der Richtlinie vorzulegen hat, unter anderem zu prüfen, ob Veranlassung besteht, eine unmittelbare Haftung des Herstellers einzuführen. Es besteht deshalb Einigkeit darüber, daß die Mitgliedstaaten zur Schaffung eines Direktanspruchs gegen den Hersteller nicht verpflichtet sind[859].

b) §§ 478, 479 BGB

Art. 4 RL wird durch die §§ 478, 479 BGB in deutsches Recht umgesetzt[860]. Diese Vorschriften regeln den Rückgriff des Unternehmers nur für den Fall, daß dieser sich nach den Bestimmungen des BGB richtet.

2. Harmonisierende Auslegung des UN-Kaufrechts

Da die Art. 4 RL umsetzenden §§ 478, 479 BGB den Händlerregreß nur insoweit regeln, als er den §§ 433 ff. BGB unterliegt, kommt es zu keinen Überschneidungen dieser Vorschriften mit den Bestimmungen des UN-Kaufrechts.

---

858 Vgl. *Magnus*, in: FS Siehr, S. 429, 438 f.

859 Grundmann/Bianca (*-Bridge*), Art. 4 Rn. 29; *Ernst/Gsell*, ZIP 2000, S. 1410, 1423; *Jud*, ÖJZ 2000, S. 661, 662; *dies.*, ZfRV 2001, S. 201, 204; *Magnus*, in: FS Siehr, S. 429, 439; AnwaltKomm (*-Pfeiffer*), Art. 4 Rn. 7; *Raynard*, RTD civ. 2000, S. 440, 442; *Reich*, NJW 1999, S. 2397, 2399; *v. Sachsen Gessaphe*, RIW 2001, S. 721, 726, 729; *Welser/Jud*, Reform des Gewährleistungsrechts, S. 156; a.A. wohl *Lehmann*, JZ 2000, S. 280, 290.

860 Vgl. Regierungsbegründung, BT-Drucks. 14/6040, S. 247; zur Richtlinienkonformität der Vorschriften eingehend *Jud*, ZfRV 2001, S. 201 ff. (auch zur österreichischen Umsetzung der Vorschrift durch § 933 b ABGB); *v. Sachsen Gessaphe*, RIW 2001, S. 721 ff.

Art. 4 RL regelt den Händlerregreß jedoch unabhängig davon, ob dieser sich nach autonomem Kaufrecht oder nach einheitlichem UN-Kaufrecht richtet. Darum ist zu prüfen, ob eine Auslegung des UN-Kaufrechts im Lichte von Art. 4 RL in Betracht kommt, soweit die Regeln des Übereinkommens nicht ohnehin bereits mit Art. 4 RL in Einklang sind.

Nimmt der Letztverkäufer seinen Vorlieferanten auf der Grundlage des UN-Kaufrechts in Anspruch, so richten sich seine Rechtsbehelfe nach den Art. 45 ff. CISG. Gemeinsame Voraussetzung aller Rechtsbehelfe des Käufers ist gemäß Art. 45 Abs. 1 Hs. 1 CISG, daß der Verkäufer eine seiner Pflichten aus dem Vertrag oder dem Übereinkommen nicht erfüllt hat.

Eine Pflichtverletzung im Sinne von Art. 45 Abs. 1 Hs. 1 CISG ist zunächst die Lieferung vertragswidriger Ware[861]. Wird Art. 35 CISG im oben vorgeschlagenen Sinne harmonisierend ausgelegt, so sind die Sachmangelbegriffe von Übereinkommen und Richtlinie praktisch identisch[862]. Da die für eine harmonisierende Auslegung angeführten Gründe für Verbraucherkäufe und Handelskäufe gleichermaßen gelten[863], ist Art. 35 CISG generell harmonisierend auszulegen. Ein Rückgriff des Letztverkäufers auf der Grundlage des UN-Kaufrechts scheitert somit nicht an einer Verschiedenheit der Sachmangelbegriffe. Insoweit ist das UN-Kaufrecht also mit Art. 4 RL im Einklang.

Hat der Verkäufer dem Käufer und Letztverkäufer vertragswidrige Ware geliefert, so stehen letzterem die Rechtsbehelfe aus den Art. 45 ff. CISG gemäß Art. 39 Abs. 1 CISG jedoch nur dann zu, wenn er die Vertragswidrigkeit dem Verkäufer innerhalb einer angemessenen Frist nach dem Zeitpunkt, in dem er sie festgestellt hat oder hätte feststellen müssen, anzeigt und dabei die Art der Vertragswidrigkeit genau bezeichnet. Die sich aus diesem Erfordernis eventuell ergebenden Haftungsinkongruenzen werden von der Richtlinie aber hingenommen[864]. Zwar stellt das UN-Kaufrecht strengere Anforderungen an die Mängelrüge als die Richtlinie[865]. Da von einem professionellen Käufer aber die Einhaltung strengerer Anforderungen erwartet werden kann als von einem Verbraucher und der Richtlinie auch nicht zu entnehmen ist, daß zwischen Verbraucherkäufen und Handelskäufen insoweit nicht differenziert werden darf, ist Art. 39 Abs. 1 CISG mit der Regelung in Art. 4 RL vereinbar.

---

861 Siehe oben S. 121 f.
862 Siehe oben S. 89 ff.
863 Siehe oben S. 93 ff.
864 Siehe oben S. 161.
865 Zu den Unterschieden im einzelnen oben S. 104 ff.

Gemäß Art. 39 Abs. 2 CISG verliert der Käufer und Letztverkäufer in jedem Fall das Recht, sich auf die Vertragswidrigkeit der Ware zu berufen, wenn er sie dem Verkäufer nicht innerhalb von zwei Jahren anzeigt, nachdem ihm die Ware tatsächlich übergeben worden ist. Die Frist deckt sich mit der Ausschlußfrist in Art. 5 Abs. 1 S. 1 RL. Sie entspricht deshalb grundsätzlich den Vorgaben von Art. 4 RL. Eine Haftungsinkongruenz, deren Vermeidung Art. 4 RL bezweckt, entsteht jedoch dadurch, daß die Zweijahresfrist bereits mit der tatsächlichen Übergabe der Ware an den Käufer zu laufen beginnt. Wegen des insoweit klaren Wortlautes von Art. 39 Abs. 2 CISG ist diese Unvereinbarkeit mit Art. 4 RL jedoch hinzunehmen.

Hinsichtlich der Beweislastverteilung entspricht die Regelung im UN-Kaufrecht den Vorgaben von Art. 4 RL. Im Rahmen des UN-Kaufrechts gilt eine Art. 5 Abs. 3 RL entsprechende Beweislastregel[866].

Die Richtlinie sieht einen Rückgriffsanspruch aber auch für den Fall vor, daß der Vormann zwar selbst vertragsgemäße Ware geliefert, durch ein ihm vorwerfbares Verhalten aber eine Vertragswidrigkeit im Verhältnis zwischen Letztverkäufer und Verbraucher verursacht hat[867]. Fraglich ist, ob in diesem Fall stets eine Pflichtverletzung im Sinne von Art. 45 Abs. 1 Hs. 1 CISG vorliegt. Art. 45 Abs. 1 Hs. 1 CISG setzt die Verletzung einer Pflicht nach dem Kaufvertrag oder dem Übereinkommen voraus. Man wird deshalb nicht jedes vorwerfbare Verhalten auch als Pflichtverletzung im Sinne des UN-Kaufrechts ansehen können. Zweifelhaft ist deshalb etwa, ob ein Verkäufer, der vertragsmäßige Ware liefert, sich aber öffentlich über bestimmte Eigenschaften der Ware äußert, die diese in Wirklichkeit nicht aufweist, und so die Haftung des Käufers und Letztverkäufers gegenüber einem Verbraucher provoziert, vom Letztverkäufer auf der Grundlage des UN-Kaufrechts in Anspruch genommen werden kann[868]. Haben die Parteien nicht ausdrücklich vereinbart, daß der Verkäufer derartige Äußerungen zu unterlassen hat, dann fragt es sich, ob eine solche Pflicht dem Übereinkommen entnommen werden kann. Dies ist meines Erachtens zu verneinen. Dem UN-Kaufrecht liegt zwar das Gebot von Treu und Glauben im internationalen Handel zugrunde[869]. Aus diesem Gebot kann jedoch nicht die Pflicht des Verkäufers abgeleitet werden, unzutreffende öffentliche Äußerungen über Eigenschaften der von ihm verkauften Ware zu unterlassen.

---

866 Siehe oben S. 96.

867 Siehe oben S. 158.

868 Dazu, daß nach der Richtlinie in einem solchen Fall ein Rückgriffsrecht bestehen muß, siehe oben S. 158.

869 Vgl. etwa Schlechtriem (*-Ferrari*), Art. 7 Rn. 49 f.; Staudinger (*-Magnus*), Art. 7 Rn. 43; Honsell (*-Melis*), Art. 7 Rn. 13.

Der Inhalt des dem Übereinkommen zugrundeliegenden Gebots von Treu und Glauben ist nämlich sehr vage[870]. Einigkeit besteht wohl nur insoweit, daß Art. 7 Abs. 1 CISG die Verbote des Rechtsmißbrauchs und des widersprüchlichen Verhaltens zu entnehmen sind[871]. Ein generelles Verbot treuwidrigen Verhaltens kann aus dem Übereinkommen aber wohl nicht abgeleitet werden[872]. Art. 45 Abs. 1 Hs. 1 CISG läßt sich auch nicht im Lichte von Art. 4 RL so auslegen, daß jedes vorwerfbare Verhalten als Pflichtverletzung zu qualifizieren ist. Denn das Übereinkommen regelt gemäß Art. 4 S. 1 CISG ausschließlich die aus dem Kaufvertrag erwachsenden Rechte und Pflichten der Parteien; allgemeine Pflichten fallen damit nicht in den Regelungsbereich des UN-Kaufrechts.

Liegen die genannten Voraussetzungen vor, kann der Käufer gemäß Art. 46 Abs. 2 oder 3 CISG Ersatzlieferung oder Nachbesserung verlangen, gemäß Art. 49 CISG die Aufhebung des Vertrages erklären oder gemäß Art. 50 CISG mindern; die Rechte auf Ersatzlieferung und Vertragsaufhebung bestehen jedoch nur, wenn die Vertragswidrigkeit eine wesentliche Vertragsverletzung ist. Neben diesen Rechtsbehelfen kann der Käufer stets gemäß Art. 45 Abs. 1 b) CISG Schadensersatz verlangen. Fraglich ist, ob der Käufer, der von einem Verbraucher wegen Lieferung vertragswidriger Ware in Anspruch genommen worden ist, aufgrund dieser Rechtsbehelfe in vollem Umfang Rückgriff nehmen kann. Die dem Käufer durch die Inanspruchnahme durch den Verbraucher entstandenen Kosten kann er wohl stets in vollem Umfang als Schaden gemäß Art. 45 Abs. 1 b) i.V.m. 74 S. 1 CISG ersetzt verlangen. Zwar darf der Schadensersatz gemäß Art. 74 S. 2 CISG den Verlust nicht übersteigen, den die vertragsbrüchige Partei bei Vertragsabschluß als mögliche Folge der Vertragsverletzung vorausgesehen hat oder unter Berücksichtigung der Umstände, die sie kannte oder kennen mußte, hätte voraussehen können. Die Inanspruchnahme des Käufers wegen Lieferung vertragswidriger Ware durch seinen Abnehmer wird der Verkäufer aber wohl stets voraussehen können. Daneben stehen ihm grundsätzlich auch die anderen Rechtsbehelfe offen. Ist die Vertragswidrigkeit nicht wesentlich, so kann er Nachbesserung verlangen oder den Kaufpreis mindern. Der Anspruch auf Nachbesserung scheitert freilich an Unmöglichkeit, wenn die Ware beim Verbraucher verblieben ist. Ist die Vertragswidrigkeit wesentlich, so kann der Käufer ferner Ersatzlieferung verlangen oder die Aufhebung des Vertrags erklären. Auch wenn die Ware beim Verbraucher verblieben ist, werden

---

[870] Vgl. Schlechtriem (*-Ferrari*), Art. 7 Rn. 50.

[871] Schlechtriem (*-Ferrari*), Art. 7 Rn. 50; *Herber/Czerwenka*, Art. 7 Rn. 6; Staudinger (*-Magnus*), Art. 7 Rn. 25; Honsell (*-Melis*), Art. 7 Rn. 13; *Piltz*, Internationales Kaufrecht, § 2 Rn. 170; ferner *Audit*, Vente internationale, Nr. 55; *Heuzé*, Vente internationale, Nr. 92.

[872] Vgl. Schlechtriem (*-Ferrari*), Art. 7 Rn. 49; Staudinger (*-Magnus*), Art. 7 Rn. 28.

Ersatzlieferung und Vertragsaufhebung regelmäßig nicht gemäß Art. 82 Abs. 1 CISG daran scheitern, daß der Käufer die Ware nicht zurückgeben kann. Denn die Vorschrift findet gemäß Art. 82 Abs. 2 c) CISG keine Anwendung, wenn der Käufer die Ware ganz oder teilweise im normalen Geschäftsverkehr verkauft oder der normalen Verwendung entsprechend gebraucht oder verändert hat, bevor er die Vertragswidrigkeit entdeckt hat oder hätte entdecken müssen. Der Käufer wird also durch Ausübung der Rechtsbehelfe in den Art. 45 ff. CISG stets in vollem Umfang Regreß nehmen können. Das Rechtsbehelfssystem des UN-Kaufrecht ist darum meines Erachtens mit Art. 4 RL im Einklang.

Zusammenfassung und Ausblick

1. Zusammenfassung

Die Verbrauchsgüterkauf-Richtlinie regelt gemäß ihrem Art. 1 Abs. 1 bestimmte Aspekte des Verbrauchsgüterkaufs und der Garantien für Verbrauchsgüter. Obwohl das UN-Kaufrecht auf den Kauf von Ware zu privaten Zwecken gemäß Art. 2 a) CISG grundsätzlich unanwendbar ist, kommt es zu Überschneidungen zwischen den beiden Regelungen, denn einerseits kommt das Übereinkommen ausnahmsweise auch auf Käufe zu privaten Zwecken zur Anwendung, und andererseits regelt die Richtlinie mit dem Händlerregreß in Art. 4 auch bestimmte Aspekte des Handelskaufs.

Das Verhältnis zwischen UN-Kaufrecht und Verbrauchsgüterkauf-Richtlinie war zunächst grundsätzlich zu klären[873]. Da die beiden Normenkomplexe, soweit sie sich überschneiden, nicht nebeneinander angewendet werden können, war die Rangfrage zu beantworten. Zu untersuchen war außerdem, ob der vorrangige Normenkomplex „im Lichte" des nachrangigen ausgelegt werden kann, um so dem Regelungsgehalt der verdrängten Regelungen möglichst weitgehend Rechnung zu tragen. Die konkurrierenden Normenkomplexe wurden deshalb zunächst isoliert untersucht[874]. Es hat sich gezeigt, daß eine Normenkonkurrenz nur zwischen dem Übereinkommen und den die Richtlinie umsetzenden Bestimmungen des nationalen Rechts besteht. Die Verbrauchsgüterkauf-Richtlinie selbst ist aber bei der richtlinienkonformen Auslegung des nationalen Rechts zu beachten[875]. Auch für die Auslegung des UN-Kaufrechts gelten gegenüber der Auslegung nationaler Gesetze einige Besonderheiten[876]. Um eine möglichst einheitliche Anwendung des Übereinkommens in den Vertragsstaaten sicherzustellen, ist es grundsätzlich „autonom", also aus sich selbst heraus auszulegen. Es hat sich jedoch auch gezeigt, daß im Rahmen einer rechtsvergleichend-teleologischen Auslegung des Übereinkommens bestimmte andere Regeln des internationalen Einheitsrechts berücksichtigt werden können.

Für die Beantwortung der Rangfrage konnte aus der isolierten Betrachtung der konkurrierenden Rechtsquellen nichts gewonnen werden, so dass nach Normen für die Lösung der Konkurrenzen zu suchen war. Zu diesem Zweck

---

873 S. 7 ff.
874 S. 7 ff.
875 S. 8, 10 ff.
876 S. 15 ff.

mußten zunächst die Regelungsmethoden der konkurrierenden Normen untersucht werden[877]. Es zeigte sich, daß sowohl das nationale Verbrauchsgüterkaufrecht als auch die Regelungen des UN-Kaufrechts die von ihnen erfaßten Rechtsfragen in zwei Schritten beantworten: Zunächst wird mit Hilfe von Kollisionsnormen das anwendbare nationale Recht bestimmt. Dies sind aus deutscher Sicht grundsätzlich die Art. 27 ff. EGBGB. Das UN-Kaufrecht enthält jedoch eine spezielle internationalprivatrechtliche Kollisionsnorm in Art. 1 Abs. 1. Steht fest, welches nationale Recht anwendbar ist, dann liefern Sachnormen innerhalb dieses nationalen Rechts die Antwort auf die gestellte Rechtsfrage. Dies können die Bestimmungen des Verbrauchsgüterkaufrechts oder des UN-Kaufrechts sein. Dieser Umstand führt dazu, daß Konkurrenzen auf einer kollisionsrechtlichen und auf einer sachrechtlichen Ebene bestehen. Auf beiden Ebenen mußte deshalb nach Konkurrenzregeln gesucht werden. Die Lösung der Konkurrenz auf kollisionsrechtlicher Ebene[878] warf keine besonderen Schwierigkeiten auf: Gemäß Art. 3 Abs. 2 S. 1 EGBGB gehen Regelungen in völkerrechtlichen Vereinbarungen den Vorschriften des EGBGB vor, soweit sie unmittelbar anwendbares innerstaatliches Recht geworden sind. Die Art. 27 ff. EGBGB werden deshalb durch Art. 1 Abs. 1 CISG verdrängt. Damit steht jedoch noch nicht fest, daß innerhalb der Rechtsordnung, auf welche Art. 1 Abs. 1 CISG verweist (dies ist, wie die Untersuchung ergeben hat, stets die lex fori), die materiellrechtlichen Bestimmungen des UN-Kaufrechts zur Anwendung kommen. In den Mitgliedstaaten, die zugleich Vertragsstaaten des UN-Kaufrechts sind, müssen deshalb Regelungen für die Auflösung der Sachnormkonkurrenz bestehen[879]. Das UN-Kaufrecht enthält in den Art. 90 und 94 Regelungen über sein Verhältnis zu anderen Normenkomplexen. Mit Hilfe dieser Normen kann jedoch die Rangfrage nicht beantwortet werden. Art. 90 CISG bezieht sich nämlich nur auf völkerrechtliche Übereinkünfte, also nicht auf Richtlinien, die Rechtsakte sui generis sind[880]. Art. 94 CISG ist zwar sachlich einschlägig, weil er für den Fall gilt, daß Vertragsstaaten gleiche oder einander sehr nahekommende Rechtsvorschriften für Gegenstände haben, die in dem Übereinkommen geregelt werden. Die Vorschrift setzt aber Erklärungen der betreffenden Vertragsstaaten über die Unanwendbarkeit des UN-Kaufrechts voraus, die bislang von den Mitgliedstaaten der EU in bezug auf die Verbrauchsgüterkauf-Richtlinie nicht abgegeben worden sind[881]. Andere in Erwägung gezogene Bestimmungen[882] waren entweder keine sachlichen Konkurrenznormen (Art. 1 Abs. 1

[877] S. 25 ff.
[878] S. 36 f.
[879] S. 37 ff.
[880] S. 37 ff.
[881] S. 41 f.
[882] S. 42 ff.

CISG) oder zumindest nicht anwendbar (Art. 3 Abs. 2 S. 1 EGBGB und Art. 25 GG). Da ferner die Grundsätze des Vorrangs der lex posterior und der lex specialis keine Antwort auf die gestellte Rangfrage liefern konnten[883] und auch ein Vorrang des „besseren" Rechts nicht angenommen werden kann[884], mußte die Rangfrage durch Auslegung der konkurrierenden Normen geklärt werden[885]. Diese ergab einen Vorrang des UN-Kaufrechts. Damit stellte sich die Frage, ob eine Auslegung des UN-Kaufrechts „im Lichte" der Verbrauchsgüterkauf-Richtlinie möglich ist[886]. Dies konnte bejaht werden, weil bereits zuvor festgestellt worden war, daß die Berücksichtigung einheitsrechtlicher Normenkomplexe bei der Auslegung des UN-Kaufrechts möglich ist. Sie ist sogar im Interesse einer zeitgemäßen und gegebenenfalls verbraucherfreundlichen Auslegung des Übereinkommens wünschenswert.

Stand somit der Vorrang des UN-Kaufrechts fest und begegnete die Auslegung des Übereinkommens im Lichte der Richtlinie keinen grundsätzlichen Bedenken, so mußten nun die Überschneidungen im einzelnen ermittelt und die konkreten Möglichkeiten einer harmonisierenden Auslegung geprüft werden. Zunächst waren die Überschneidungen der Anwendungsbereiche zu ermitteln[887]. Beide Regelwerke haben einen begrenzten sachlich-persönlichen, räumlichen und zeitlichen Anwendungsbereich. Die sachlich-persönlichen Anwendungsbereiche überschneiden sich in zwei Situationen[888]: Zum einen erfassen Richtlinie und UN-Kaufrecht Verbrauchsgüterkäufe, wenn der Verkäufer spätestens bei Vertragsschluß von dem geplanten privaten Verwendungszweck der Ware weder wußte noch wissen mußte, oder wenn die Ware zwar überwiegend, aber nicht ausschließlich zu privaten Zwecken gekauft wird. Zum anderen findet der in der Richtlinie geregelte Händlerregreß häufig im Rahmen eines Handelskaufs im Sinne des Übereinkommens statt. In räumlicher Hinsicht überschneiden sich die Anwendungsbereiche nur bei Verträgen, die im Sinne des UN-Kaufrechts international sind, wenn also die Parteien ihre Niederlassungen in verschiedenen Staaten haben[889]. Nur diese Verträge werden nämlich von dem Übereinkommen geregelt, während die Richtlinie nationale wie internationale Verträge erfaßt. In zeitlicher Hinsicht gilt die Richtlinie nur für Rechtsverhältnisse, die am oder nach dem 1. Januar 2002 entstanden sind bzw. entstehen[890]. Auch das Übereinkommen ist dann anwendbar, wenn es in dem Staat bzw. den

[883] S. 45 f.
[884] S. 47.
[885] S. 47 ff.
[886] S. 51 ff.
[887] S. 56 ff.
[888] S. 68 ff.
[889] S. 72.
[890] S. 63.

Staaten in Kraft ist, auf die es im Rahmen des Art. 1 Abs. 1 CISG bei der Bestimmung der kollisionsrechtlichen Anwendbarkeit des Übereinkommens ankommt[891]. Schließlich können die Vertragsparteien den Anwendungsbereich der beiden Regelungen in Grenzen auch durch Vereinbarung ändern[892].

Innerhalb der Schnittmenge der Anwendungsbereiche waren dann die Überschneidungen im einzelnen zu untersuchen. Zuerst wurden die von beiden Regelwerken erfaßten Verbraucherverträge betrachtet[893]. Es zeigte sich, daß praktisch alle Richtlinienbestimmungen eine Entsprechung im UN-Kaufrecht haben. Deshalb kommt es ganz weitgehend zu einer Verdrängung der auf der Richtlinie beruhenden Bestimmungen des nationalen Rechts. Eine harmonisierende Auslegung war nur zum Teil erforderlich, dann aber vielfach auch möglich. Die Regelungen des Sachmangelbegriffs, des Beurteilungszeitpunktes und des Haftungsausschlusses in Richtlinie und Übereinkommen sind ganz weitgehend identisch. Soweit Unterschiede festgestellt wurden – insbesondere finden die Art. 2 Abs. 2 d), Abs. 4 und 2 Abs. 5 RL keine unmittelbare Entsprechung im UN-Kaufrecht – ließen sie sich nahezu vollständig im Wege einer harmonisierenden Auslegung überwinden. Die Regelung der Rügeobliegenheit in der Richtlinie ist dagegen weniger streng als die Regelung der Untersuchungs- und Rügeobliegenheit im UN-Kaufrecht[894]. Durch eine harmonisierende Auslegung lassen sich die Unterschiede nicht vollständig beseitigen. Die Bestimmungen des Übereinkommens verwenden jedoch unbestimmte Rechtsbegriffe, so daß den Besonderheiten des Verbraucherkaufs auch im Rahmen des Übereinkommens durchaus Rechnung getragen werden kann. Nur auf den ersten Blick sehr verschieden sind die Regelungen der Rechtsbehelfe des Käufers[895]. Während die Richtlinie einen Vorrang der Nacherfüllung vorsieht, hat der Käufer im Rahmen des UN-Kaufrechts grundsätzlich die freie Wahl zwischen allen Rechtsbehelfen. Der Verkäufer kann aber durch das ihm in den Art. 37 und 48 CISG eingeräumte Recht der zweiten Andienung eine Situation herbeiführen, die derjenigen im Geltungsbereich der Richtlinie recht ähnlich ist. Ein wesentlicher Unterschied zwischen den Regelungen besteht allerdings darin, daß der Verkäufer im Rahmen des Übereinkommens aktiv werden muß, um einen Vorrang der Nacherfüllung zu erreichen, während die Richtlinie diesen Vorrang zur Regel macht. Die bestehenden Unterschiede können jedoch durch Auslegung nicht beseitigt werden. Auch die Regelungen der Ausschlußfrist in Richtlinie

---

[891] S. 72 f.
[892] S. 63 f. bzw. S. 74.
[893] S. 75 ff.
[894] S. 99 ff.
[895] S. 107 ff.

und Übereinkommen haben sich inhaltlich als praktisch identisch erwiesen[896]. Was schließlich Art. 6 RL über Verbrauchergarantien anbelangt, so werden auch die auf dieser Bestimmung beruhenden Regelungen des nationalen Rechts durch das UN-Kaufrecht verdrängt. Denn die Garantie im Sinne der Richtlinie ist eine Modifizierung bzw. Ergänzung der Rechtsbehelfe des Käufers. Unterschiede zwischen den Regelungen bestehen nur hinsichtlich der Form. Hier kann jedoch durch harmonisierende Auslegung keine Annäherung erreicht werden. Zu untersuchen waren schließlich noch die Überschneidungen zwischen dem UN-Kaufrecht und Art. 4 RL über den Händlerregreß[897]. Es zeigte sich, daß das Übereinkommen ganz weitgehend mit den Regelungen der Richtlinie in Einklang ist. Lediglich eine Haftung des Verkäufers für ein vorwerfbares Verhalten, das keine Pflichtverletzung im Sinne des Übereinkommens ist, läßt sich auch durch harmonisierende Auslegung aus dem UN-Kaufrecht nicht ableiten.

2. Ausblick

Ausgangspunkt der vorliegenden Arbeit war die Feststellung von Normenkonkurrenzen zwischen dem UN-Kaufrecht und der europäischen Verbrauchsgüterkauf-Richtlinie. Soweit die Regelungen sich überschneiden mußte geklärt werden, welche vorrangig ist. Die Lösung dieses Konkurrenzproblems wurde dadurch erschwert, daß die zusammentreffenden Normen von unterschiedlichen Normgebern herrühren. Denn es kann nicht ohne weiteres unterstellt werden, daß ein Normgeber den Anwendungsbereich einer von einem anderen Normgeber gesetzten Norm respektieren wollte.

Konkurrenzprobleme dieser Art werden künftig eher häufiger als seltener auftreten. Zwar steht im einzelnen noch nicht fest, welche Richtung die Privatrechtsangleichung oder –vereinheitlichung auf europäischer Ebene in Zukunft nehmen wird[898]. Die „Europäisierung“ des Privatrechts ist jedoch in vollem Gange und schon heute ist gewiß, daß auch weiterhin die unterschiedlichsten Stellen Normen ausarbeiten werden, die zumindest zum Teil dieselben Fragenkreise berühren. Die Untersuchung der Verbrauchsgüterkauf-Richtlinie und ihr Vergleich mit dem UN-Kaufrecht haben gezeigt, daß mögliche Konkurrenzen

---

896 S. 141 ff.

897 S. 156 ff.

898 Vgl. zu den Perspektiven die Mitteilung der Kommission an den Rat und das Europäische Parlament zum Europäischen Vertragsrecht vom 11. Juli 2001, KOM (2001) 398 endg., sowie speziell zum Verbraucherrecht das Grünbuch der Kommission zum Verbraucherschutz in der Europäischen Union vom 2. Oktober 2001, KOM (2001) 531 endg.

selbst dann nicht unbedingt gesehen und vermieden werden, wenn die Verfasser einer Regelung sich von der konkurrierenden Regelung inspirieren lassen.

Aus methodischer Sicht ist diese Entwicklung mißlich. Immer häufiger wird zu klären sein, welcher von mehreren einschlägigen Normenkomplexen vorrangig ist. Die vorliegende Arbeit versucht jedoch, die Pluralität der Rechtsquellen auch als Chance zu begreifen: Internationales Einheitsrecht ist naturgemäß unflexibel. Hat man sich erst einmal auf einen einheitlichen Text geeinigt und ihn in mehreren Staaten in Kraft gesetzt, so will man die Einheit nicht gleich wieder verlieren. Aus diesem Grund wird allgemein eine autonome Auslegung des internationalen Einheitsrechts für erforderlich gehalten. Dabei kann eine kreative Interpretation leicht auf der Strecke bleiben. Auch die Modernisierung von internationalem Einheitsrecht gestaltet sich zumeist schwierig. Vielfach ergeben sich die Normen aus internationalen Übereinkommen. Um diese zu modernisieren ist in aller Regel der Abschluß eines neuen Übereinkommens notwendig. Berücksichtigt man nun bei der Auslegung internationalen Einheitsrechts konkurrierende oder allgemein solche Normen, die sich mit denselben Fragenkreisen befassen, so wird das Konkurrenzproblem entschärft. Vor allem aber fließen in die Auslegung auch die (zumindest aus der Perspektive des auszulegenden Textes) neuen Gedanken ein, die in den bei der Auslegung berücksichtigten Text Eingang gefunden haben. Bei einer solchen rechtsvergleichend-teleologischen Auslegung ist freilich behutsam vorzugehen, damit in eine Norm nicht eine Bedeutung hineingelesen wird, die mit ihrem Wortlaut und Zweck nicht vereinbar ist.

Die Berücksichtigung der Verbrauchsgüterkauf-Richtlinie bei der Auslegung des UN-Kaufrechts hat sich als besonders fruchtbar erwiesen. Anders als man - in Anbetracht der jeweiligen Anwendungsbereiche - zunächst annehmen könnte, sind sich die Regelungen inhaltlich zumeist recht ähnlich[899]. Wo Unterschiede bestehen erweist sich die Richtlinie mitunter als verbraucherfreundlicher, in der Regel aber als moderner[900]. Wortlaut und Zweck der Bestimmungen des UN-Kaufrechts ließen es zudem vielfach zu, bei ihrer Auslegung die den Richtlinienbestimmungen zugrundeliegenden Erwägungen zu berücksichtigen. Sollte es dieser Arbeit gelingen, die Anwender des UN-Kaufrechts zu einer modernen und erforderlichenfalls verbraucherfreundlichen, jedenfalls aber kreativen Auslegung durch Berücksichtigung der Verbrauchsgüterkauf-Richtlinie zu ermutigen, hätte sie ihr Ziel erreicht.

---

899 *Magnus*, ZEuP 2002, S. 523, schreibt deshalb, das UN-Kaufrecht sei nunmehr mittelbar in der gesamten EU wirksam geworden.

900 Vgl. *Grundmann*, AcP 202 (2002), S. 40, 44, der in der Richtlinie denn auch allgemeines Privatrecht und nicht Verbraucherrecht sieht.

Anhang

RICHTLINIE 1999/44/EG DES EUROPÄISCHEN PARLAMENTS UND DES RATES vom 25. Mai 1999 zu bestimmten Aspekten des Verbrauchsgüterkaufs und der Garantien für Verbrauchsgüter

DAS EUROPÄISCHE PARLAMENT UND DER RAT DER EUROPÄISCHEN UNION —

gestützt auf den Vertrag zur Gründung der Europäischen Gemeinschaft, insbesondere auf Artikel 95,

auf Vorschlag der Kommission[901],

nach Stellungnahme des Wirtschafts- und Sozialausschusses[902],

gemäß dem Verfahren des Artikels 251 des Vertrags, aufgrund des vom Vermittlungsausschuß am 18. März 1999 gebilligten gemeinsamen Entwurfs[903],

in Erwägung nachstehender Gründe:

(1) Nach Artikel 153 Absätze 1 und 3 des Vertrags leistet die Gemeinschaft durch die Maßnahmen, die sie nach Artikel 95 des Vertrags erläßt, einen Beitrag zur Erreichung eines hohen Verbraucherschutzniveaus.

(2) Der Binnenmarkt umfaßt einen Raum ohne Binnengrenzen, in dem der freie Verkehr von Waren, Personen, Dienstleistungen und Kapital gewährleistet ist. Der freie Warenverkehr betrifft nicht nur den gewerblichen Handel, sondern auch Privatpersonen. Dies bedeutet, daß es den Verbrauchern aus einem Mitgliedstaat möglich sein muß, auf der Grundlage angemessener einheitlicher Mindestvorschriften über den Kauf von Verbrauchsgütern im Hoheitsgebiet eines anderen Mitgliedstaats frei einzukaufen.

(3) Die Rechtsvorschriften der Mitgliedstaaten über den Kauf von Verbrauchsgütern weisen Unterschiede auf; dies hat zur Folge, daß die einzelstaatlichen Absatzmärkte für Verbrauchsgüter uneinheitlich sind und bei den Verkäufern Wettbewerbsverzerrungen eintreten können.

---

901 ABl. C 307 vom 16.10.1996, S. 8, und ABl. C 148 vom 14.5.1998, S. 12.

902 ABl. C 66 vom 3.3.1997, S. 5.

903 Stellungnahme des Europäischen Parlaments vom 10. März 1998 (ABl. C 104 vom 6.4.1998, S. 30), Gemeinsamer Standpunkt des Rates vom 24. September 1998 (ABl. C 333 vom 30.10.1998, S. 46) und Beschluß des Europäischen Parlaments vom 17. Dezember 1998 (ABl. C 98 vom 9.4.1999, S. 226). Beschluß des Europäischen Parlaments vom 5. Mai 1999 und Beschluß des Rates vom 17. Mai 1999.

(4) Dem Verbraucher, der die Vorzüge des Binnenmarkts dadurch nutzen möchte, daß er sich Waren in einem anderen Mitgliedstaat als in seinem Wohnsitzland beschafft, fällt eine fundamentale Aufgabe bei der Vollendung des Binnenmarkts zu; es muß verhindert werden, daß neue künstliche Grenzen entstehen und die Märkte abgeschottet werden. Die Möglichkeiten der Verbraucher haben durch die neuen Kommunikationstechnologien, die einen leichten Zugang zu den Vertriebssystemen in anderen Mitgliedstaaten oder in Drittländern bieten, deutlich zugenommen. Ohne eine Mindestharmonisierung der Bestimmungen über den Verbrauchsgüterkauf könnte die Weiterentwicklung des Warenkaufs mit Hilfe der neuen Fernkommunikationstechniken behindert werden.

(5) Die Schaffung eines gemeinsamen Mindestsockels von Verbraucherrechten, die unabhängig vom Ort des Kaufs der Waren in der Gemeinschaft gelten, stärkt das Vertrauen der Verbraucher und gestattet es ihnen, die durch die Schaffung des Binnenmarkts gebotenen Vorzüge besser zu nutzen.

(6) Schwierigkeiten der Verbraucher und Konflikte mit den Verkäufern haben ihre Ursache vor allem in der Vertragswidrigkeit von Waren. Infolgedessen erweist sich eine Angleichung der einzelstaatlichen Rechtsvorschriften über den Verbrauchsgüterkauf in dieser Hinsicht als geboten. Eine solche Angleichung darf jedoch nicht die Bestimmungen und Grundsätze des innerstaatlichen Rechts über die Regelung der vertraglichen und außervertraglichen Haftung beeinträchtigen.

(7) Waren müssen vor allem vertragsgemäß sein. Der Grundsatz der Vertragsmäßigkeit kann als gemeinsames Element der verschiedenen einzelstaatlichen Rechtstraditionen betrachtet werden. Im Rahmen bestimmter einzelstaatlicher Rechtstraditionen ist es möglicherweise nicht möglich, sich allein auf diesen Grundsatz zu stützen, um ein Mindestmaß an Verbraucherschutz zu gewährleisten. Insbesondere im Rahmen solcher Rechtstraditionen könnte es nützlich sein, zusätzliche innerstaatliche Bestimmungen vorzusehen, um den Verbraucherschutz für den Fall zu gewährleisten, daß die Parteien sich entweder nicht auf spezifische Vertragsklauseln geeinigt haben oder aber Vertragsklauseln vorgesehen oder Vereinbarungen getroffen haben, aufgrund deren die Rechte des Verbrauchers unmittelbar oder mittelbar außer Kraft gesetzt oder eingeschränkt werden. Soweit sich diese Rechte aus dieser Richtlinie ergeben, sind solche Vertragsklauseln oder Vereinbarungen für den Verbraucher nicht bindend.

(8) Um die Anwendung des Grundsatzes der Vertragsmäßigkeit zu erleichtern, ist es sinnvoll, eine widerlegbare Vermutung der Vertragsmäßigkeit einzuführen, die die meisten normalen Situationen abdeckt. Diese Vermutung stellt keine Einschränkung des Grundsatzes der Vertragsfreiheit dar. In Ermangelung spezifischer Vertragsklauseln sowie im Fall der Anwendung der Mindestschutzklausel können die in dieser Vermutung genannten Elemente verwendet werden, um die Vertragswidrigkeit der Waren zu bestimmen. Die Qualität und die Leistung, die der Verbraucher vernünftigerweise erwarten kann, hängen unter anderem davon ab, ob die Güter neu oder gebraucht sind. Die in der Vermutung genannten Elemente gelten kumulativ. Ist ein bestimmtes Element aufgrund der Umstände des betreffenden Falls offenkundig unanwendbar, so behalten die übrigen Elemente der Vermutung dennoch ihre Gültigkeit.

(9) Der Verkäufer muß dem Verbraucher gegenüber unmittelbar für die Vertragsmäßigkeit der Güter haften. Dieser klassische Grundsatz ist in den Rechtsvorschriften der Mitgliedstaaten verankert. Der Verkäufer muß allerdings nach Maßgabe des innerstaatlichen Rechts den Hersteller, einen früheren Verkäufer innerhalb derselben Vertragskette oder eine andere Zwischenperson in Regreß nehmen können, es sei denn, daß er auf dieses Recht verzichtet hat. Diese Richtlinie berührt nicht den Grundsatz der Vertragsfreiheit in den Beziehungen zwischen dem Verkäufer, dem Hersteller, einem früheren Verkäufer oder einer anderen Zwischenperson. Die einzelstaatlichen Rechtsvorschriften bestimmen, gegen wen und wie der Verkäufer Regreß nehmen kann.

(10) Bei Vertragswidrigkeit eines Gutes muß der Verbraucher das Recht haben, die unentgeltliche Herstellung des vertragsgemäßen Zustands des Gutes zu verlangen, wobei er zwischen einer Nachbesserung und einer Ersatzlieferung wählen kann; andernfalls muß er Anspruch auf Minderung des Kaufpreises oder auf Vertragsauflösung haben.

(11) Zunächst kann der Verbraucher vom Verkäufer die Nachbesserung des Gutes oder eine Ersatzlieferung verlangen, es sei denn, daß diese Abhilfen unmöglich oder unverhältnismäßig wären. Ob eine Abhilfe unverhältnismäßig ist, müßte objektiv festgestellt werden. Unverhältnismäßig sind Abhilfen, die im Vergleich zu anderen unzumutbare Kosten verursachen; bei der Beantwortung der Frage, ob es sich um unzumutbare Kosten handelt, sollte entscheidend sein, ob die Kosten der Abhilfe deutlich höher sind als die Kosten einer anderen Abhilfe.

(12) In Fällen von Vertragswidrigkeit kann der Verkäufer dem Verbraucher zur Erzielung einer gütlichen Einigung stets jede zur Verfügung stehende Abhilfemöglichkeit anbieten. Die Entscheidung über die Annahme oder Ablehnung des betreffenden Vorschlags bleibt dem Verbraucher anheimgestellt.

(13) Um es dem Verbraucher zu ermöglichen, den Binnenmarkt zu nutzen und Verbrauchsgüter in einem anderen Mitgliedstaat zu erwerben, sollte empfohlen werden, daß der Hersteller von Verbrauchsgütern, die in mehreren Mitgliedstaaten verkauft werden, im Interesse des Verbrauchers dem Verbrauchsgut eine Liste mit mindestens einer Ansprechadresse in jedem Mitgliedstaat, in dem die Ware vertrieben wird, beifügt.

(14) Die Bezugnahmen auf den Zeitpunkt der Lieferung bedeuten nicht, daß die Mitgliedstaaten ihre Vorschriften über den Gefahrübergang ändern müssen.

(15) Die Mitgliedstaaten können vorsehen, daß eine dem Verbraucher zu leistende Erstattung gemindert werden kann, um der Benutzung der Ware Rechnung zu tragen, die durch den Verbraucher seit ihrer Lieferung erfolgt ist. Die Regelungen über die Modalitäten der Durchführung der Vertragsauflösung können im innerstaatlichen Recht festgelegt werden.

(16) Gebrauchte Güter können aufgrund ihrer Eigenart im allgemeinen nicht ersetzt werden. Bei diesen Gütern hat der Verbraucher deshalb in der Regel keinen Anspruch auf Ersatzlieferung. Die Mitgliedstaaten können den Parteien gestatten, für solche Güter eine kürzere Haftungsdauer zu vereinbaren.

(17) Es ist zweckmäßig, den Zeitraum, innerhalb dessen der Verkäufer für Vertragswidrigkeiten haftet, die zum Zeitpunkt der Lieferung des Gutes bestanden, zu begrenzen. Die Mitgliedstaaten können ferner eine Frist vorsehen, innerhalb deren die Verbraucher ihre Ansprüche geltend machen können, sofern diese Frist nicht vor Ablauf von zwei Jahren ab dem Zeitpunkt der Lieferung endet. Wird in innerstaatlichen Rechtsvorschriften für den Beginn einer Frist ein anderer Zeitpunkt als die Lieferung des Gutes festgelegt, so darf die Gesamtdauer der in den innerstaatlichen Rechtsvorschriften festgelegten Frist einen Zeitraum von zwei Jahren ab dem Zeitpunkt der Lieferung nicht unterschreiten.

(18) Für den Fall einer Nachbesserung oder einer Ersatzlieferung sowie für den Fall von Verhandlungen zwischen dem Verkäufer und dem Verbraucher über eine gütliche Regelung können die Mitgliedstaaten gemäß ihren innerstaatlichen Rechtsvorschriften gegebenenfalls die Hemmung oder Unterbrechung des Zeitraums, während dessen Vertragswidrigkeiten offenbar werden müssen, und der Verjährungsfrist vorsehen.

(19) Den Mitgliedstaaten sollte die Möglichkeit eingeräumt werden, eine Frist festzusetzen, innerhalb deren die Verbraucher den Verkäufer über Vertragswidrigkeiten unterrichten müssen. Die Mitgliedstaaten können ein höheres Niveau des Verbraucherschutzes gewährleisten, indem sie keine derartige Verpflichtung einführen. In jedem Fall sollten die Verbraucher für die Unterrichtung des Verkäufers über das Vorliegen einer Vertragswidrigkeit überall in der Gemeinschaft über einen Zeitraum von mindestens zwei Monaten verfügen.

(20) Die Mitgliedstaaten sollten vorbeugende Maßnahmen ergreifen, damit eine solche Unterrichtungsfrist die Verbraucher bei grenzüberschreitenden Käufen nicht benachteiligt. Alle Mitgliedstaaten sollten die Kommission über ihre in bezug auf diese Bestimmung gewählte Lösung unterrichten. Die Kommission sollte die Auswirkungen der unterschiedlichen Anwendung dieser Bestimmung auf die Verbraucher und den Binnenmarkt beobachten. Informationen über die von einem Mitgliedstaat gewählte Lösung sollten den übrigen Mitgliedstaaten, den Verbrauchern und den Verbraucherorganisationen gemeinschaftsweit zugänglich gemacht werden. Daher sollte im *Amtsblatt der Europäischen Gemeinschaften* eine Übersicht über die Lage in allen Mitgliedstaaten veröffentlicht werden.

(21) Bei bestimmten Warengattungen ist es üblich, daß die Verkäufer oder die Hersteller auf ihre Erzeugnisse Garantien gewähren, die die Verbraucher gegen alle Mängel absichern, die innerhalb einer bestimmten Frist offenbar werden können. Diese Praxis kann zu mehr Wettbewerb am Markt führen. Solche Garantien stellen zwar rechtmäßige Marketinginstrumente dar, sollten jedoch den Verbraucher nicht irreführen. Um sicherzustellen, daß der Verbraucher nicht irregeführt wird, sollten die Garantien bestimmte Informationen enthalten, unter anderem eine Erklärung, daß die Garantie nicht die gesetzlichen Rechte des Verbrauchers berührt.

(22) Die Vertragsparteien dürfen die den Verbrauchern eingeräumten Rechte nicht durch Vereinbarung einschränken oder außer Kraft setzen, da dies den gesetzlichen Schutz aushöhlen würde. Dieser Grundsatz hat auch für Klauseln zu gelten, denen zufolge dem

Verbraucher jede zum Zeitpunkt des Vertragsschlusses bestehende Vertragswidrigkeit des Verbrauchsguts bekannt war. Der dem Verbraucher aufgrund dieser Richtlinie gewährte Schutz darf nicht dadurch geschmälert werden, daß das Recht eines Nichtmitgliedstaats als das auf den betreffenden Vertrag anzuwendende Recht gewählt worden ist.

(23) Die diesbezüglichen Rechtsvorschriften und die Rechtsprechung der Mitgliedstaaten zeugen von dem zunehmenden Bemühen, den Verbrauchern ein hohes Schutzniveau zu gewährleisten. Angesichts dieser Entwicklung und der zu erwartenden Erfahrung mit der Durchführung dieser Richtlinie kann es sich als notwendig erweisen, eine stärkere Harmonisierung in Erwägung zu ziehen, die insbesondere eine unmittelbare Haftung des Herstellers für ihm zuzuschreibende Mängel vorsieht.

(24) Die Mitgliedstaaten sollten auf dem unter diese Richtlinie fallenden Gebiet strengere Bestimmungen zur Gewährleistung eines noch höheren Verbraucherschutzniveaus erlassen oder beibehalten können.

(25) Entsprechend der Empfehlung der Kommission vom 30. März 1998 betreffend die Grundsätze für Einrichtungen, die für die außergerichtliche Beilegung von Verbraucherrechtsstreitigkeiten zuständig sind[904], können die Mitgliedstaaten Einrichtungen schaffen, die eine unparteiische und effiziente Beschwerdebehandlung im nationalen und grenzüberschreitenden Rahmen gewährleisten und die von den Verbrauchern als Vermittler in Anspruch genommen werden können.

(26) Zum Schutz der Kollektivinteressen der Verbraucher ist es angebracht, diese Richtlinie in das im Anhang der Richtlinie 98/27/EG des Europäischen Parlaments und des Rates vom 19. Mai 1998 über Unterlassungsklagen zum Schutz der Verbraucherinteressen[905] enthaltene Richtlinienverzeichnis aufzunehmen —

HABEN FOLGENDE RICHTLINIE ERLASSEN:

Artikel 1

Geltungsbereich und Begriffsbestimmungen

(1) Zweck dieser Richtlinie ist die Angleichung der Rechts- und Verwaltungsvorschriften der Mitgliedstaaten zu bestimmten Aspekten des Verbrauchsgüterkaufs und der Garantien für Verbrauchsgüter zur Gewährleistung eines einheitlichen Verbraucherschutz-Mindestniveaus im Rahmen des Binnenmarkts.

(2) Im Sinne dieser Richtlinie bezeichnet der Ausdruck

---

904 ABl. L 115 vom 17.4.1998, S. 31.
905 ABl. L 166 vom 11.6.1998, S. 51.

a) „Verbraucher“ jede natürliche Person, die im Rahmen der unter diese Richtlinie fallenden Verträge zu einem Zweck handelt, der nicht ihrer beruflichen oder gewerblichen Tätigkeit zugerechnet werden kann;

b) „Verbrauchsgüter“ bewegliche körperliche Gegenstände, mit Ausnahme von
- — Gütern, die aufgrund von Zwangsvollstreckungsmaßnahmen oder anderen gerichtlichen Maßnahmen verkauft werden,
- — Wasser und Gas, wenn sie nicht in einem begrenzten Volumen oder in einer bestimmten Menge abgefüllt sind,
- — Strom;

c) „Verkäufer“ jede natürliche oder juristische Person, die aufgrund eines Vertrags im Rahmen ihrer beruflichen oder gewerblichen Tätigkeit Verbrauchsgüter verkauft;

d) „Hersteller“ den Hersteller von Verbrauchsgütern, deren Importeur für das Gebiet der Gemeinschaft oder jede andere Person, die sich dadurch, daß sie ihren Namen, ihre Marke oder ein anderes Kennzeichen an den Verbrauchsgütern anbringt, als Hersteller bezeichnet;

e) „Garantie“ jede von einem Verkäufer oder Hersteller gegenüber dem Verbraucher ohne Aufpreis eingegangene Verpflichtung, den Kaufpreis zu erstatten, das Verbrauchsgut zu ersetzen oder nachzubessern oder in sonstiger Weise Abhilfe zu schaffen, wenn das Verbrauchsgut nicht den in der Garantieerklärung oder in der einschlägigen Werbung genannten Eigenschaften entspricht;

f) „Nachbesserung“ bei Vertragswidrigkeit die Herstellung des vertragsgemäßen Zustands des Verbrauchsgutes.

(3) Die Mitgliedstaaten können festlegen, daß unter „Verbrauchsgütern“ keine gebrauchten Güter zu verstehen sind, die in einer öffentlichen Versteigerung verkauft werden, bei der die Verbraucher die Möglichkeit haben, dem Verkauf persönlich beizuwohnen.

(4) Als Kaufverträge im Sinne dieser Richtlinie gelten auch Verträge über die Lieferung herzustellender oder zu erzeugender Verbrauchsgüter.

Artikel 2

Vertragsmäßigkeit

(1) Der Verkäufer ist verpflichtet, dem Verbraucher dem Kaufvertrag gemäße Güter zu liefern.

(2) Es wird vermutet, daß Verbrauchsgüter vertragsgemäß sind, wenn sie

a) mit der vom Verkäufer gegebenen Beschreibung übereinstimmen und die Eigenschaften des Gutes besitzen, das der Verkäufer dem Verbraucher als Probe oder Muster vorgelegt hat;

b) sich für einen bestimmten vom Verbraucher angestrebten Zweck eignen, den der Verbraucher dem Verkäufer bei Vertragsschluß zur Kenntnis gebracht hat und dem der Verkäufer zugestimmt hat;

c) sich für die Zwecke eignen, für die Güter der gleichen Art gewöhnlich gebraucht werden;

d) eine Qualität und Leistungen aufweisen, die bei Gütern der gleichen Art üblich sind und die der Verbraucher vernünftigerweise erwarten kann, wenn die Beschaffenheit des Gutes und gegebenenfalls die insbesondere in der Werbung oder bei der Etikettierung gemachten öffentlichen Äußerungen des Verkäufers, des Herstellers oder dessen Vertreters über die konkreten Eigenschaften des Gutes in Betracht gezogen werden.

(3) Es liegt keine Vertragswidrigkeit im Sinne dieses Artikels vor, wenn der Verbraucher zum Zeitpunkt des Vertragsschlusses Kenntnis von der Vertragswidrigkeit hatte oder vernünftigerweise nicht in Unkenntnis darüber sein konnte oder wenn die Vertragswidrigkeit auf den vom Verbraucher gelieferten Stoff zurückzuführen ist.

(4) Der Verkäufer ist durch die in Absatz 2 Buchstabe d) genannten öffentlichen Äußerungen nicht gebunden, wenn er

— nachweist, daß er die betreffende Äußerung nicht kannte und vernünftigerweise nicht davon Kenntnis haben konnte,
— nachweist, daß die betreffende Äußerung zum Zeitpunkt des Vertragsschlusses berichtigt war, oder
— nachweist, daß die Kaufentscheidung nicht durch die betreffende Äußerung beeinflußt sein konnte.

(5) Ein Mangel infolge unsachgemäßer Montage des Verbrauchsgutes wird der Vertragswidrigkeit gleichgestellt, wenn die Montage Bestandteil des Kaufvertrags über das Verbrauchsgut war und vom Verkäufer oder unter dessen Verantwortung vorgenommen wurde. Das gleiche gilt, wenn das zur Montage durch den Verbraucher bestimmte Erzeugnis vom Verbraucher montiert worden ist und die unsachgemäße Montage auf einen Mangel in der Montageanleitung zurückzuführen ist.

Artikel 3

Rechte des Verbrauchers

(1) Der Verkäufer haftet dem Verbraucher für jede Vertragswidrigkeit, die zum Zeitpunkt der Lieferung des Verbrauchsgutes besteht.

(2) Bei Vertragswidrigkeit hat der Verbraucher entweder Anspruch auf die unentgeltliche Herstellung des vertragsgemäßen Zustands des Verbrauchsgutes durch Nachbesserung oder Ersatzlieferung nach Maßgabe des Absatzes 3 oder auf angemessene Minderung des Kaufpreises oder auf Vertragsauflösung in bezug auf das betreffende Verbrauchsgut nach Maßgabe der Absätze 5 und 6.

(3) Zunächst kann der Verbraucher vom Verkäufer die unentgeltliche Nachbesserung des Verbrauchsgutes oder eine unentgeltliche Ersatzlieferung verlangen, sofern dies nicht unmöglich oder unverhältnismäßig ist. Eine Abhilfe gilt als unverhältnismäßig, wenn sie dem Verkäufer Kosten verursachen würde, die

— angesichts des Werts, den das Verbrauchsgut ohne die Vertragswidrigkeit hätte,
— unter Berücksichtigung der Bedeutung der Vertragswidrigkeit und
— nach Erwägung der Frage, ob auf die alternative Abhilfemöglichkeit ohne erhebliche Unannehmlichkeiten für den Verbraucher zurückgegriffen werden könnte, verglichen mit der alternativen Abhilfemöglichkeit unzumutbar wären.

Die Nachbesserung oder die Ersatzlieferung muß innerhalb einer angemessenen Frist und ohne erhebliche Unannehmlichkeiten für den Verbraucher erfolgen, wobei die Art des Verbrauchsgutes sowie der Zweck, für den der Verbraucher das Verbrauchsgut benötigte, zu berücksichtigen sind.

(4) Der Begriff „unentgeltlich" in den Absätzen 2 und 3 umfaßt die für die Herstellung des vertragsgemäßen Zustands des Verbrauchsgutes notwendigen Kosten, insbesondere Versand-, Arbeits- und Materialkosten.

(5) Der Verbraucher kann eine angemessene Minderung des Kaufpreises oder eine Vertragsauflösung verlangen,

— wenn der Verbraucher weder Anspruch auf Nachbesserung noch auf Ersatzlieferung hat oder
— wenn der Verkäufer nicht innerhalb einer angemessenen Frist Abhilfe geschaffen hat oder
— wenn der Verkäufer nicht ohne erhebliche Unannehmlichkeiten für den Verbraucher Abhilfe geschaffen hat.

(6) Bei einer geringfügigen Vertragswidrigkeit hat der Verbraucher keinen Anspruch auf Vertragsauflösung.

Artikel 4

Rückgriffsrechte

Haftet der Letztverkäufer dem Verbraucher aufgrund einer Vertragswidrigkeit infolge eines Handelns oder Unterlassens des Herstellers, eines früheren Verkäufers innerhalb derselben Vertragskette oder einer anderen Zwischenperson, so kann der Letztverkäufer den oder die Haftenden innerhalb der Vertragskette in Regreß nehmen. Das innerstaatliche Recht bestimmt den oder die Haftenden, den oder die der Letztverkäufer in Regreß nehmen kann, sowie das entsprechende Vorgehen und die Modalitäten.

Artikel 5

Fristen

(1) Der Verkäufer haftet nach Artikel 3, wenn die Vertragswidrigkeit binnen zwei Jahren nach der Lieferung des
Verbrauchsgutes offenbar wird. Gilt nach dem innerstaatlichen Recht für die Ansprüche nach Artikel 3 Absatz 2 eine Verjährungsfrist, so endet sie nicht vor Ablauf eines Zeitraums von zwei Jahren ab dem Zeitpunkt der Lieferung.

(2) Die Mitgliedstaaten können vorsehen, daß der Verbraucher den Verkäufer zur Inanspruchnahme seiner Rechte über die Vertragswidrigkeit binnen zwei Monaten nach dem Zeitpunkt, zu dem er die Vertragswidrigkeit festgestellt hat, unterrichten muß.

Die Mitgliedstaaten unterrichten die Kommission über ihre bezüglich dieses Absatzes gewählte Lösung. Die Kommission überwacht die Auswirkungen dieser den Mitgliedstaaten eingeräumten Möglichkeit auf die Verbraucher und den Binnenmarkt.

Die Kommission erstellt bis zum 7. Januar 2003 einen Bericht über die von den Mitgliedstaaten bezüglich dieses Absatzes gewählte Lösung. Dieser Bericht wird im *Amtsblatt der Europäischen Gemeinschaften* veröffentlicht.

(3) Bis zum Beweis des Gegenteils wird vermutet, daß Vertragswidrigkeiten, die binnen sechs Monaten nach der Lieferung des Gutes offenbar werden, bereits zum Zeitpunkt der Lieferung bestanden, es sei denn, diese Vermutung ist mit der Art des Gutes oder der Art der Vertragswidrigkeit unvereinbar.

Artikel 6

Garantien

(1) Die Garantie muß denjenigen, der sie anbietet, zu den in der Garantieerklärung und der einschlägigen Werbung angegebenen Bedingungen binden.

(2) Die Garantie muß
— darlegen, daß der Verbraucher im Rahmen der geltenden innerstaatlichen Rechtsvorschriften über den Verbrauchsgüterkauf gesetzliche Rechte hat, und klarstellen, daß diese Rechte von der Garantie nicht berührt werden;
— in einfachen und verständlichen Formulierungen den Inhalt der Garantie und die wesentlichen Angaben enthalten, die für die Inanspruchnahme der Garantie notwendig sind, insbesondere die Dauer und den räumlichen Geltungsbereich des Garantieschutzes sowie Namen und Anschrift des Garantiegebers.

(3) Auf Wunsch des Verbrauchers muß diesem die Garantie schriftlich zur Verfügung gestellt werden oder auf einem anderen dauerhaften Datenträger enthalten sein, der dem Verbraucher zur Verfügung steht und ihm zugänglich ist.

(4) Die Mitgliedstaaten, in denen das Verbrauchsgut in Verkehr gebracht wird, können, soweit dies mit den Vorschriften des Vertrags vereinbar ist, für ihr Gebiet vorschreiben, daß die Garantie in einer oder in mehreren Sprachen abzufassen ist, die der jeweilige Mitgliedstaat unter den Amtssprachen der Gemeinschaft auswählt.

(5) Werden für eine Garantie die Anforderungen der Absätze 2, 3 oder 4 nicht erfüllt, so berührt dies in keinem Fall die Gültigkeit dieser Garantie; der Verbraucher kann sie weiterhin geltend machen und ihre Einhaltung verlangen.

Artikel 7

Unabdingbarkeit

(1) Vertragsklauseln oder mit dem Verkäufer vor dessen Unterrichtung über die Vertragswidrigkeit getroffene Vereinbarungen, durch welche die mit dieser Richtlinie gewährten Rechte unmittelbar oder mittelbar außer Kraft gesetzt oder eingeschränkt werden, sind für den Verbraucher gemäß dem innerstaatlichen Recht nicht bindend.

Im Fall gebrauchter Güter können die Mitgliedstaaten vorsehen, daß der Verkäufer und der Verbraucher sich auf Vertragsklauseln oder Vereinbarungen einigen können, denen zufolge der Verkäufer weniger lange haftet als in Artikel 5 Absatz 1 vorgesehen. Diese kürzere Haftungsdauer darf ein Jahr nicht unterschreiten.

(2) Die Mitgliedstaaten treffen die erforderlichen Maßnahmen, damit dem Verbraucher der durch diese Richtlinie gewährte Schutz nicht dadurch vorenthalten wird, daß das Recht eines Nichtmitgliedstaats als das auf den Vertrag anzuwendende Recht gewählt wird, sofern dieser Vertrag einen engen Zusammenhang mit dem Gebiet der Mitgliedstaaten aufweist.

Artikel 8

Innerstaatliches Recht und Mindestschutz

(1) Andere Ansprüche, die der Verbraucher aufgrund innerstaatlicher Rechtsvorschriften über die vertragliche oder außervertragliche Haftung geltend machen kann, werden durch die aufgrund dieser Richtlinie gewährten Rechte nicht berührt.

(2) Die Mitgliedstaaten können in dem unter diese Richtlinie fallenden Bereich mit dem Vertrag in Einklang stehende strengere Bestimmungen erlassen oder aufrechterhalten, um ein höheres Schutzniveau für die Verbraucher sicherzustellen.

Artikel 9

Die Mitgliedstaaten ergreifen geeignete Maßnahmen zur Unterrichtung der Verbraucher über das innerstaatliche Recht, mit dem diese Richtlinie umgesetzt wird, und rufen, falls angebracht, Berufsorganisationen dazu auf, die Verbraucher über ihre Rechte zu unterrichten.

Artikel 10

Der Anhang der Richtlinie 98/27/EG wird wie folgt ergänzt: „10. Richtlinie 1999/44/EG des Europäischen Parlaments und des Rates vom 25. Mai 1999 zu bestimmten Aspekten des Verbrauchsgüterkaufs und der Garantien für Verbrauchsgüter (ABl. L 171 vom 7.7.1999, S. 12)."

Artikel 11

Umsetzung

(1) Die Mitgliedstaaten setzen die Rechts- und Verwaltungsvorschriften in Kraft, die erforderlich sind, um dieser Richtlinie spätestens ab dem 1. Januar 2002 nachzukommen. Sie setzen die Kommission unverzüglich davon in Kenntnis.

Wenn die Mitgliedstaaten diese Vorschriften erlassen, nehmen sie in den Vorschriften selbst oder durch einen Hinweis bei der amtlichen Veröffentlichung auf diese Richtlinie Bezug. Die Mitgliedstaaten regeln die Einzelheiten der Bezugnahme.

(2) Die Mitgliedstaaten teilen der Kommission den Wortlaut der innerstaatlichen Rechtsvorschriften mit, die sie auf dem unter diese Richtlinie fallenden Gebiet erlassen.

Artikel 12

Überprüfung

Die Kommission überprüft die Anwendung dieser Richtlinie spätestens zum 7. Juli 2006 und legt dem Europäischen Parlament und dem Rat einen Bericht vor. In dem Bericht ist unter anderem zu prüfen, ob Veranlassung besteht, eine unmittelbare Haftung des Herstellers einzuführen; der Bericht ist gegebenenfalls
mit Vorschlägen zu versehen.

Artikel 13

Inkrafttreten

Diese Richtlinie tritt am Tag ihrer Veröffentlichung im *Amtsblatt der Europäischen Gemeinschaften* in Kraft.

Artikel 14

Diese Richtlinie ist an die Mitgliedstaaten gerichtet.

Literaturverzeichnis

Audit, Bernard: La vente internationale de marchandises. Convention des Nations-Unies du 11 avril 1980, L.G.D.J, Paris 1990, zitiert: *Audit*, Vente internationale.

von Bar, Christian: Internationales Privatrecht, Band 1: Allgemeine Lehren, 1987, Band 2: Besonderer Teil, 1991, C.H. Beck, München, zitiert: *v. Bar*, IPR I, bzw. *v. Bar*, IPR II.

Bayer, Wilhelm F.: Auslegung und Ergänzung international vereinheitlichter Normen durch staatliche Gerichte, RabelsZ 20 (1955), S. 603-642.

Beale, Hugh; Howells, Geraint: EC Harmonisation of Consumer Sales Law – A Missed Opportunity ?, J. Contr. L. 12 (1997), S. 21-46.

Beutler, Bengt; Bieber, Roland; Pipkorn, Jörn; Streil, Jochen: Die Europäische Union. Rechtsordnung und Politik, 5. Auflage bearbeitet und erweitert von Bieber, Roland; Epiney, Astrid; Haag, Marcel; Beutler, Bengt, Nomos Verlagsgesellschaft, Baden-Baden 2001, zitiert: Beutler/Bieber/Pipkorn/Streil (-*Bearbeiter*), Die Europäische Union.

Bianca, Cesare Massimo; Bonell, Michael Joachim (Hrsg.): Commentary on the International Sales Law. The 1980 Vienna Sales Convention, Giuffrè, Mailand 1987, zitiert: Bianca/Bonell (*-Bearbeiter*).

Burkart, Fabian: Interpretatives Zusammenwirken von CISG und UNIDROIT Principles, Nomos Verlagsgesellschaft, Baden-Baden 2000, zitiert: *Burkart*, Interpretatives Zusammenwirken.

Canaris, Claus-Wilhelm: Schuldrechtsreform 2002, C.H. Beck, München 2002, zitiert: *Canaris*, Schuldrechtsreform 2002.

Czerwenka, G. Beate: Rechtsanwendungsprobleme im internationalen Kaufrecht. Das Kollisionsrecht bei grenzüberschreitenden Kaufverträgen und der Anwendungsbereich der internationalen Kaufübereinkommen, Duncker & Humblot, Berlin 1988, zitiert: *Czerwenka*, Rechtsanwendungsprobleme.

Dauner-Lieb, Barbara; Heidel, Thomas; Lepa, Manfred; Ring, Gerhard (Hrsg.): Schuldrecht. Erläuterungen der Neuregelungen zum Verjährungsrecht, Schuldrecht, Schadensersatzrecht und Mietrecht, Deutscher Anwalt Verlag, Bonn 2002, zitiert: AnwaltKomm (*-Bearbeiter*).

Deards, Elspeth: The Proposed Guarantees Directive: Is It Fit for the Purpose ?, J. Cons. Pol. 21 (1998), S. 99-119.

Diedrich, Frank: Autonome Auslegung von Internationalem Einheitsrecht: Computersoftware im Wiener Kaufrecht, Nomos Verlagsgesellschaft, Baden-Baden 1994, zitiert: *Diedrich*, Autonome Auslegung.

Diedrich, Frank: Lückenfüllung im Internationalen Einheitsrecht, Möglichkeiten und Grenzen richterlicher Rechtsfortbildung im Wiener Kaufrecht, RIW 1995, S. 353-364.

Drobnig, Ulrich: Anwendungsnormen in Übereinkommen zur Vereinheitlichung des Privatrechts, in: Stoffel, Walter A.; Volken, Paul (Hrsg.): Conflits et harmonisation : mélanges en l'honneur d'Alfred E. von Overbeck à l'occasion de son 65ème anniversaire, Editions Universitaires, Fribourg 1990, S. 15-30, zitiert: *Drobnig*, in: FS v. Overbeck.

Ehmann, Horst; Rust, Ulrich: Die Verbrauchsgüterkaufrichtlinie, JZ 1999, S. 853-864.

Engisch, Karl: Einführung in das juristische Denken, 9. Auflage herausgegeben und bearbeitet von Prof. Dr. Thomas Würtenberger und Dr. Dirk Otto, W. Kohlhammer, Stuttgart Berlin Köln 1997, zitiert: *Engisch*, Einführung.

Ernst, Wolfgang; Gsell, Beate: Kaufrechtsrichtlinie und BGB. Gesetzentwurf für eine „kleine“ Lösung bei der Umsetzung der EU-Kaufrechtsrichtlinie, ZIP 2000, S. 1410-1427, 1462-1464.

Ferrari, Franco: I rapporti tra le convenzioni di diritto materiale uniforme in materia contrattuale e la necessità di un´interpretazione interconvenzionale, Riv. dir. int. priv. proc. 2000, S. 669-688.

Geiger, Rudolf: Grundgesetz und Völkerrecht, 2. Auflage, C.H. Beck, München 1994, zitiert: *Geiger*, Grundgesetz und Völkerrecht.

Grundmann, Stefan: Richtlinienkonforme Auslegung im Bereich des Privatrechts – insbesondere: der Kanon der nationalen Auslegungsmethoden als Grenze ?, ZEuP 1996, S. 399-424.

Grundmann, Stefan: Verbraucherrecht, Unternehmensrecht, Privatrecht – warum sind sich UN-Kaufrecht und EU-Kaufrechts-Richtlinie so ähnlich ? AcP 202 (2002), S. 40-71.

Grundmann, Stefan; Bianca, Cesare Massimo (Hrsg.): EU-Kaufrechts-Richtlinie: Kommentar, Verlag Dr. Otto Schmidt, Köln 2002, zitiert: Grundmann/Bianca (*-Bearbeiter*).

Happ, Richard: Anwendbarkeit völkerrechtlicher Auslegungsmethoden auf das UN-Kaufrecht, RIW 1997, S. 376-380.

Herber, Rolf; Czerwenka, Beate: Internationales Kaufrecht. Kommentar zu dem Übereinkommen der Vereinten Nationen vom 11. April 1980 über Verträge über den internationalen Warenkauf, C.H. Beck, München 1991, zitiert: *Herber/Czerwenka*.

Herber, Rolf: UN-Kaufrechtsübereinkommen: Produkthaftung – Verjährung, MDR 1993, S. 105-107.

Hesse, Konrad: Grundzüge des Verfassungsrechts der Bundesrepublik Deutschland, 20. Auflage, C.F. Müller, Heidelberg 1995, zitiert: *Hesse*, Grundzüge des Verfassungsrechts.

Heuzé, Vincent: Traité des contrats. La vente internationale de marchandises. Droit uniforme, 2. Auflage, L.G.D.J, Paris 2000, zitiert: *Heuzé*, Vente internationale.

Hondius, Ewoud: Kaufen ohne Risiko: Der europäische Richtlinienentwurf zum Verbrauchsgüterkauf und zur Verbrauchergarantie, ZEuP 1997, S. 130-140.

Honsell, Heinrich (Hrsg.): Kommentar zum UN-Kaufrecht. Übereinkommen der Vereinten Nationen über Verträge über den Internationalen Warenkauf (CISG), Springer-Verlag, Berlin Heidelberg New York 1997, zitiert: Honsell (*-Bearbeiter*).

Honsell, Heinrich: Die EU-Richtlinie über den Verbrauchsgüterkauf und ihre Umsetzung ins BGB, JZ 2001, S. 278-283.

Janssen, André: Kollision des einheitlichen UN-Kaufrechts mit dem Verbraucherschutzrecht am Beispiel der Richtlinie über Verbrauchsgüterkauf und – garantien, VuR 1999, S. 324-327.

Jarass, Hans D.; Pieroth, Bodo: Grundgesetz für die Bundesrepublik Deutschland, 6. Auflage, C.H. Beck, München 2002, zitiert: Jarass/Pieroth (*-Bearbeiter*).

Jud, Brigitta: Zum Händlerregreß im Gewährleistungsrecht. Überlegungen zur Umsetzung des Art. 4 der Richtlinie 1999/44/EG über den Verbrauchsgüterkauf, ÖJZ 2000, S. 661-668.

Jud, Brigitta: Regreßrecht des Letztverkäufers. Art. 4 der RL 99/44/EG über den Verbrauchsgüterkauf und die Reform in Österreich und Deutschland, ZfRV 2001, S. 201-219.

Junker, Abbo: Vom Bürgerlichen zum kleinbürgerlichen Gesetzbuch – Der Richtlinienvorschlag über den Verbrauchsgüterkauf, DZWir 1997, S. 271-281.

Kegel, Gerhard: Die selbstgerechte Sachnorm, in: Jayme, Erik; Kegel, Gerhard (Hrsg.), Gedächtnisschrift Albert A. Ehrenzweig, C.F. Müller, Karlsruhe Heidelberg 1976, S. 51-87, zitiert: *Kegel*, in: GS Ehrenzweig.

Kegel, Gerhard: Allgemeines Kollisionsrecht, in: Stoffel, Walter A.; Volken, Paul (Hrsg.): Conflits et harmonisation : mélanges en l'honneur d'Alfred E. von Overbeck à l'occasion de son 65ème anniversaire, Editions Universitaires, Fribourg 1990, S. 47-73, zitiert: *Kegel*, in: FS v. Overbeck.

Kegel, Gerhard; *Schurig, Klaus*: Internationales Privatrecht, 8. Auflage, C.H. Beck, München 2000, zitiert: *Kegel/Schurig*, IPR.

Kromer, Ulrich: Der Begriff der Lieferung im Haager einheitlichen Kaufrecht: Entstehungsgeschichte, Bedeutung und Funktion in rechtsvergleichender Sicht, Centaurus, Pfaffenweiler 1987, zitiert: Kromer, Lieferung.

Kropholler, Jan: Internationales Einheitsrecht: allgemeine Lehren, J.C.B. Mohr (Paul Siebeck), Tübingen 1975, zitiert: *Kropholler*, Einheitsrecht.

Kropholler, Jan: Internationales Privatrecht einschließlich der Grundbegriffe des Internationalen Zivilverfahrensrechts, 4. Auflage, Mohr (Paul Siebeck), Tübingen 2001, zitiert: *Kropholler*, IPR.

Kruisinga, Sonja A.: What do consumer and commercial sales law have in common ? A comparison of the EC Directive on consumer sales law and the UN Convention on contracts for the international sale of goods, ERPL 2001, S. 177-188.

Larenz, Karl: Methodenlehre der Rechtswissenschaft, 6. Auflage, Springer-Verlag, Berlin Heidelberg New York 1991, zitiert: *Larenz*, Methodenlehre.

Lehmann, Michael: Informationsverantwortung und Gewährleistung für Werbeangaben beim Verbrauchsgüterkauf, JZ 2000, S. 280-293.

Lehr, Wolfgang; Wendel, Heiko: Die EU-Richtlinie über Verbrauchsgüterkauf und –garantien, EWS 1999, S. 321-327.

Magnus, Ulrich: Währungsfragen im Einheitlichen Kaufrecht. Zugleich ein Beitrag zu seiner Lückenfüllung und Auslegung, RabelsZ 53 (1989), S. 116-143.

Magnus, Ulrich: Wesentliche Fragen des UN-Kaufrechts, ZEuP 1999, S. 642-662.

Magnus, Ulrich: Das Schadenskonzept des CISG und transportrechtlicher Konventionen, in: Thume, Karl-Heinz (Hrsg.), Transport- und Vertriebsrecht 2000. Festgabe für Prof. Dr. Rolf Herber, Luchterhand, Neuwied 1999, S. 27-35; zitiert, Magnus, in FS Herber.

Magnus, Ulrich: Der Stand der internationalen Überlegungen: Die Verbrauchsgüterkauf-Richtlinie und das UN-Kaufrecht, in: Grundmann, Stefan; Medicus, Dieter; Rolland, Walter (Hrsg.), Europäisches Kaufgewährleistungsrecht: Reform und Internationalisierung des deutschen Schuldrechts, Heymanns, Köln Berlin Bonn München 2000, S. 79-91; zitiert: *Magnus*, in: Grundmann/Medicus/Rolland.

Magnus, Ulrich: Der Regreßanspruch des Letztverkäufers nach der Richtlinie über den Verbrauchsgüterkauf, in: Basedow, Jürgen; Meier, Isaak; Schnyder, Anton K.; Einhorn, Talia; Girsberger, Daniel (Hrsg.), Private Law in the International Arena. From National Conflict Rules Towards Harmonization and

Unification. Liber Amicorum Kurt Siehr, T.C.M. Asser Press, Den Haag 2000, S. 429-443; zitiert: *Magnus*, in: FS Siehr.

Magnus, Ulrich: Konventionsübergreifende Interpretation internationaler Staatsverträge privatrechtlichen Inhalts, in: Basedow, Jürgen; Drobnig, Ulrich; Ellger, Reinhard; Hopt, Klaus J.; Kötz, Hein; Kulms, Rainer; Mestmäcker, Ernst-Joachim (Hrsg.): Aufbruch nach Europa: 75 Jahre Max-Planck-Institut für Privatrecht, J.C.B. Mohr (Paul Siebeck), Tübingen 2001, S. 571-582, zitiert: *Magnus*, in: Aufbruch nach Europa.

Magnus, Ulrich: Das UN-Kaufrecht – aktuelle Entwicklungen und Rechtsprechungspraxis, ZEuP 2002, S. 523-541.

Magnus, Ulrich: UN-Kaufrecht und neues Verjährungsrecht des BGB – Wechselwirkungen und Praxisfolgen, RIW, S. 577-583.

Maunz, Theodor; Dürig, Günter: Kommentar zum Grundgesetz, Band III Art. 20 a – 53, Band IV Art. 53 a – 88, C. H. Beck, München, zitiert: Maunz/Dürig (*-Bearbeiter*).

Medicus, Dieter: Ein neues Kaufrecht für Verbraucher ?, ZIP 1996, S. 1925-1930.

Michaels, Ralf: Privatautonomie und Privatkodifikation. Zu Anwendbarkeit und Geltung allgemeiner Vertragsrechtsprinzipien, RabelsZ 62 (1998), S. 580-626.

Micklitz, Hans - W.: Ein einheitliches Kaufrecht für Verbraucher in der EG ?, EuZW 1997, S. 229-237.

Micklitz, Hans - W.: Die Verbrauchsgüterkauf-Richtlinie, EuZW 1999, S. 485-493.

von Münch, Ingo; Kunig, Philip: Grundgesetz-Kommentar, Band 2 (Art. 20 bis Art. 69), 4./5. Auflage, C. H. Beck, München 2001, zitiert: v. Münch/Kunig (*-Bearbeiter*).

Neumayer, Karl H.: Offene Fragen zur Anwendung des Abkommens der Vereinten Nationen über den internationalen Warenkauf, RIW 1994, S. 99-109.

Otto, Dirk: Produkthaftung nach dem UN-Kaufrecht, MDR 1992, S. 533-538.

Otto, Dirk: Nochmals: UN-Kaufrecht und EG-Produkthaftungsrichtlinie, MDR 1993, S. 306.

Palandt, Otto: Bürgerliches Gesetzbuch mit Einführungsgesetz (Auszug), Unterlassungsklagengesetz, Produkthaftungsgesetz, Erbbaurechtsverordnung, Wohnungseigentumsgesetz, Hausratsverordnung, Lebenspartnerschaftsgesetz, Gewaltschutzgesetz (Auszug), C.H. Beck, München 2003, zitiert: Palandt (*-Bearbeiter*).

Piltz, Burghard: Internationales Kaufrecht. Das UN-Kaufrecht (Wiener Übereinkommen von 1980) in praxisorientierter Darstellung, C.H. Beck, München 1993, zitiert: *Piltz*, Internationales Kaufrecht.

Raynard, Jacques: Droit communautaire et vente: les enjeux d'une transposition à venir (Directive du 25 mai 1999 sur certains aspects de la vente et des garanties des biens de consommation), RTD civ. 2000, S. 440–445.

Reich, Norbert: Die Umsetzung der Richtlinie 1999/44/EG in das deutsche Recht, NJW 1999, S. 2397-2403.

Roth, Wulf-Henning: Die Schuldrechtsmodernisierung im Kontext des Europarechts, in: Ernst, Wolfgang; Zimmermann, Reinhard (Hrsg.), Zivilrechtswissenschaft und Schuldrechtsreform: Zum Diskussionsentwurf eines Schuldrechtsmodernisierungsgesetzes des Bundesministeriums der Justiz, J.C.B. Mohr (Paul Siebeck), Tübingen 2001, S. 225-256, zitiert: *Roth*, in: Ernst/Zimmermann.

Ryffel, Gritli: Die Schadensersatzhaftung des Verkäufers nach dem Wiener Übereinkommen über internationale Warenkaufverträge vom 11. April 1980, Peter Lang, Bern 1992, zitiert: *Ryffel*, Schadensersatzhaftung.

von Sachsen Gessaphe, Karl August: Der Rückgriff des Letztverkäufers – neues europäisches und deutsches Kaufrecht, RIW 2001, S. 721.

Schlechtriem, Peter: Einheitliches UN-Kaufrecht: Das Übereinkommen der Vereinten Nationen über internationale Warenkaufverträge; Darstellung und Texte, J.C.B. Mohr (Paul Siebeck), Tübingen 1981, zitiert: *Schlechtriem*, Einheitliches UN-Kaufrecht.

Schlechtriem, Peter (Hrsg.): Kommentar zum Einheitlichen UN-Kaufrecht: Das Übereinkommen der Vereinten Nationen über Verträge über den internationalen Warenkauf – CISG-Kommentar -, 2. Auflage, C.H. Beck, München 1995, zitiert: v. Caemmerer/Schlechtriem (*-Bearbeiter*).

Schlechtriem, Peter: Internationales UN-Kaufrecht. Ein Studien- und Erläuterungsbuch zum Übereinkommen der Vereinten Nationen über Verträge über den internationalen Warenkauf, J.C.B. Mohr (Paul Siebeck), Tübingen 1996, zitiert: *Schlechtriem*, Internationales UN-Kaufrecht.

Schlechtriem, Peter: Verbraucherkaufverträge – ein neuer Richtlinienentwurf, JZ 1997, S. 441-447.

Schlechtriem, Peter (Hrsg.): Kommentar zum Einheitlichen UN-Kaufrecht: Das Übereinkommen der Vereinten Nationen über Verträge über den internationalen Warenkauf – CISG -, 3. Auflage, C.H. Beck, München 2000, zitiert: Schlechtriem (*-Bearbeiter*).

Schlechtriem, Peter: Das geplante Gewährleistungsrecht im Licht der europäischen Richtlinie zum Verbrauchsgüterkauf, in: Ernst, Wolfgang; Zimmermann, Reinhard (Hrsg.), Zivilrechtswissenschaft und Schuldrechtsreform:

Zum Diskussionsentwurf eines Schuldrechtsmodernisierungsgesetzes des Bundesministeriums der Justiz, J.C.B. Mohr (Paul Siebeck), Tübingen 2001, S. 205-224, zitiert: *Schlechtriem*, in: Ernst/Zimmermann.

Schmidt-Kessel, Martin: Der Rückgriff des Letztverkäufers, ÖJZ 2000, S. 668-674.

Schmidt-Räntsch, Jürgen: Zum Stand der Kaufrechtsrichtlinie, ZIP 1998, S. 849-853.

Schmidt-Räntsch, Jürgen: Gedanken zur Umsetzung der kommenden Kaufrechtsrichtlinie, ZEuP 1999, S. 294-302.

Schmidt-Räntsch, Jürgen: Der Entwurf eines Schuldrechtmodernisierungsgesetzes, ZIP 2000, S. 1639-1645.

Schnyder, Anton K.; Straub, Ralf Michael: Das EG-Grünbuch über Verbrauchsgütergarantien und Kundendienst – Erster Schritt zu einem einheitlichen EG-Kaufrecht ?, ZEuP 1996, S. 8-74.

Schulze, Reiner: Vergleichende Gesetzesauslegung und Rechtsangleichung, ZfRV 1997, S. 183-197.

Schurig, Klaus: Kollisionsnorm und Sachrecht. Zu Struktur, Standort und Methode des internationalen Privatrechts, Duncker & Humblot, Berlin 1981, zitiert: *Schurig*, Kollisionsnorm und Sachrecht.

Schurr, Francesco A.: Die Richtlinie 99/44/EG über den Verbrauchsgüterkauf und ihre Umsetzung – Chancen und Gefahren für das deutsche Kaufrecht, ZfRV 1999, S. 222-229.

Schwartze, Andreas: Die zukünftige Sachmängelgewährleistung in Europa – Die Verbrauchsgüterkauf-Richtlinie vor ihrer Umsetzung, ZEuP 2000, S. 544-574.

Siehr, Kurt: Der internationale Anwendungsbereich des UN-Kaufrechts, RabelsZ 52 (1988), S. 587-616.

Soergel, Hans Th.; Siebert, Wolfgang: Bürgerliches Gesetzbuch: mit Einführungsgesetz und Nebengesetzen. Band 13. Schuldrechtliche Nebengesetze 2; Übereinkommen der Vereinten Nationen über Verträge über den internationalen Warenkauf (CISG), 13. Auflage, W. Kohlhammer, Stuttgart Berlin Köln 2000, zitiert: Soergel (*-Bearbeiter*).

Staudenmayer, Dirk: Die EG-Richtlinie über den Verbrauchsgüterkauf, NJW 1999, S. 2393-2397.

Staudinger, Julius v.: Kommentar zum Bürgerlichen Gesetzbuch mit Einführungsgesetz und Nebengesetzen. Wiener UN-Kaufrecht (CISG), Neubearbeitung von Ulrich Magnus, Sellier - de Gruyter, Berlin 1999, zitiert: Staudinger (*-Magnus*).

Teklote, Stephan: Die einheitlichen Kaufgesetze und das deutsche AGB-Gesetz. Probleme bei der Verwendung Allgemeiner Geschäftsbedingungen im CISG und im EKG/EAG, Nomos Verlagsgesellschaft, Baden-Baden 1994, zitiert: *Teklote*, Die Einheitlichen Kaufgesetze.

Tenreiro, Mário; Gómez, Soledad: La directive 1999/44/CE sur certains aspects de la vente et des garanties des biens de consommation, REDC 2000, S. 5-39.

Tournafond, Olivier: Remarques critiques sur la directive européenne du 25 mai 1999 relative à certains aspects de la vente de des garanties des biens de consommation, D. 2000, Chron., S. 159-162.

Trochu, Michel: Vente et garanties des biens de consommation: directive CE n° 1999-44 du 25 mai 1999, D. 2000, Chron., S. 119-123.

Vallindas, Petros G.: La structure de la règle de conflit, Recueil des Cours/Académie de Droit International de La Haye, 1960 III, S. 327-380.

Volken, Paul: Das Wiener Übereinkommen über den internationalen Warenkauf; Anwendungsvoraussetzungen und Anwendungsbereich, in: Schlechtriem (Hrsg.), Einheitliches Kaufrecht und nationales Obligationenrecht. Referate und Diskussionen der Fachtagung Einheitliches Kaufrecht am 16./17. 2. 1987. Veranstaltet von der Gesellschaft für Rechtsvergleichung Fachgruppe für vergleichendes Handels- und Wirtschaftsrecht, Nomos Verlagsgesellschaft, Baden-Baden 1987, S. 81-96, zitiert: *Volken*, in: Schlechtriem.

Wartenberg, Konrad W.: CISG und deutsches Verbraucherschutzrecht: Das Verhältnis der CISG insbesondere zum VerbrKrG, HaustürWG und ProdHaftG, Nomos Verlagsgesellschaft, Baden-Baden 1998, zitiert: *Wartenberg*, Verbraucherschutzrecht.

Welser, Rudolf; Jud, Brigitta: Zur Reform des Gewährleistungsrechts. Die Europäische Richtlinie über den Verbrauchsgüterkauf und ihre Bedeutung für ein neues Gewährleistungsrecht. Verhandlungen des vierzehnten Österreichischen Juristentages. Band II/1, Manzsche Verlags- und Universitätsbuchhandlung, Wien 2000, zitiert: *Welser/Jud*, Reform des Gewährleistungsrechts.

Westermann, Harm Peter: Zum Anwendungsbereich des UN-Kaufrechts bei internationalen Kaufverträgen, DZWir 1995, S. 1-10.

Westermann, Harm Peter: Das neue Kaufrecht, NJW 2002, S. 241-253.

Zimmer, Daniel: Das geplante Kaufrecht, in: Ernst, Wolfgang; Zimmermann, Reinhard (Hrsg.), Zivilrechtswissenschaft und Schuldrechtsreform: Zum Diskussionsentwurf eines Schuldrechtsmodernisierungsgesetzes des Bundesministeriums der Justiz, J.C.B. Mohr (Paul Siebeck), Tübingen 2001, S. 191-204, zitiert: *Zimmer*, in: Ernst/Zimmermann.

Zippelius, Reinhold: Juristische Methodenlehre, 7. Auflage, C.H. Beck, München 1999, zitiert: *Zippelius*, Methodenlehre.

Zweigert, Konrad: Rechtsvergleichung als universale Auslegungsmethode, RabelsZ 15 (1949/50), S. 5-21.
Zweigert, Konrad; Drobnig, Ulrich: Einheitliches Kaufgesetz und Internationales Privatrecht, RabelsZ 29 (1965), 146-165.

Beiträge zum UN-Kaufrecht

Herausgegeben von Ulrich Magnus

Band 1 Alexander Mittmann: Einheitliches UN-Kaufrecht und europäische Verbrauchsgüterkauf-Richtlinie. Konkurrenz- und Auslegungsprobleme. 2004.

www.peterlang.de

FSC
www.fsc.org
MIX
Papier | Fördert
gute Waldnutzung
FSC® C083411

Kolibri 360 GmbH
Ferdinand-Jühlke-Straße 7
99095 Erfurt, Deutschland
produktsicherheit@kolibri360.de

Druck:
CPI Druckdienstleistungen GmbH
im Auftrag der
Kolibri 360 GmbH
Ferdinand-Jühlke-Str. 7
99095 Erfurt